Josh McDowell und Don Stewart

Antworten
auf skeptische Fragen
über den christlichen Glauben

Josh McDowell und Don Stewart

ANTWORTEN

auf skeptische Fragen über den christlichen Glauben

Schulte & Gerth

herausgegeben von HERE'S LIFE PUBLISHERS, INC.,
San Bernadino, Kalifornien, USA
Originaltitel: Answers to Though Questions Skeptics Ask
Abbout the Christian Faith
Best.-Nr. 15 156
ISBN 3-89437-156-0
4. Auflage 1991
Übersetzung: Klaudia Limper
Umschlaggestaltung: Christian Knobeloch/Olaf Johannson
Satz: Typo Schröder, Dernbach/Dierdorf
Druck: Druckhaus Gummersbach
Printed in Germany

Inhalt

Die Bibel

Jesus Christus

Gott

Wunder damals und heute

Das Christentum

Der Glaube

Das Turiner Grabtuch

Die Schöpfungsberichte

Für Robert Dick Wilson

den Mann, der 45 Sprachen und Dialekte beherrschte

Die Geschichte von Dr. Robert Dick Wilson steht als bemerkenswertes Zeugnis für die Zuverlässigkeit der Bibel. Wilsons Gelehrsamkeit, in mancher Hinsicht noch heute unübertroffen, legte vor der Welt ein unwiderstehliches Zeugnis dafür ab, daß die Bibel ein genaues und vertrauenswürdiges Dokument ist. 1886 erlangte Wilson den Doktorgrad. Er setzte sein Studium am Western Theological Seminary in Pittsburgh fort, gefolgt von zwei Jahren in Deutschland, an der Universität Berlin.

Bei seiner Ankunft in Deutschland traf Prof. Wilson die Entscheidung, sein Leben dem Studium des Alten Testaments zu widmen. Er erzählte über seinen Entschluß: „Damals war ich fünfundzwanzig und aufgrund der Lebensdauer meiner Vorfahren konnte ich damit rechnen, siebzig Jahre alt zu werden, so daß ich fünfundvierzig Jahre für die Arbeit zur Verfügung haben würde. Ich teilte diese Periode in drei Teile. Die ersten fünfzehn Jahre würde ich dem Studium der notwendigen Sprachen widmen. In den zweiten fünfzehn wollte ich den Text des Alten Testaments studieren und ich reservierte die letzten fünfzehn Jahre für das Niederschreiben der Resultate meiner vorausgegangenen Studien und Forschungen, um sie der Welt zu übergeben.“ Dr. Wilsons Pläne wurden fast bis aufs Jahr genau so ausgeführt, wie er geplant hatte. Und seine Fähigkeiten waren wahrhaft erstaunlich.

Als Student im Seminar las er das Neue Testament in neun verschiedenen Sprachen, einschließlich einer hebräischen Übersetzung, die er Silbe für Silbe auswendig lernte! Wilson lernte auch große Teile des Alten Testaments im ursprünglichen Hebräisch auswendig. So unglaublich es scheinen mag, Robert Dick Wilson beherrschte fünfundvierzig Sprachen und Dialekte. Dr. John Walvoord, Direktor des theologischen Seminars in Dallas, nannte Dr. Wilson „die wahrscheinlich herausragende Autorität für alte Sprachen des Nahen Ostens.“

In einem Bericht darüber, warum er sich einer so monumentalen Aufgabe widmete, sagte Dr. Wilson über seine wissenschaftlichen Leistungen: „Die meisten unserer Studenten gingen nach Deutschland, und sie hörten Professoren Vorlesungen über die Ergebnisse ihrer eigenen Arbeiten halten. Die Studenten nahmen alles an, weil es der Professor sagte. Ich ging dorthin um zu studieren, so daß kein Professor der Welt mich überfahren oder etwas sagen konnte, ohne daß ich in der Lage war, den Beweis zu überprüfen, auf Grund dessen er es sagte.

Nun bin ich der Meinung, daß es in erster Linie notwendig war, die Sprachen zu beherrschen, in denen die Zeugnisse gegeben sind, um diese Beweise zu überprüfen. So... beschloß ich, all die Sprachen zu lernen, die Licht auf das Hebräische werfen und auch die Sprachen, in die die Bibel bis 600 n. Chr. übersetzt worden war, so daß ich den Text selbst untersuchen konnte.

Nachdem ich das getan habe, behaupte ich, ein Experte zu sein. Ich fordere jedermann heraus, das Alte Testament auf Grund von Zeugnissen anzugreifen, die ich nicht nachprüfen kann. Ich kann die Tatsachen nachprüfen, wenn sie sprachlich erfaßbar sind. Wenn Sie irgendeine Sprache beherrschen, die ich nicht kann, werde ich sie lernen."

Wilson forderte andere sogenannte Experten auf dem Gebiet des Alten Testaments heraus, indem er von ihnen verlangte, ihre Qualifikationen unter Beweis zu stellen, ehe sie Erklärungen zu seiner Geschichte und seines Textes abgaben. „Wenn ein Mann als Experte bezeichnet wird, muß als erstes nachgewiesen werden, daß er tatsächlich einer ist. Ein Experte kann mehr wert sein als Millionen andere Zeugen, die keine Experten sind. Bevor ein Mann das Recht hat, über die Geschichte, Sprache und Paläographie des Alten Testaments zu sprechen, hat die christliche Kirche das Recht zu verlangen, daß ein solcher Mann seine Fähigkeit dazu nachweist."

Dr. Wilson entsprach seiner eigenen Herausforderung. 46 Jahre lang hatte Wilson sich der großen Aufgabe gewidmet, das Alte Testament zu studieren, indem er sorgfältig jedes Zeugnis untersuchte, das einen Bezug zu seiner historischen Zuverlässigkeit besaß. Darauf basierend war er besser in der Lage, als Experte zu sprechen, als jeder andere. Seine Ergebnisse brachten ihn zu der festen Überzeugung, daß „wir im Alten Testament einen wahren historischen Bericht über die Geschichte des israelischen Volkes besitzen."

Als Professor in Princeton errang Dr. Wilson den internationalen Ruf eines Wissenschaftlers und Verteidigers des historischen christlichen Glaubens. Der Schwerpunkt der Lehre Prof. Wilsons lag darin, seinen Studenten „einen so verständigen Glauben an die Schriften des Alten Testaments" zu geben, „daß sie niemals daran zweifeln, solange sie leben." Er versuchte, ihnen zu zeigen, daß es einen vernünftigen Grund gibt, an die Geschichte des Alten Testaments zu glauben.

Vorwort

Mit größter Genugtuung empfehle ich sowohl christlichen, als auch nichtchristlichen Suchern der Wahrheit *Antworten* von Josh McDowell und Don Stewart.

Bücher über christliche Apologetik gehören im allgemeinen zu einer staubtrockenen Art, die (bestenfalls) auf der Tradition aristotelisch-thomistischer Philosophien oder (schlimmstenfalls) auf den Abkömmlingen engstirniger Prädestinationslehren basiert. Solche Arbeiten nehmen oft die Fragen des Ungläubigen nicht ernst — oder, selbst, wenn sie es tun, sind die Antworten, die sie geben, wie der berühmte Prediger, der an sechs Tagen der Woche unsichtbar und am siebten unverständlich war.

In scharfem Gegensatz dazu geht dieses Buch aufrichtig auf die brennenden Streitfragen an der Grenze zwischen Glauben und Nichtglauben ein und ist bereit, Tatsachenbeweise zum Prüfstein unverfälschter Überlieferung zu machen. Um es noch einmal zu sagen: „Beweise verlangen ein Urteil", und die Leser werden fast unausweichlich das Urteil für Jesus Christus fällen.

John Warwick Montgomery, Dr.phil.(Chicago), D.Theol.(Straßburg)
Mitglied der Antwalterschaft von Kalifornien und Virginia, Dekan der Simon Greenleaf School of Law

Einleitung

Bei unseren langjährigen Vorlesungen an Universitäten hatten viele Menschen Gelegenheit, uns eine Vielzahl von Fragen zur Gültigkeit des Christentums und der Bibel zu stellen. Aus Zeitgründen hatten wir nie die Gelegenheit, die Mehrzahl der Fragen vollständig zu beantworten. *Antworten auf skeptische Fragen über den christlichen Glauben* verschafft uns diese Gelegenheit. Viele der ernsthaften Fragen, die Skeptiker zum Christentum haben zu beantworten, ist der Hauptzweck dieses Buches.

Wir haben versucht, so viele Fragen wie möglich zu behandeln. Das bedeutet, wir waren absichtlich knapp in unseren Antworten. Für diejenigen, die tiefer ins Detail gehen wollen, finden sich am Ende der meisten Antworten bibliographische Hinweise.

Antworten auf skeptische Fragen über den christlichen Glauben will den Glauben des Gläubigen stärken und helfen, die Fragen des Ungläubigen zu beantworten. Manchmal muß man bei bestimmten Fragen Unwissenheit eingestehen, weil über ein Problem einfach nicht genug bekannt ist, um korrekt zu antworten. Doch eines hat sich in Jahren der Forschung erwiesen, die Zeit ist gewöhnlich auf unserer Seite. Dank der Archäologie und anderer Disziplinen können viele Fragen und Vorwürfe gegen das Christentum, auf die es vor dreißig Jahren noch keine Erwiderung gab, heute mit einem großen Maß an Sicherheit beantwortet werden.

Größtenteils haben wir versucht, hauptsächlich solche Fragen zu behandeln, die sich auf die Glaubwürdigkeit des Christentums beziehen. Später wollen wir einige weitere Bände schreiben, die sich mit theologischen und soziologischen Problemen befassen.

Was macht die Bibel so besonders?

Das Christentum glaubt und lehrt, daß allein die Bibel das offenbarte Wort Gottes ist. Wenn sie auch von Menschen geschrieben wurde, war Gott der Allmächtige der eigentliche Urheber. Dieser Anspruch wurde nicht von der Kirche erfunden, es ist der Anspruch, den die Bibel für sich selbst erhebt.

„Doch das Wort des Herrn bleibt in Ewigkeit" (1.Petr. 1,25). „Jede von Gott eingegebene Schrift" (2.Tim. 3,16). „Denn niemals wurde eine Weissagung ausgesprochen, weil ein Mensch es wollte, sondern vom Heiligen Geist getrieben haben Menschen im Auftrag Gottes geredet" (2.Petr. 1,21).

Allein im Alten Testament finden sich mehr als zweitausendmal Formeln wie „Und Gott sprach zu Mose", „das Wort des Herrn kam zu Jona", und „Gott sagte". Darüber hinaus behauptet die Bibel, ein Bericht über die Worte und Taten Gottes zu sein. So betrachtet die Bibel sich selbst als Wort Gottes.

Die bloße Behauptung der Bibel, das Wort Gottes zu sein, beweist noch nicht, daß sie es auch ist; denn es gibt andere Bücher, die ähnliche Ansprüche erheben. Der Unterschied besteht darin, daß die Schrift unbestreitbare Beweise dafür enthält, daß sie das Wort Gottes ist.

Ein Punkt, der die Bibel von anderen Büchern unterscheidet, ist ihre Einheitlichkeit. Obwohl dieses Buch von Menschen verfaßt wurde, verrät seine Einheitlichkeit die Hand des Allmächtigen. Die Bibel wurde in einem Zeitraum von etwa 1500 Jahren von mehr als vierzig menschlichen Autoren geschrieben. Die Herkunft dieser Autoren war unterschiedlich und vielfältig, da ist Josua (ein General), Daniel (ein Premierminister), Petrus (ein Fischer) und Nehemia (ein Mundschenk).

Die Verfasser der verschiedenen Bücher schrieben an unterschiedlichen Orten, wie in der Wildnis (Mose), im Gefängnis (Paulus), im Exil auf Patmos (Johannes). Die biblischen Schriften wurden auf drei verschiedenen Kontinenten (Afrika, Asien, Europa) und in drei verschiedenen Sprachen (Hebräisch, Aramäisch, Griechisch) geschrieben.

Der Inhalt der Bibel befaßt sich mit vielen gegensätzlichen Themen. Trotzdem, die Bibel ist eine Einheit. Von Anfang bis Ende entfaltet sich die Geschichte von Gottes Plan zur Erlösung der Menschheit. Diese

Erlösung geschieht durch die Person Jesu Christi (Joh. 14,6). Jesus selbst hat bezeugt, daß er der Gegenstand der ganzen Bibel war.

„Ihr erforscht die Schriften, weil ihr meint, in ihnen das ewige Leben zu haben; gerade sie legen Zeugnis über mich ab... Wenn ihr Mose glauben würdet, müßtet ihr auch mir glauben; denn über mich hat er geschrieben. Wenn ihr aber seinen Schriften nicht glaubt, wie könnt ihr dann meinen Worten glauben?" (Joh. 5,39.46.47).

An anderer Stelle: „Und er legte ihnen dar, ausgehend von Mose und allen Propheten, was in der gesamten Schrift über ihn geschrieben steht" (Lk. 24,27; vgl. auch Lk. 24,44).

Das Alte Testament ist die Vorbereitung (Jes. 40,3). Die Evangelien sind die Offenbarung (Joh. 1,29). Die Apostelgeschichte ist die Ausbreitung (Apg. 1,8). Die Briefe geben die Erklärung (Kol. 1,27). Das Buch der Offenbarung ist die Vollendung (Off. 1,7). Die ganze Bibel handelt von Jesus.

Die gesamte Bibel ist eine Einheit, deren einzelne Teile die anderen brauchen, um vollständig zu sein. Dr. W.F.Albright drückt es so aus: „Für die Verfasser des Neuen Testaments war die hebräische Bibel die Heilige Schrift, und sie waren die unmittelbaren Erben ihrer Propheten. Es ist also völlig unmöglich, das Neue Testament zu verstehen, ohne anzuerkennen, daß sein Zweck war, die hebräische Bibel zu ergänzen und zu erklären."

„Jeder Versuch, zu den Quellen des Christentums zurückzugehen, ohne die gesamte Bibel als unseren Führer zu akzeptieren, wäre daher zum Scheitern verurteilt." (zitiert von Roger T. Forster und v. Paul Marston, *That's a Good Question*, S.67).

Damit niemand denkt, dies sei nichts Wunderbares, möchten wir folgende Herausforderung an Sie richten. Finden Sie zehn Leute in Ihrer Umgebung, die ähnliche Bildung besitzen, alles dieselbe Sprache sprechen und alle grundsätzlich derselben Kultur angehören, dann trennen Sie sie voneinander und bitten Sie sie, ihre Meinung zu nur einem winzigen kontroversen Gegenstand niederzuschreiben, wie z.B. dem Sinn des Lebens.

Wenn sie fertig sind, vergleichen Sie die Ergebnisse dieser zehn Leute. Stimmen sie miteinander überein? Natürlich nicht. Aber die Bibel besaß nicht nur zehn Autoren, sondern vierzig Autoren. Sie wurde nicht in einer Generation geschrieben, sondern über einen Zeitraum von 1500 Jahren; nicht von Verfassern derselben Erziehung, Kultur und Sprache, sondern mit sehr unterschiedlicher Erziehung, aus vielen verschiedenen Kulturen, von drei Kontinenten und drei verschiedenen Sprachen und schließlich nicht nur zu einem Thema, sondern zu Hunderten.

Und doch ist die Bibel eine Einheit. Sie zeigt vollkommene Harmonie, die nicht durch Zufall oder Absprache erklärt werden kann. Die Einheitlichkeit der Bibel ist ein starkes Argument für ihre göttliche Inspiration.

Die Einheitlichkeit der Bibel ist nur ein Grund unter vielen, die den Anspruch der Bibel stützen, das Wort Gottes zu sein. Andere, die im Detail ausgeführt werden könnten, sind das Zeugnis der frühen Kirche, das Zeugnis von Geschichte und Archäologie und der Beweis veränderter Schicksale durch die Jahrhunderte, um nur einige zu nennen.

Diese Faktoren führten den großen Archäologen W.F. Albright zu dem Schluß: „Der Inhalt der Bibel steht weit über jeder früheren religiösen Literatur, und sie steht ebenso eindrucksvoll weit über jeder späteren Literatur, in der einfachen Klarheit ihrer Botschaft und der Universalität ihres Anspruchs an die Menschen aller Länder und Zeiten" (*The Christian Century*, November 1958).

Die Bibel ist etwas Besonderes. Sie ist einzigartig. Kein anderes Buch hat solche Bürgen. Kein anderes Buch kommt dem auch nur nahe. „England besitzt zwei Bücher, die Bibel und Shakespeare. England formte Shakespeare, aber die Bibel formte England" (Victor Hugo, zitiert von Mead, *Encyclopedia of Religious Quotations* S.49).

Ist das Neue Testament nicht verändert worden, als es im Laufe der Geschichte immer wieder abgeschrieben wurde?

Ein verbreitetes Mißverständnis besagt, der Text der Bibel sei nicht so auf uns gekommen, wie er ursprünglich geschrieben wurde. Viele Anschuldigungen sprechen von eifernden Mönchen, die den Wortlaut im Verlauf der Kirchengeschichte verändert haben sollen. Dieser Streitpunkt ist von äußerster Wichtigkeit, da ein verfälschter Text der Glaubwürdigkeit der Geschichte schweren Schaden zufügen würde.

Wie F.F. Bruce sagt: ,,Der historische Anspruch auf Endgültigkeit des Christentums, der es von denjenigen Religionen und Philosophien unterscheidet, die nicht speziell auf eine bestimmte Zeit bezogen sind, macht die Zuverlässigkeit der Schriften, die den Bericht dieser Offenbarung überliefern, zu einer Frage von erstrangiger Bedeutung" (*The New Testament Documents: Are They Reliable?* S.8).

Das Problem ist glücklicherweise nicht das Fehlen von Beweisen. Es gibt drei verschiedene Arten von Zeugnissen, die verwendet werden können, um den Text des Neuen Testaments zu beurteilen. Das sind die griechischen Manuskripte, die verschiedenen Übersetzungen des Neuen Testaments und die Schriften der Kirchenväter.

Das Neue Testament wurde ursprünglich in griechischer Sprache verfaßt. Es existieren annähernd 5500 Handschriften, die das Neue Testament ganz oder in Teilen enthalten. Wir besitzen zwar nicht die Originale, doch Kopien aus sehr früher Zeit.

Das Neue Testament wurde in der Zeit von ungefähr 50 bis 90 n. Chr. geschrieben. Das früheste Fragment stammt von ungefähr 120 n. Chr., während ca. fünfzig andere Fragmente aus einer Zeit von 150 bis 200 Jahren nach der Entstehungszeit datieren.

Zwei bedeutende Manuskripte, der Codex Vaticanus (325 n.Chr.) und der Codex Sinaiticus (350 n.Chr.), eine vollständige Kopie, stammen aus einem Zeitraum von 250 Jahren nach der Entstehungszeit. Das mag als eine lange Zeitspanne erscheinen, aber sie ist minimal, verglichen mit den meisten antiken Werken.

Die früheste Kopie von Caesars *Gallischem Krieg* datiert 1000 Jahre, nachdem er verfaßt wurde, und die erste vollständige Kopie der *Odys-*

see von Homer 2200 Jahre, nachdem sie geschrieben wurde. Wenn man das Intervall zwischen dem Entstehen des Neuen Testaments und den ältesten Handschriften mit anderen Werken vergleicht, zeigt sich, daß das Neue Testament der Zeit des Originals viel näher steht.

Die 5500 Handschriften sind bei weitem die meisten, die wir von irgendeinem antiken Werk besitzen. Viele alte Schriften sind uns nur in einer Handvoll von Manuskripten überliefert worden (Catull — 3 Kopien, die älteste 1600 Jahre nachdem er schrieb; Herodot — 8 Kopien und 1300 Jahre).

Die Dokumente des Neuen Testaments umfassen nicht nur viele Manuskripte als Zeugnis und eine kurze Zeitspanne zwischen der Abfassung und der ältesten Kopie, sondern sie wurden auch schon früh in verschiedene andere Sprachen übersetzt. Die Übersetzung eines Dokuments in eine andere Sprache war in aller Welt selten, so ist dies also ein zusätzliches Plus für das Neue Testament.

Die Anzahl von Kopien der Übersetzungen übertrifft 18000, möglicherweise bis zu 25000. Dies sind weitere Zeugnisse, die uns helfen, den Text des Neuen Testaments festzustellen.

Selbst wenn wir die 5500 griechischen Manuskripte oder die 18000 Kopien der Übersetzungen nicht hätten, könnte der Inhalt des Neuen Testaments innerhalb von 250 Jahren nach seiner Entstehung wiederhergestellt werden. Wie? Durch die Schriften der frühen Christen. In Kommentaren, Briefen usw. zitieren diese antiken Schreiber den biblischen Text und geben uns so ein weiteres Zeugnis für den Wortlaut des Neuen Testaments.

John Burgon hat mehr als 86000 Zitate der frühen Kirchenväter katalogisiert, die verschiedene Stellen des Neuen Testaments wiedergeben. Wir sehen also, daß es sehr viel mehr Beweise für die Zuverlässigkeit des neutestamentlichen Textes gibt als für jede andere vergleichbare Schrift der alten Welt.

F.F. Bruce macht folgende Beobachtung: „Die Zeugnisse für die Schriften unseres Neuen Testaments sind viel besser als die Zeugnisse für viele Schriften klassischer Autoren, deren Authentizität niemand auch nur im Traum anzweifelt."

Er stellt weiterhin fest: „Und wenn das Neue Testament eine Sammlung weltlicher Schriften wäre, seine Authentizität würde allgemein als jenseits allen Zweifels betrachtet" (*The New Testament Documents: Are They Reliable?* S.15).

Sir Frederic Kenyon, ehemaliger Direktor und leitender Bibliothekar des Britischen Museums, war einer der herausragenden Experten für antike Manuskripte und ihre Glaubwürdigkeit. Kurz vor seinem Tod schrieb er folgendes über das Neue Testament:

„Die Zeitspanne zwischen dem Datum der ursprünglichen Abfassung (des Neuen Testaments) und den frühesten erhaltenen Zeugnissen wird so kurz, daß sie in der Tat geringfügig ist, und die letzte Grundlage für irgendeinen Zweifel daran, daß die Schrift im Wesentlichen so auf uns gekommen ist, wie sie geschrieben wurde, ist damit beseitigt. Sowohl die Authentizität, als auch die allgemeine Integrität der Bücher des Neuen Testaments kann als endgültig festgestellt gelten" (*The Bible and Archaeology,* S.288-89).

Wie kann man den Bericht des Neuen Testaments über das Leben Jesu glauben, wenn man sieht, daß er erst lange nach seinem Tod geschrieben wurde?

Es scheint unter vielen Menschen eine Art von allgemeiner Übereinstimmung zu bestehen darüber, daß die Dokumente des Neuen Testaments erst viele Jahre nach den Ereignissen geschrieben wurden und daher keine zuverlässigen Informationen enthalten. Tatsache ist jedoch, daß das Leben Jesu von Augenzeugen beschrieben wurde oder von Menschen, die Zeugnisse aus erster Hand festhielten. Die Verfasser lebten alle zu der Zeit, als diese Ereignisse stattfanden, und sie hatten persönlichen Kontakt mit den Geschehnissen oder mit Zeugen der Geschehnisse.

Es gibt starke innere Beweise dafür, daß die Evangelien zu einem frühen Zeitpunkt geschrieben wurden. Die Apostelgeschichte berichtet von der missionarischen Tätigkeit der frühen Kirche und wurde als Fortsetzung von derselben Person geschrieben, die auch das Evangelium nach Lukas verfaßt hat. Das Buch der Apostelgeschichte endet zu Lebzeiten des Apostels Paulus in Rom, von seinem Tod wird nichts gesagt.

Dies zeigt uns, daß es geschrieben wurde, bevor er starb, da die anderen wichtigen Ereignisse seines Lebens alle berichtet werden. Wir haben Grund zu der Annahme, daß Paulus während der Christenverfolgung Neros im Jahre 64 n.Chr. hingerichtet wurde, was bedeutet, daß das Buch der Apostelgeschichte vor diesem Zeitpunkt verfaßt worden ist.

Wenn die Apostelgeschichte vor dem Jahre 64 n.Chr. geschrieben wurde, dann muß das Lukasevangelium, dessen Fortsetzung sie ist, einige Zeit früher entstanden sein, wahrscheinlich in den späten fünfziger oder sechziger Jahren des 1. Jahrhunderts. Christus starb um 30 n.Chr., wodurch die Entstehungszeit des Lukasevangeliums höchstens innerhalb von dreißig Jahren nach den Ereignissen liegt.

Die frühe Kirche lehrte allgemein, daß das Matthäusevangelium das erste war, was uns der Zeit Christi noch näher bringt. Dieser Beweis führt uns zu der Annahme, daß die ersten drei Evangelien alle innerhalb von dreißig Jahren nach den Ereignissen entstanden sind, zu einer Zeit, als noch feindselige Augenzeugen lebten, die ihrem Zeugnis widersprechen konnten, wenn es nicht richtig war.

Diese Art von Beweisen hat kürzlich einen unbefangenen Wissenschafler, John A.T. Robinson, dazu veranlaßt, die neutestamentlichen Dokumente neu zu datieren, viel früher, als die meisten modernen Wissenschaftler uns glauben machen wollen. Robinson zeigte in *Redating the New Testament*, daß das gesamte Neue Testament vor 70 n.Chr. vollendet gewesen sein kann, was immer noch gut in der Zeit der Augenzeugen liegt.

Umstände, die mit dieser Streitfrage zusammenhängen, veranlaßten W.F. Albright, den großen biblischen Archäologen, zu dem Kommentar: „Wir können bereits mit Nachdruck sagen, daß es keine solide Grundlage mehr dafür gibt, irgendein Buch des Neuen Testaments nach 80 n.Chr. zu datieren, zwei ganze Generationen vor dem Datum zwischen 130 und 150, das heute von den radikaleren Kritikern des Neuen Testaments angegeben wird" (William F. Albright, *Recent Discoveries in Bible Lands*, New York, Funk and Wagnalls, 1955, S.136).

Hinsichtlich des Johannesevangeliums könnte Albrights Datum 80 n.Chr. in Frage gestellt werden. Nach Offenbarung 1 besteht die Möglichkeit, daß die Verbannung des Apostels Johannes nach Patmos unter Domitian erst 95-96 n.Chr. stattgefunden hat. Es besteht eine starke Tradition, der zufolge Johannes die Offenbarung damals dort geschrieben hat. Bestätigt wird dies durch Klemens von Alexandria, Eusebius und Irenaeus (vgl. *New Testaments Survey*, S.391, von Robert Gromacki).

Die Beweise zeigen, daß (1) die Dokumente nicht lange Zeit nach den Ereignissen, sondern in enger zeitlicher Nähe dazu geschrieben worden sind und (2) daß sie von Menschen während einer Periode geschrieben wurden, als viele von denen noch lebten, die mit den Tatsachen vertraut waren. Der unausweichliche Schluß ist, daß das neutestamentliche Bild von Christus vertrauenswürdig ist.

Warum sagen manche Leute, daß das Markusevangelium als erstes geschrieben wurde?

Die Theorie, das Evangelium des Markus sei als erstes geschrieben worden, beruht auf mehreren Argumenten. Der größte Teil des Materials bei Markus (ungefähr 93 %) findet sich auch bei Matthäus und Lukas. Für manche ist es leichter zu glauben, daß Matthäus und Lukas Markus ergänzten, als daß Markus Matthäus und Lukas kürzte.

Manchmal stimmen Matthäus und Lukas wörtlich mit Markus überein, aber sie stimmen niemals miteinander überein, wo sie von Markus abweichen. Dies scheint zu beweisen, daß sowohl Matthäus, als auch Lukas in ihren Informationen von Markus abhängig waren.

Die Reihenfolge der Ereignisse bei Markus scheint original zu sein. Wo immer die Reihenfolge bei Matthäus von Markus abweicht, bestätigt das Lukasevangelium Markus und wo Lukas von Markus abweicht, stimmt Matthäus mit Markus überein. Dies zeigt, daß das Markusevangelium zuerst verfaßt wurde und daß Matthäus und Lukas einfach seiner Anordnung folgen, da sie niemals gegen Markus übereinstimmen.

Markus offenbart seinen ursprünglichen Charakter auch, wenn man ihn mit den beiden anderen Evangelien vergleicht. So verwendet Markus z.B. das Wort *kyrie* (Herr) nur einmal, während Matthäus es 19 mal und Lukas 16 mal gebraucht. Diese Tatsache zeigt eine ehrfürchtige Haltung an, die sich in den späteren Evangelien entwickelte.

Das oben Gesagte stellt einige der Argumente dar, die Wissenschaftler anführen um zu belegen, daß das Markusevangelium zuerst verfaßt wurde. Doch bei näherer Untersuchung sind diese Beweise nicht so stichhaltig, wie man denken könnte.

Es ist möglich, daß Markus sein Evangelium aus Gründen, die uns nicht bekannt sind, gekürzt hat. Das Material, das die Evangelien gemeinsam haben, könnte das Ergebnis einer gemeinsamen mündlichen Tradition sein. Es ist durchaus möglich, daß Markus weder das Matthäus- noch das Lukasevangelium gelesen hat, bevor er sein eigenes Evangelium schrieb, und es ist ebenfalls denkbar, daß keiner der Evangelisten irgendeine der zwei anderen Schriften sah, ehe er sein Werk verfaßte.

Und was die Tatsache angeht, daß Matthäus und Lukas in parallelen Passagen niemals Wort für Wort gegen Markus übereinstimmen, so finden sich ebenfalls Stellen, an denen sie übereinstimmen, während Markus etwas anderes schreibt, was ihre Unabhängigkeit von Markus zeigt.

Die Vorstellung, daß die Reihenfolge bei Markus die ursprünglichere sei, ist nicht so offensichtlich, wie manche deuten. Markus könnte nach Matthäus und Lukas gearbeitet haben und dabei ihrer Anordnung gefolgt sein, wo die beiden übereinstimmen, sich aber entschlossen haben, jeweils dem einen oder anderen zu folgen, wo sie von einander abzuweichen schienen.

Das Wort *kyrie* (Herr) als Ausdruck der Ehrfurcht ist in Frage zu stellen, da Matthäus es siebenmal in Zusammenhang mit einem Menschen verwendet (13,27; 21,29; 25,11.20.22.24; 27,63), was zeigt, daß der Ausdruck nicht nur für Gott gebraucht wurde.

Dies macht deutlich, daß man eine Chronologie nicht aufgrund des Gebrauchs oder Nichtgebrauchs dieses Wortes errichten kann. Hinzu kommt die Tatsache, daß die frühe Kirche, die der Situation näher stand, sich einmütig für die Priorität des Matthäusevangeliums entschieden hat, da es keinen Beweis gab, daß Markus zuerst schrieb.

Darüber hinaus gibt es einige durchschlagende Gründe gegen die Theorie einer Priorität des Markus. Matthäus war ein Augenzeuge. Es scheint unnötig anzunehmen, er sei von Markus, der kein Augenzeuge war, abhängig gewesen, um Informationen über das Leben Christi zu erlangen, einschließlich Matthäus' eigener Gespräche!

Die Theorie kann ebenfalls nicht erklären, warum Lukas jede Erwähnung von Markus 6,45 — 8,26 vermied, wenn er Markus als Quelle benutzte. Hier handelt es sich um einen sehr wichtigen Abschnitt, und die einfachste Lösung ist, anzunehmen, daß Lukas das Evangelium des Markus nicht vor sich hatte, als er sein Werk verfaßte.

Die Zweiquellentheorie erklärt nicht hinreichend, warum Matthäus und Lukas in gewissen Abschnitten übereinstimmen, wo Markus etwas anderes hat.

Die Theorie von der Priorität des Markusevangeliums ist alles andere als eine feststehende Tatsache.

Was ist Q?

Eine der populärsten Theorien in der Forschung des Neuen Testaments besagt, daß das Markusevangelium als erstes geschrieben wurde und daß sowohl Matthäus als auch Lukas auf Markus und einer weiteren Quelle ‚Q' basieren, die nicht mehr existiert. ‚Q' steht für Quelle, und diese soll das Material enthalten haben, das sich bei Matthäus und Lukas, nicht aber bei Markus findet.

Die Idee einer ‚Q'-Quelle stellt eine relativ neue Entwicklung innerhalb der neutestamentlichen Forschung dar. In der Neuzeit sind die Evangelien des Matthäus, Markus und Lukas als ‚synoptische Evangelien' bezeichnet worden, weil sie ein ähnliches Bild vom Leben Christi vermitteln.

Viele setzen voraus, daß die weitgehende Übereinstimmung zwischen diesen Evangelien auf eine Art literarischer Zusammenarbeit hinweisen, und seit einem Jahrhundert haben die Forscher, die sich mit dem Neuen Testament befassen, versucht, dieses Phänomen zu erklären. Ein Faktor, der die Angelegenheit kompliziert, ist, daß es viele Stellen gibt, an denen ein Evangelium eine Sache anders beschreibt als eines oder beide der anderen Evangelien.

Die Suche nach einer Erklärung dafür, wie diese Ähnlichkeiten und Unterschiede zustande gekommen sind, wird als das ‚synoptische Problem' bezeichnet, und die ‚Quellenkritik' ist das Fachgebiet, das sich mit der Lösung dieses Problems befaßt.

Die frühe Kirche war an dem Problem nicht sehr interessiert, sie nahm an, daß die Evangelisten ihre Informationen aus der persönlichen Erinnerung bezogen und nicht darauf angewiesen waren, voneinander oder von einer gemeinsamen Schriftquelle abzuschreiben.

Nach dem Zeugnis des Eusebius, eines frühen Kirchenhistorikers, ist das Matthäusevangelium als erstes entstanden. Eusebius berichtet, Matthäus habe sein Evangelium niedergeschrieben, als er im Begriff war, Palästina zu verlassen. Seine Erzählung beruhe weitgehend auf seiner eigenen Erfahrung als Jünger Christi.

Klemens von Alexandria sagt, Markus habe sein Evangelium auf die Erinnerungen des Petrus gegründet, während Lukas bekundet, daß er sein Werk aus einer Anzahl von Quellen bezogen habe (Lk. 1,1-4).

Obwohl die frühen Gelehrten sich fast allgemein für die Priorität des Matthäus ausgesprochen hatten, sah das 19. Jahrhundert das Aufkommen der Theorie, das Markusevangelium sei als erstes geschrieben worden oder der ‚Priorität des Markus'. Die meisten Bücher, die heute über das synoptische Problem geschrieben werden, verfechten diese Theorie. So wird die Theorie der zwei Quellen, Markus und ‚Q', notwendig, um das Material zu erklären, das sich bei Matthäus und Lukas, nicht aber bei Markus findet.

Es gibt gute Gründe, die Theorie, daß Matthäus und Lukas ‚Q' und Markus als Quellen benutzten, in Frage zu stellen. Erstens ist kein solches Dokument Q jemals gefunden worden. Zweitens besteht keine Übereinstimmung darüber, welche Sprüche genau ‚Q' enthalten haben soll. Drittens gibt es von keinem Historiker oder Schriftsteller ein historisches Zeugnis für die Existenz einer Quelle wie ‚Q'. Und viertens deuten die historischen Beweise nicht auf Markus als erstes Evangelium, was die Voraussetzung für diese Theorie wäre.

Es gibt so viele unterschiedliche Interpretationen der Bibel. Warum sollte ich an Ihre glauben?

Eine der Klagen, die wir oft hören, lautet, daß jeder eine andere Interpretation der Bibel hat. Da viele Leute zu unterschiedlichen Ergebnissen gelangen, wenn sie die Bibel lesen, kann es angeblich keine Übereinstimmung geben. Die Leute verweisen auf die Vielzahl von Bekenntnissen, als ein Beispiel dafür, daß es unter den Bibelgläubigen keine Einmütigkeit geben könnte.

Diese Vorstellung läßt gewisse Tatsachen unberücksichtigt. Für die große Mehrzahl der Bibelleser ist es kein Problem, den zentralen Lehren der Bibel zuzustimmen. Selbst diejenigen, die nicht an die Wahrheit der Bibel glauben, haben keine Schwierigkeiten, die hauptsächliche Botschaft zu erkennen.

In allen Zweigen des Christentums finden wir dasselbe grundsätzliche Verständnis dessen, was die Bibel lehrt. Man akzeptiert allgemein dieselben Glaubensgrundsätze, die so grundlegende Wahrheiten beinhalten wie, Gott schuf den Menschen nach seinem Bild, mit Freiheit der Entscheidung, und daß der Mensch beschloß, gegen Gott zu rebellieren, und so die Sünde in die Welt brachte.

Gott, in seiner ewigen Liebe, wurde Mensch in der Person Jesu Christi und starb stellvertretend für uns, als Buße für die Sünde. Die Menschheit kann ihre Beziehung zu Gott wiederherstellen durch den Glauben an Jesus Christus.

Die Botschaft der Bibel ist klar für den, der sie liest und versucht, ihren Sinn zu verstehen. Probleme entstehen, wenn die Leute mit ihren vorgefaßten Meinungen an die Bibel herangehen und versuchen, das Wort ihren Vorstellungen anzupassen. Das ist nicht die Schuld der Bibel, sondern der Menschen, die die Bibel zwingen zu sagen, was sie hören wollen.

Was die verschiedenen Bekenntnisse betrifft, so muß betont werden, daß sie nicht durch Uneinigkeit über die zentralen Lehren des Christentums entstanden sind. Die Unterschiede sind das Ergebnis einer Vielzahl von Faktoren, darunter kulturelle, ethische und soziale. Wenn man sie genau miteinander vergleicht, dann sind die Unterschiede in der Doktrin nicht immer so entscheidend.

Manche Leute benutzen dieses Argument als Entschuldigung dafür, daß sie nicht an Jesus glauben, aber wie alle anderen erweist es sich als nicht stichhaltig. Jesus hat den entscheidenden Punkt kristallklar gemacht: „Wer an den Sohn glaubt, hat das ewige Leben; wer aber dem Sohn nicht gehorcht, wird das Leben nicht sehen, sondern Gottes Zorn bleibt auf ihm" (Joh. 3,36). Oft betreffen die Meinungsverschiedenheiten nicht so sehr die Interpretation der Schrift, als vielmehr ihre Anwendung.

Wie kann man einer Bibel glauben, die voller Widersprüche ist?

Es ist wirklich erstaunlich, wie oft diese Frage gestellt wird. Diese Frage unterstellt, daß die Bibel voll von Widersprüchen sei, die es unmöglich machen würden, an den göttlichen Ursprung der Bibel zu glauben. Es ist eine populäre Haltung zu behaupten, daß die Bibel sich selbst widerspreche, was beträchtlichen Zweifel auf ihre Glaubwürdigkeit wirft.

Sollte die Bibel tatsächlich nachweisbare Irrtümer enthalten, so würde das beweisen, daß zumindest diese Teile nicht von einem vollkommenen, allwissenden Gott stammen können. Wir bestreiten nicht diese Schlußfolgerung, sondern die ursprüngliche Prämisse, daß die Schrift voll von Fehlern sei. Es ist sehr leicht, die Bibel der Ungenauigkeit zu beschuldigen, aber etwas ganz anderes ist es, das auch zu beweisen.

Bestimmte Abschnitte scheinen auf den ersten Blick widersprüchlich zu sein, aber eine eingehendere Untersuchung zeigt, daß dies nicht der Fall ist.

Eines der Dinge, die wir im Hinblick auf mögliche Widersprüche fordern, ist Fairness. Wir sollten das Problem weder herunterspielen noch übertreiben, und wir müssen immer davon ausgehen, im Zweifelsfalle dem Autor recht zu geben. Das ist in der übrigen Literatur die Regel, und wir verlangen, daß es auch hier die Regel ist. Wir stellen oft fest, daß die Leute andere Regeln anlegen wollen, wenn es darum geht, die Bibel zu untersuchen, und dem treten wir unverzüglich entgegen.

Woraus besteht ein Widerspruch? Der Satz des ausgeschlossenen Widerspruchs, die Grundlage allen logischen Denkens, besagt, daß ein Ding nicht gleichzeitig A und Nicht-A sein kann. Mit anderen Worten, es kann nicht gleichzeitig regnen und nicht regnen.

Wenn man eine Verletzung dieses Prinzips in der Schrift nachweisen kann, dann und nur dann läßt sich ein Widerspruch belegen. Wenn die Bibel z.B. sagen würde — was sie nicht tut — daß Jesus gleichzeitig in Jerusalem und in Nazareth durch Kreuzigung starb, dann wäre das ein nachweisbarer Irrtum.

Bei der Betrachtung möglicher Widersprüche ist es von größter Bedeutung, sich daran zu erinnern, daß zwei Aussagen voneinander abweichen können, ohne widersprüchlich zu sein. Manche versäumen es, die Unterscheidung zwischen Widerspruch und Abweichung zu treffen.

Da ist z.B. der Fall der blinden Männer in Jericho. Matthäus berichtet, daß zwei blinde Männer Jesus trafen, während Markus und Lukas nur einen erwähnen. Doch keine dieser beiden Aussagen leugnet die andere, vielmehr ergänzen sie einander.

Stellen Sie sich vor, Sie sprechen im Rathaus mit dem Bürgermeister Ihrer Stadt und mit dem Polizeichef. Später treffen Sie Ihren Freund Jim und erzählen ihm, daß Sie heute mit dem Bürgermeister gesprochen haben. Eine Stunde später treffen Sie Ihren Freund John und erzählen ihm, daß Sie heute sowohl mit dem Bürgermeister, als auch mit dem Polizeichef gesprochen haben.

Wenn Ihre Freunde ihre Meinungen austauschen, finden sie einen scheinbaren Widerspruch. Aber es gibt keinen Widerspruch. Wenn Sie Jim gesagt hätten, daß Sie *nur* mit dem Bürgermeister gesprochen haben, dann hätten Sie mit dieser Aussage dem widersprochen, was Sie John gesagt haben.

Die Aussagen, die Sie tatsächlich gegenüber Jim und John gemacht haben, sind unterschiedlich, aber nicht widersprüchlich. Ähnlich fallen auch viele biblische Aussagen in diese Kategorie. Viele glauben Irrtümer in Passagen zu finden, die sie nicht richtig gelesen haben.

Im Buch der Richter haben wir einen Bericht über den Tod des Sisera. Richter 5,25-27 soll angeblich besagen, daß Jael ihn mit Hammer und Pflock erschlug, während der Milch trank. Richter 4,21 sagt, daß sie es tat, als er schlief. Doch genaueres Lesen von Richter 5,25-27 wird zeigen, daß dort nicht behauptet wird, er habe im Augenblick des Zuschlagens Milch getrunken. So verschwindet der Widerspruch.

Manchmal scheinen zwei Passagen widersprüchlich zu sein, weil die Übersetzung nicht so genau ist, wie sie sein könnte. Die Kenntnis der ursprünglichen Sprachen der Bibel kann diese Schwierigkeiten sofort beseitigen, denn sowohl das Griechische, als auch das Hebräische besitzen — wie alle Sprachen — Besonderheiten, die es schwierig machen, sie ins Deutsche oder eine andere Sprache zu übertragen.

Es muß auch betont werden, daß es unvernünftig ist zu behaupten, eine Passage der Bibel enthalte einen nachweisbaren Fehler, wenn es für diese Schwierigkeit eine mögliche Erklärung gibt. Manche Probleme in der Schrift resultieren aus einer unzureichenden Kenntnis der Umstände und setzen nicht unbedingt einen Irrtum voraus. Sie beweisen nur, daß wir den Hintergrund nicht kennen.

Mit dem Fortschreiten der historischen und archäologischen Forschung wird neues Licht auf schwierige Abschnitte geworfen, und viele ‚Irrtümer' sind mit dem neuen Verständnis verschwunden. Manche Probleme machen eine abwartende Haltung notwendig.

Wenn auch noch nicht alle Schwierigkeiten und Widersprüche in der Bibel geklärt sind, so ist es doch unsere feste Überzeugung, daß diese Probleme verschwinden werden, je mehr Kenntnisse man über die Umwelt der Bibel gewinnt. Die biblische Vorstellung von Gott ist die eines allwissenden, allmächtigen Wesens, das sich nicht selbst widerspricht, und so sind wir überzeugt, daß auch sein Wort, wenn es richtig verstanden wird, sich nicht widerspricht.

Die meisten Leute sagen, Mose habe die ersten fünf Bücher der Bibel nicht geschrieben. Was sagen Sie?

Obwohl die mosaische Urheberschaft des Pentateuch (der ersten fünf Bücher der Bibel) seit eineinhalb Jahrhunderten bestritten worden ist, gibt es immer noch guten Grund, daran zu glauben.

Es ist modern geworden zu glauben, der Pentateuch sei das Resultat einer Anhäufung verschiedener Dokumente, mit J, E, D und P bezeichnet, die schließlich um 400 v.Chr. von einem Herausgeber in ihrer gegenwärtigen Form zusammengestellt wurden. Diese phantastische und komplizierte Theorie hat jedoch wenig für sich und basiert auf fehlerhaften Untersuchungsmethoden.

C.S. Lewis erläutert dies anhand seiner persönlichen Erfahrungen, wenn er berichtet, wie die Kritiker ihre Methoden auf seine eigenen Worte anwandten: ,,Was mich gegen all diese Rekonstruktionen wappnet, ist die Tatsache, daß ich dies alles schon von der anderen Seite gesehen habe. Ich habe erlebt, wie Rezensenten die Genesis meiner eigenen Bücher auf dieselbe Weise rekonstruiert haben.

Ehe Sie nicht selbst rezensiert worden sind, werden Sie nicht glauben, einen wie geringen Teil einer gewöhnlichen Rezension die Kritik im engeren Sinne einnimmt: Beurteilung, Lob oder Tadel für das eigentliche Buch. Den größten Teil nehmen Spekulationen darüber ein, wie Sie es geschrieben haben.

Selbst die Ausdrücke, die die Rezensenten verwenden, um zu loben oder zu kritisieren, deuten oft schon eine solche Geschichte an. Sie loben einen Abschnitt als ‚spontan' und verurteilen einen anderen als ‚schwerfällig'; das heißt, sie glauben zu wissen, daß Sie das eine *currente calmo* und das andere *invita Minerva* geschrieben haben.

Den Wert solcher Rekonstruktionen lernte ich sehr früh in meiner Karriere kennen. Ich hatte einen Band mit Essays veröffentlicht; und das eine, in das ich mein ganzes Herz hineingelegt hatte, das Enthusiasmus entladen hatte, handelte von William Morris. Und in einer der ersten Rezensionen wurde mir gesagt, dies sei offensichtlich das einzige im Buch, das mich nicht interessiert habe.

Verstehen Sie mich nicht falsch. Der Kritiker hatte, wie ich heute glaube, recht damit, daß dies das schlechteste Essay des Buches war; zumindest stimmte ihm jedermann zu. Völlig falsch lag er dagegen mit seiner Spekulation über die Gründe für diese Glanzlosigkeit.

Gut, das ließ mich die Ohren spitzen. Seit damals habe ich sorgfältig auf Spekulationen über meine eigenen Bücher geachtet, aber auch über die Bücher meiner Freunde, deren wahre Geschichte ich kannte.

Die Rezensenten, ob freundlich oder feindselig, werden Sie mit großem Vertrauen auf solche Geschichten stoßen; sie werden Ihnen sagen, welche öffentlichen Ereignisse den Autor in diese oder jene Richtung gelenkt, welche anderen Autoren ihn beeinflußt haben, welche allgemeine Absicht er hatte, für welche Leserschaft er hauptsächlich schreibt, warum — und wann — er alles Mögliche getan hat.

Nun muß ich zunächst meinen eigenen Eindruck wiedergeben; dann, getrennt davon, was ich mit Sicherheit sagen kann. Mein Eindruck ist, daß nicht eine einzige dieser Vermutungen in auch nur einem einzigen Punkt richtig war; daß die Methode ein Ergebnis von 100 Prozent Fehlschlägen aufzuweisen hat.

Man sollte annehmen, daß sie durch reinen Zufall ebenso oft recht wie unrecht haben. Aber mein Eindruck ist, daß das nicht zutrifft. Ich kann mich an keinen einzigen Treffer erinnern. Da ich aber nicht sorgfältig Buch geführt habe, können meine Eindrücke falsch sein. Was ich, glaube ich, mit Sicherheit sagen kann, ist, daß sie gewöhnlich falsch liegen..." (*Christian Reflections,* S.159-160).

Zunächst muß festgestellt werden, daß Mose in der Lage war, den Pentateuch zu schreiben. Er wurde am königlichen Hof in Ägypten erzogen, der wissenschaftlich sehr weit fortgeschritten war. Er besaß unmittelbare Kenntnis der Geographie Ägyptens und des Sinai und reichlich Zeit — 40 Jahre der Wanderung und 40 Jahre darüber hinaus — um sein Werk zu verfassen. Zur gleichen Zeit, als Mose lebte, schrieben ungebildete Sklaven, die in den ägyptischen Türkisminen arbeiteten, an die Wände und zeigten so die Ausbreitung der Schrift zur Zeit Moses.

Das Zeugnis innerhalb des Pentateuch weist auf die Urheberschaft des Moses, da es Mose deutlich als den Autor bestimmter Teile darstellt. „Da schrieb Mose alle Gebote des Herrn auf" (2. Mose 24,4). „Dann nahm er das Bundesbuch und las es dem Volke vor" (2. Mose 24,7). „Und der Herr sprach zu Mose: Schreibe dir diese Worte auf; denn auf Grund dieser Worte schließe ich mit dir und mit Israel einen Bund" (2. Mose 34,27). Diesen Zitaten könnten noch viele weitere hinzugefügt werden.

Nicht nur die inneren Beweise der Schrift machen deutlich, daß Mose den Pentateuch geschrieben hat, sondern auch andere Bücher des Alten Testaments weisen auf seine Autorschaft. Josua 8,32 spricht von dem „Gesetz Moses, das dieser aufgezeichnet hatte". Weitere Verweise innerhalb des Alten Testaments sind u.a. 1. Könige 2,3; 2. Könige 14,6 und Josua 23,6, die Mose die Urheberschaft des Pentateuch zuweisen.

Die jüdische Tradition ist fest in ihrem Glauben an die Autorschaft des Moses. Jesus Sirach, eines der apokryphen Bücher, das um 180 v.Chr. geschrieben wurde, stellt fest: „All dies ist das Bundesbuch des allerhöchsten Gottes, das Gesetz, das Mose als Erbe für die Nachkommen Jakobs eingesetzt hat" (Sir. 24,23). Auch der Talmud, im Baba Bathra, 146, einem jüdischen Kommentar zu den ersten fünf Büchern (um 200 v.Chr.) und die Schriften des Flavius Josephus (geboren 37 n.Chr.) und des Philo (20 n.Chr.) stimmen damit überein.

Die frühe christliche Tradition besagt ebenfalls, daß Mose den Pentateuch verfaßt hat. Die Schriften des Junilius (527-565 n.Chr.) und des Leontius von Byzanz (6. Jahrhundert n.Chr.) lehrten ebenso wie die Kirchenväter Melito (175 n.Chr.), Kyrillos von Jerusalem (348-386 n.Chr.) und Hilarius (366 n.Chr.), daß Mose den Pentateuch geschrieben hat.

Fügen Sie dem noch das Zeugnis des Neuen Testaments hinzu. Die Apostel glaubten „Mose hat uns vorgeschrieben" (Mark. 12,19), wie auch Paulus, der von einem Abschnitt im Pentateuch sagte, „Mose schreibt" (Röm. 10,5).

Doch der Streit um die Autorschaft des Moses für die ersten fünf Bücher wird ein für allemal beigelegt durch das Zeugnis des Gottmenschen Jesus Christus. Jesus macht deutlich, daß Mose diese Bücher schrieb (Mark. 7,10; 10,3-5; 12,26; Luk. 5,14; 16,29-31; 24,27.44; Joh. 7, 19.23).

In Johannes 5, 45-47 sagt Jesus: „Denkt nicht, daß ich euch beim Vater anklagen werde; Mose klagt euch an, auf den ihr eure Hoffnung gesetzt habt. Wenn ihr Mose glauben würdet, müßtet ihr auch mir glauben; denn über mich hat er geschrieben. Wenn ihr aber seinen Schriften nicht glaubt, wie könnt ihr dann meinen Worten glauben?

Zwei weitere Überlegungen, die in Betracht gezogen werden müssen, wenn es darum geht, die Beweise derer zu untersuchen, die nicht glauben, daß Mose den Pentateuch geschrieben hat, sind ihre Ansichten von der Welt und von der Archäologie.

Diejenigen, die behaupten, daß Mose nicht der Autor ist, haben gewöhnlich die Vorstellung, daß es kein übernatürliches Wirken Gottes in der Welt gibt, noch jemals gegeben hat. So wäre es dumm, all die historischen Informationen zu glauben, von der Erschaffung der Welt, der Durchquerung des Roten Meeres, daß Gott zu Mose sprach oder selbst den historischen Beweis, daß Mose, ein Prophet Gottes, den Bericht aufgeschrieben hat. Die ganze Vorstellung ist mehr die von einer Geschichte.

Aufgrund ihrer Ansicht von der Welt versäumen sie es, die Beweise zu untersuchen. Diese Art von Überlegungen ist fehlerhaft. Man sollte die Beweise zuerst untersuchen und sich dann entscheiden. Die Beweise zu untersuchen, bedeutet nicht, daß man mit den Schlußfolgerungen eines anderen übereinstimmt, aber es bedeutet, daß man diese Schlußfolgerungen nicht aus Unwissenheit verwirft.

Zweitens haben in den letzten fünfzig Jahren viele archäologische Funde die Aussagen des Alten Testaments gerechtfertigt, die die Wahrscheinlichkeit der Autorschaft Moses stützen. Vor allem zeigen die meisten Funde, daß nur jemand, der zu der Zeit lebte, zu der nach der Bibel Mose gelebt haben soll, die Dinge in diesen Büchern wissen und niederschreiben konnte.

Wenn man all diese Beweise gemeinsam betrachtet, erweist sich die Urheberschaft des Mose für den Pentateuch als Tatsache. Solche grundlegenden Beweise würden vor einem Gerichtshof unverzüglich anerkannt und jede Theorie über mehrere Dokumente als unzulässig ausgeschlossen werden. Es gibt einfach keinen Beweis zur Stützung dieser Theorie, der nicht sehr vernünftig widerlegt werden könnte.

Wie kann Mose das 5. Buch Mose geschrieben haben, wenn es den Bericht über seinen Tod enthält?

Obwohl die orthodoxen Christen und die Juden gleichermaßen behaupten, Mose habe die ersten fünf Bücher des Alten Testaments geschrieben, leugnen manche Leute seine Autorschaft für das fünfte Buch, Deuteronomium. Sie tun dies teilweise mit der Begründung, daß Kapitel 34 den Bericht von Moses Tod enthält.

Da niemand einen Bericht über seinen eigenen Tod schreiben kann, argumentieren sie, heißt das nicht, daß das Buch des Deuteronomium nach der Zeit des Mose geschrieben worden sein muß?

Wahrscheinlich würden einige orthodoxe Christen und Juden versuchen zu argumentieren, daß das gesamte Kapitel 34 von Mose geschrieben wurde, obwohl das Kapitel möglicherweise prophetisch war. Eine plausiblere Erklärung ist aber anzunehmen, daß es nach dem Tod des Mose geschrieben wurde, von Josua. Dadurch wird man nicht gezwungen, den Rest des Deuteronomium einem anderen als Mose zuzuschreiben.

Es ist ganz üblich, an das Ende des letzten Werkes eines großen Autors einen Nachruf zu stellen. Es wäre erstaunlich, wenn der Tod Moses nicht berichtet würde, angesichts der Tatsache, das sein ganzes Leben in allen Einzelheiten dargestellt ist. Der Bericht über den Tod des Mose betrifft in keiner Weise seine Autorschaft für die vorhergehenden 33 Kapitel.

Können archäologische Zeugnisse die Bibel bestätigen? Wie verhalten sich archäologische Entdeckungen zu den Ereignissen der Schrift?

Archäologie nennt man die Erforschung der unvergänglichen Hinterlassenschaften, des Schutts, den der Mensch zurückgelassen und der den Zahn der Zeit überstanden hat. Das ursprüngliche Motiv dafür, alte Zivilisationen auszugraben, war die Suche nach verborgenen Schätzen.

Heute jedoch werden die mordernsten wissenschaftlichen Methoden angewandt, um die Überreste der Vergangenheit aufzudecken und zu untersuchen, um so ein besseres Verständnis antiker Völker und ihrer Bräuche zu gewinnen. Der Nahe Osten, vor allem auch das Gebiet Palästinas, ist wegen seiner langen Geschichte Schauplatz zahlreicher Ausgrabungen.

Es ist wichtig festzuhalten, daß Archäologie ohne Geschichte sinnlos ist. Was die Archäologie uns bieten kann, ist eine Abfolge kultureller Entwicklungen, aber keine exakte Chronologie. Die Geschichte bringt uns die Chronologie, Ereignisse, Menschen und Orte.

In den letzten 100 Jahren hat die Archäologie einige der historischen Geschehnisse, die in der Bibel enthalten sind, bestätigen können.

Dazu gehört der Beweis, daß es einen Herrscher Belsazar gegeben hat; auch die Hethiter haben nicht nur existiert, sondern sie besaßen auch ein großes Reich; auch König Sargon hat regiert und die Stellen in der Apostelgeschichte, die die Geschichte berühren, sind nachweisbar richtig. So weit haben die Funde der Archäologie die historischen Punkte des biblischen Berichts bestätigt und in keinem Fall in Zweifel gezogen.

Während die Archäologie aber die Geschichte belegen und Licht auf verschiedene Passagen der Bibel werfen kann, geht es doch über ihre Möglichkeiten hinaus zu beweisen, daß die Bibel das Wort Gottes ist. Gegenwärtig gewinnt die archäologische Wissenschaft an Bedeutung. Die ihr verfügbaren Daten sind noch begrenzt, aber selbst innerhalb ihrer Grenzen ist diese Disziplin sehr hilfreich bei dem Nachweis, daß viele Abschnitte der Bibel historisch genau sind.

Man kann nicht genug auf die Bedeutung der Tatsache hinweisen, daß die Bibel ein exaktes historisches Bild wiedergibt. Das Christentum ist ein historischer Glaube, der behauptet, daß Gott mit vielen mächtigen Handlungen in die Geschichte eingegriffen hat.

Obwohl die Wunder, von denen die Schrift berichtet, aufgrund ihrer Natur weder wissenschaftlich nachgeprüft, noch wiederholt werden können, kann man Personen, Orte und Ereignisse historisch untersuchen. Wenn die Verfasser der Bibel in ihrem historischen Bild ungenau wären, so würde dies ernsthaften Zweifel auf ihre Zuverlässigkeit in den Bereichen werfen, die nicht überprüft werden können.

Um es anders auszudrücken, wenn die Autoren der Schrift in korrekter Weise von den Dingen berichten, die sich ereignet haben, dann folgt daraus, daß sie nicht für unglaubwürdig erklärt werden können, weil sie außergewöhnliche Dinge erwähnen.

In welcher Beziehung stehen die Schriftrollen vom Toten Meer zur Bibelkritik?

In der 1948er Ausgabe seines hervorragenden Buches *Our Bible and Ancient Manuscripts*, konnte Sir Frederic Kenyon, der Paläograph, nur folgendes sagen: „Es ist wahrhaftig unwahrscheinlich, daß wir vor der Entstehung des Textes zurückgehen, den wir als den masoretischen kennen. Wir können nur eine Vorstellung davon gewinnen, indem wir die frühesten seiner Übersetzungen studieren..." (zitiert von Pfeiffer, *The Dead Sea Scrolls and the Bible*, S.107).

Zu derselben Zeit, als sein Buch in Druck ging, begannen im Jahre 1947 Entdeckungen, die Aussagen wie die Kenyons unmöglich machten. Bis zu diesem Zeitpunkt besaßen die Wissenschaftler nur die Tontafeln Babyloniens und die ägyptischen Papyri als Hilfe zum Verständnis des Hintergrunds der Bibel, da keine antiken Manuskripte des Alten Testaments bekannt waren.

Doch all das änderte sich durch die Entdeckung einiger Schriftrollen in Höhlen entlang der Nordwestküste des Toten Meeres. Diese Rollen stellten Manuskripte der alttestamentlichen Bücher dar, die 1000 Jahre älter waren als alle bisher bekannten.

Es gab sofort große Aufregung über den Fund. Dr. William F. Albright, einer der führenden Archäologen der Welt, schrieb in einem Brief an John Trever, der maßgeblichen Anteil an der Aufdeckung der Funde hatte:

„Meine herzlichsten Glückwünsche zur großartigsten Manuskriptentdeckung der Neuzeit! Ich habe keinen Zweifel daran, daß die Schrift archaischer ist als die des Papyrus Nash (ein sehr kleiner Teil des Alten Testaments, datiert zwischen dem 2. Jahrhundert v.Chr. und dem 1. Jahrhundert n.Chr.)... Ich würde eine Datierung um 100 v.Chr. vorschlagen...

Welch ein absolut unglaublicher Fund! Und es kann glücklicherweise nicht den geringsten Zweifel an der Echtheit des Manuskripts geben."

Vor der Entdeckung dieser Schriftrollen war die älteste vollständige Abschrift des Alten Testaments in hebräischer Sprache der Codex Babylonicus Petropalitanus aus dem Jahr 1008 n.Chr., mehr als 1400 Jahre nach der Vollendung des Alten Testaments. Fragmente der Schriftrollen vom Toten Meer schlossen nun 1000 Jahre dieser Lücke, und die Welt wartete gespannt darauf zu sehen, ob der Text richtig überliefert worden war. Die Antwort war ein schallendes Ja.

Die Schriftrollen vom Toten Meer haben unzweideutig die Tatsache bewiesen, daß die Juden die biblischen Manuskripte zuverlässig abgeschrieben haben. Diese Bestätigung für die Schrift wurde schon vor langer Zeit durch den jüdischen Historiker des 1. Jahrhunderts, Flavius Josephus, zusammengefaßt:

„Wir haben praktische Beweise für unser Verhältnis zu unserer Schrift geliefert. Denn obwohl nun so lange Zeiten vergangen sind, hat niemand es gewagt, auch nur eine Silbe hinzuzufügen, zu entfernen oder zu ändern; und für jeden Juden ist es ein Instinkt vom Tage seiner Geburt an, sie als Ratschluß Gottes zu betrachten, an ihr festzuhalten und, wenn nötig, freudig für sie zu sterben.

Immer wieder kann man Gefangene sehen, die lieber Folter und Tod jeder Form in der Arena erleiden, als ein einziges Wort gegen das Gesetz und die dazu gehörenden Dokumente zu sagen" („Flavius Josephus Against Apion," in *Josephus, Complete Works*, übersetzt von William Whiston, Grand Rapids, Kregel Pub., 1960, S.179, 180).

Die Haltung, von der Josephus berichtet, findet ihre Bestätigung durch einen Vergleich mit dem masoretischen Text, der Grundlage für unsere hebräischen Bibeln ist und mit den Schriftrollen vom Toten Meer. Unter den entdeckten Fragmenten befinden sich vollständige Abschriften oder Teile von jedem der Bücher des Alten Testaments, außer Esther, und die Abweichungen im Text sind, nach 1000 Jahren des Abschreibens, minimal. So ist jede Annahme, die Schriftrollen vom Toten Meer könnten Zweifel auf die Zuverlässigkeit der Bibel werfen, hinfällig.

Charles Pfeiffer konnte in diesem Sinne sagen: „Es sollte festgehalten werden, daß zwar weitgehende negative Einstellungen zur Bibel durch das Studium der Qumran Schriftrollen nicht widerlegt werden können (Qumran ist der Hauptfundort der Schriftrollen am Toten Meer), daß es aber aus Qumran keine Beweise gibt, die eine Neubewertung der traditionellen Sicht der originalen biblischen Schriften rechtfertigen.

Die alttestamentlichen Bücher aus Qumran sind dieselben, die wir in unseren Bibeln finden. Geringfügige Textvariationen kommen vor wie in jedem Dokument, das zu seiner Verbreitung auf Handschriften angewiesen ist, aber der biblische Text kann im wesentlichen als zuverlässig angesehen werden“ (*The Dead Sea Scrolls and the Bible*, S.114 Charles F. Pfeiffer, Baker Book House, 1967).

Daher unterstützt die Entdeckung der Schriftrollen vom Toten Meer nur den kritischen aber konservativen Zugang zum Alten Testament, wie auch die Wissenschaftler mit dieser Überzeugung daran festhalten, die Zuverlässigkeit der Bücher des Alten Testaments zu untersuchen.

Wie viele Jesajas gab es?

Das ist eine sehr komplexe Frage, und eine Antwort, die weniger als ein Buch umfaßt, kann kaum die Oberfläche ankratzen. Sowohl von Verteidigern, als auch von Kritikern ist über die Einheitlichkeit des Jesaja mehr diskutiert worden, als über jedes andere prophetische Buch des Alten Testaments.

Es ist die einmütige Ansicht der kritischen Ideenrichtung, daß das Buch des Jesaja keine Einheit ist. Die Kapitel 40-66 sollen von einem oder mehreren unbekannten Autoren geschrieben worden sein, die am Ende der Babylonischen Gefangenschaft (nach 540 v.Chr.) lebten, und sie werden als Deuterojesaja oder Zweiter Jesaja bezeichnet.

Viele einander überschneidende und gleichermaßen unfundierte Linien der Argumentation werden benutzt, um diese Behauptung zu stützen. Die Kritiker behaupten, daß die Kapitel 40-66 das Exil voraussetzen. Die Stadt Jerusalem wird als zerstört und verlassen beschrieben (44,26; 58,12), und die Menschen leiden in den Händen der Chaldäer (42,22.25; 47,6).

Diejenigen, zu denen der Schreiber spricht, sind nicht die Zeitgenossen des Jesaja in Jerusalem, sondern die in Babylon. Da die Propheten, wie sie behaupten, immer zu ihren Zeitgenossen sprachen, schließt das aus, die Autorschaft Jesaja zuzuschreiben.

Der literarische Stil der Kapitel 40-66 soll sich von 1-39 vollkommen unterscheiden, mit vielen Wörtern und Ausdrücken, die im früheren Teil des Buches nicht verwendet werden. Der Stil von 1-39 soll majestätisch und feierlich sein, während 40-66 angeblich persönlicher, leidenschaftlicher und dramatischer ist.

Es wird argumentiert, die Theologie des Zweiten Jesaja unterscheide sich von der in 1-39, worin Jesaja Gottes Würde und Macht betone, während 40-66 seine Unendlichkeit darstelle. Deuterojesaja spricht vom Knecht des Herrn, während die Kapitel 1-39 den königlichen Messias beschreiben.

Es wird auch angeführt, daß der Name Jesaja in 40-66 nirgends erwähnt wird und daß Cyrus 150 Jahre vor seiner Zeit genannt wird (44,28; 45,1), wenn man den zweiten Teil Jesaja zuschreibt.

Die obigen Argumente sind aus folgenden Gründen nicht überzeugend:

Der Standpunkt der Kapitel 40-66 setzt in der Tat das Exil voraus, aber der Schreiber spricht von einem idealen — nicht tatsächlichen — Gesichtspunkt aus. Jesaja spricht und denkt absichtlich in dieser zukünftigen Periode, als ob sie gegenwärtig wäre.

Beispiele für dieselbe Haltung findet man in Hesekiel 40-48, Nahum 2 und 3 und im gesamten Buch der Offenbarung. Es ist einfach nicht wahr, daß ein Prophet immer nur für die Bedürfnisse seiner Zeitgenossen spricht (Sach. 9-14; Dan. 11 und 12). Jesaja projektiert in die Zukunft, um die versprochene Erlösung aus der Gefangenschaft vorherzusagen.

Der Unterschied im Stil zwischen 1-39 und 40-66 ist nicht so ausgeprägt, wie die kritische Schule glauben möchte. Der Wechsel des Themas ist für diesen Unterschied verantwortlich, und jedes Argument dieser Art, das die Kritiker verwenden, ist sehr unschlüssig und subjektiv.

Außerdem werden die Ähnlichkeiten im Stil von den Kritikern nicht ausreichend berücksichtigt. Der Ausdruck „der Heilige Israels" kommt in beiden Teilen mehr als ein dutzendmal vor, wird aber im Rest des Alten Testaments kaum verwendet. Viele Passagen zeigen wörtliche Übereinstimmung oder solche Ähnlichkeit in Gedanken und Ausdrücken, daß die Einheit der beiden Teile erwiesen ist.

Die sogenannten theologischen Unterschiede existieren nicht, da die erhabene Vorstellung von Gott in 40-66 leicht durch den Wechsel des Themas zu erklären ist.

Jesajas Name erscheint am Anfang des Buches (1,1), was deutlich für alle 66 Kapitel gilt. Hätten die Kapitel 40-66 den Namen Jesajas enthalten, so würde die kritische Schule dies sicherlich als spätere Hinzufügung eines Herausgebers zurückweisen.

Es gibt absolut keinen handschriftlichen oder historischen Beweis dafür, daß die gesamten 66 Kapitel von irgendeinem anderen als Jesaja geschrieben wurden. Die Jesaja-Rolle unter den Schriftrollen vom Toten Meer datiert aus dem 2. Jahrhundert v.Chr., und Kapitel 40 beginnt in der letzten Zeile der Spalte, die die Kapitel 38,8-40,2 enthält. Das ist ein überzeugendes frühes Zeugnis für die Einheit des Jesaja.

Die namentliche Erwähnung des Cyrus eineinhalb Jahrhunderte vor seiner Zeit ist kein Problem für die, die an die weissagende Prophetie glauben. Dasselbe findet man in der Vorhersage von Josias Name und Herrschaft drei Jahrhunderte vor seiner Geburt (1. Könige 13,1.2) und die Vorhersage des Geburtsorts Christi (Micha 5,2) 700 Jahre bevor es geschah.

Den Schlußpunkt in der Verteidigung der Einheit des Jesaja bildet das Zeugnis des Neuen Testaments. Jesaja wird im Neuen Testament 21mal zitiert, aus beiden Teilen des Buches. Johannes 12, 38-40 enthält zwei Zitate aus den beiden Abschnitten des Jesaja (53,1; 6,9), und Johannes 12,41 sagt: „Das sagte Jesaja". Jesus las aus Jesaja 61,1 vor, was nach Lukas 4,17 „das Buch des Propheten Jesaja" war.

Ein weiterer Bereich, den die liberalen Kritiker ignorieren, sind die Bemerkungen des Autors zu Flora und Klima. Flora, Klima und Geographie in Jesaja 40-66 stimmen in keiner Weise mit unserer Kenntnis von Babylon überein, doch sie zeigen große Vertrautheit mit Palästina, wo das Buch geschrieben worden sein soll.

So scheint die Schlußfolgerung sicher, daß alle 66 Kapitel vom Propheten Jesaja, ungefähr 739-680 v.Chr., geschrieben wurden.

Ich habe sagen hören, daß die Existenz des jüdischen Volkes heute einen objektiven Beweis für die Wahrheit der Bibel darstellt. Warum?

Wenn jemand wissen möchte, ob der Gott der Bibel existiert oder nicht, so ist einer der stärksten Gründe, die er untersuchen kann, das jüdische Volk. Eine ehrliche Prüfung dieser Frage wird eine mehr als ausreichende Antwort zur Wahrhaftigkeit des christlichen Glaubens erbringen.

Vor ungefähr 4000 Jahren rief Gott einen Mann namens Abram aus dem Land, in dem er lebte und gab ihm folgendes Versprechen: „So will ich dich zu einem großen Volke machen und dich segnen und deinen Namen berühmt machen, daß er zum Segensworte wird. Segnen will ich, die dich segnen, und wer dir flucht, den will ich verfluchen; und mit deinem Namen werden sich Segen wünschen alle Geschlechter der Erde“ (1. Mose 12,2.3).

„...sprach der Herr zu Abram: Hebe deine Augen auf und schaue von der Stätte, da du stehst, gegen Mitternacht und gegen Mittag, gegen Morgen und gegen Abend. Denn das ganze Land, das du siehst — dir will ich es geben und deinen Nachkommen für ewige Zeiten“ (1. Mose 13,14.15).

Mit anderen Worten, Gott versprach Abram (1) ein großes Volk; (2) einen großen Namen; (3) ein Segen für alle Völker zu sein; und (4) ein Land, das seinen Nachkommen für immer gehören soll.

Mehrere hundert Jahre, nachdem Gott Abram diese Versprechen gemacht hatte, war tatsächlich ein großes Volk entstanden, das Millionen zählte. Sie waren im Begriff, das versprochene Land zu betreten, als Gott ihnen durch ihren Führer Mose einige Warnungen gab, die im 5. Buch Mose 28-33 festgehalten sind.

Gott warnte sie vor Ungehorsam und verhieß ihnen, daß er andere Völker benutzen würde, um sie aus dem Land zu vertreiben, wenn sie ihm untreu würden. Er sagte ihnen voraus, daß sie schließlich über die ganze Erde verstreut würden, als Fremde in unbekannten Ländern und daß sie keine Ruhe von ihren Wanderungen finden würden. Doch Gott in seiner Treue versprach ihnen, sie in ihr Land zurückzubringen.

Wie war das Urteil der Geschichte? Die Kinder Israel verfielen, obwohl sie gewarnt waren, in Götzendienst und wurden aus ihrem Heimatland vertrieben. Im Jahre 606 v.Chr. führte König Nebukadnezar das Volk gefangen nach Babylon und kehrte 588-586 v.Chr. zurück.

Nach langer Belagerung brannte er die Stadt und den Tempel nieder.

Doch wie Gott versprochen hatte, erlaubte er denen, die es wünschten, 537-536 v.Chr. oder nach 70 Jahren (Esra 1), in das Land zurückzukehren. Die Vertreibung aus ihrer Heimat geschah zum zweiten Mal im Jahre 70 n.Chr., als der Römer Titus die Stadt Jerusalem zerstörte und das Volk zerstreute.

Fast 1900 Jahre lang wanderten die Juden über die Erde, als Fremde, die von allen Seiten verfolgt wurden. Dies gipfelte im Holocaust des Zweiten Weltkriegs, als 6 Millionen Juden in den Konzentrationslagern getötet wurden.

Und doch, gegen alle Wahrscheinlichkeit wurde der Staat Israel am 14. Mai 1948 wiedergeboren, und die Jungen begannen, aus allen Himmelsrichtungen in ihr Heimatland zurückzukehren. Dies war das zweite Mal in ihrer Geschichte, seit sie ein Volk geworden waren, daß sie in ihr Land zurückkamen. Seit 1948 haben sie mehrere schreckliche Konflikte, einschließlich des Sechstagekriegs von 1967 und des Jom Kippur-Kriegs von 1973, überlebt.

Trotz alledem ging das Volk weder unter, noch verlor es seine nationale Identität. Die Geschichte hat gezeigt, daß jedes Volk, das sein Heimatland verläßt, nach ungefähr fünf Generationen seine nationale Identität verliert, indem es von der neuen Kultur absorbiert wird, aber die Juden blieben eine ausgeprägte Einheit.

Nicht nur, daß sie überlebt haben, sondern die Völker, die sie verfolgten — Moab, Ammon, Edom, Philister und viele andere — wurden entweder vernichtet oder haben ihre charakteristische Identität verloren.

Haben Sie je von einem schwedischen Moabiter gehört? Einem russischen Philister? Einem deutschen Edomiter? Einem amerikanischen Ammoniter? Nein! Diese Völker sind von anderen Kulturen und Rassen vollkommen absorbiert worden.

Doch, haben Sie je von einem schwedischen Juden gehört? Einem russischen Juden? Einem deutschen Juden? Einem amerikanischen Juden? Ja! Wie prophezeit, haben sie ihre Identität nicht verloren.

Einer von uns war einmal bei einer Diskussion über die Person Jesu Christi, an der ein Rabbi teilnahm. Während der Fragezeit stellte man dem Rabbi die Frage, warum er nicht an die Auferstehung Jesu glaube. „Ich glaube nicht an die Wunder des Neuen Testaments“, antwortete er.

Ein aufgeweckter Student fragte den Rabbi sofort, warum er die Wunder des Neuen Testaments leugne, die Wunder des Alten Testaments aber akzeptiere und worauf er diese Unterscheidung gründe. Ohne mit der Wimper zu zucken antwortete der Rabbi: „Das ist einfach; ich glaube auch nicht an die Wunder des Alten Testaments. Ich halte sie alle für Mythen.“ Es ist kaum zu glauben, daß er so etwas sagen konnte, wenn man die Tatsache bedenke, daß sein Überleben als Jude eines der größten Wunder in der Geschichte ist.

Als wir beide 1976 in Israel waren, um den Film „Mehr als ein Zimmermann“ zu drehen, wurden wir zu einem Treffen mit einem hohen Beamten der israelischen Regierung eingeladen. Eine der Fragen, die wir ihm stellten, betraf das Überleben seines Volkes.

Wie war es ihnen möglich zu überleben, nachdem sie zweimal aus ihrer Heimat vertrieben worden waren, das zweite Mal für fast 1900 Jahre; den Holocaust zu überleben, als jeder dritte lebende Jude getötet wurde und die Angriffe von mehr als 100 Millionen Mitgliedern der arabischen Welt sowohl 1976, als auch 1973 abzuwehren?

Lag dies daran, daß sein Volk so findig war, oder wachte eine göttliche Hand über sein Volk? Er sah uns an und sagte: „Obwohl die meisten Menschen in meinem Land heute behaupten, Atheisten zu sein, glauben sie es nicht. Ich glaube, alle von uns wissen in ihrem tiefsten Innern, daß eine Macht größer als wir dieses Volk beschützt hat.“

Er fügte hinzu, daß nach der kürzlichen Wiedereroberung Jerusalems durch die Juden ständig fast eine Million Menschen an der Klagemauer sei oder auf ihrem Weg dorthin, um Gott zu danken.

Der Gott der Bibel ist treu. Er hat seine Existenz und seine Treue durch sein Handeln am Volk Israel gezeigt, als ein objektives Zeichen für die Welt, als Zeugnis für seine Existenz und als Verwirklichung seiner Versprechen.

Warum höre ich immer Christen, die erfüllte Prophezeiungen als Beweis für die Inspiration der Bibel anführen?

Wer an Jesus Christus glaubt, wird häufig gefragt, warum er glaubt, die Bibel sei inspiriert, und eine übliche Antwort darauf ist, wegen der erfüllten Prophezeiungen. Das Argument der erfüllten Prophezeiungen ist eines der stärksten, die überhaupt vorstellbar sind.

Nachdem der Apostel Petrus bezeugt hatte, daß er Jesus Christus in all seiner Herrlichkeit gesehen habe, sagte er: „Dadurch ist das Wort der Propheten für uns noch sicherer geworden, und ihr tut gut daran, es zu beachten; denn es ist ein Licht, das an einem finsteren Ort scheint, bis der Tag anbricht und der Morgenstern aufgeht in euren Herzen" (2. Petr. 1,19). Petrus führt hier die erfüllte Prophezeiung als Zeugnis für die Wahrheit für die Wahrheit der Schrift an.

Die Bibel selbst gibt den Sinn der Prophezeiungen an, „Gedenket des Früheren, wie es von Urzeit an war: Ich bin Gott und keiner sonst, bin Gottheit, es gibt nicht meinesgleichen, der ich von Anfang den Ausgang verkündet, von längsther, was noch ungeschehen war..." (Jes. 46,9.10).

„Das Frühere habe ich vorlängst verkündet; aus meinem Munde kam es, und ich ließ es hören. Plötzlich tat ich es, und es traf ein. So habe ich's dir schon längst verkündet; ehe es kam, ließ ich es dich wissen, daß du nicht wähntest: Mein Götze hat es gemacht, mein Gott von Holz oder Erz es befohlen" (Jes. 48,3.5).

Das Neue Testament sprach vom Kommen Jesu Christi, „das er durch seine Propheten im voraus verheißen hat in den heiligen Schriften" (Röm. 1,1-4).

Das Zeugnis der Schrift besagt, der Sinn der Prophezeiungen sei es, uns wissen zu lassen, daß Gott existiert und daß er einen Plan für seine Welt hat. Durch die Vorhersage von Personen, Orten und Ereignissen, Hunderte von Jahren bevor sie eintreffen, zeigt die Bibel eine Kenntnis der Zukunft, die zu genau ist, um als gute Vermutung abgetan zu werden. Durch Beispiele erfüllter Prophezeiungen legt die Schrift ein starkes Zeugnis für ihre eigene Inspiration ab.

Ein Beispiel dafür wäre die Prophezeiung des Königs Cyrus (Jes. 44,28; 45,1). Der Prophet Jesaja, der um 700 v.Chr. schrieb, sagt Cyrus namentlich als den König voraus, der sagen wird, Jerusalem solle aufgebaut und die Fundamente des Tempels sollen gelegt werden.

Zu der Zeit, als Jesaja schrieb, war Jerusalem komplett erbaut, und der ganze Tempel stand. Erst mehr als 100 Jahre später sollten die Stadt und der Tempel im Jahre 586 v.Chr. von König Nebukadnezar zerstört werden.

Nachdem Jerusalem von den Babyloniern eingenommen worden war, wurde es um 539 v.Chr. von den Persern erobert. Wenig später gab der persische König Cyrus den Befehl, den Tempel in Jerusalem wieder aufzubauen. Das war rund 160 Jahre nach der Prophezeiung des Jesaja!

So sagte Jesaja voraus, daß ein Mann namens Cyrus, der erst 100 Jahre später geboren werden sollte, den Befehl geben würde, den Tempel wieder aufzubauen, der zu Jesajas Zeit noch stand und erst über 100 Jahre später zerstört werden sollte. Diese Prophezeiung ist wahrhaft erstaunlich, aber sie steht nicht allein.

Es gibt in der Tat buchstäblich Hunderte von Prophezeiungen, die künftige Ereignisse vorhersagen. Die Vorstellung, daß die Erfüllung der Voraussagen ein Ergebnis von Zufällen oder Glück sei, ist angesichts der Beweise absurd. Gott hat mit Hilfe der erfüllten Prohezeiungen genügend Zeugnis für seine Existenz und für die göttliche Inspiration der Schrift abgelegt.

Was sind die Apokryphen? Warum findet man diese Bücher in protestantischen Bibeln nicht?

Heute steht das Wort Apokryphe als Synonym für die vierzehn oder fünfzehn Bücher zweifelhafter Authentizität und Autorität. Diese Schriften finden sich nicht im hebräischen Alten Testament, sind aber in einigen Manuskripten der Septuaginta enthalten, der griechischen Übersetzung des hebräischen Alten Testaments, die um 250 v.Chr. in Alexandria, Ägypten, vollendet wurde.

Die meisten dieser Bücher wurden von der römisch-katholischen Kirche auf dem Konzil von Trient (1545-1563) als zur Schrift gehörig erklärt, während die protestantische Kirche ihnen jede göttliche Autorität abspricht.

Diejenigen, die diesen Büchern göttliche Autorität zusprechen und sie als Schrift verteidigen, argumentieren, daß die Verfasser des Neuen Testaments überwiegend die Septuaginta zitieren, die die Apokryphen enthält. Sie führen auch die Tatsache an, daß einige der Kirchenväter, namentlich Irenaeus, Tertullian und Klemens von Alexandria, die Apokryphen im öffentlichen Gottesdienst benutzt und sie als Schrift anerkannten, wie es auch die Syrische Kirche im vierten Jahrhundert tat.

St. Augustinus, der bei den Konzilen von Hippo und Karthago den Vorsitz führte, stimmte mit ihrer Entscheidung, die Bücher seien inspiriert, überein: Die Griechische Kirche fügt der Liste derer, die an die Inspiration der Apokryphen glauben, ihr Gewicht hinzu.

Die Befürworter verweisen auch auf die Schriftrollen vom Toten Meer, um ihrem Glauben an die Apokryphen weiteres Gewicht zu verleihen. Unter den Fragmenten aus Qumran waren auch einige hebräisch geschriebene Kopien von apokryphen Büchern. Diese sind zusammen mit anderen alttestamentlichen Werken entdeckt worden.

Die Gründe dafür, die Apokryphen als heilige Schrift einzubeziehen, brechen bei näherer Untersuchung vollständig zusammen. Die Verfasser des Neuen Testaments mögen sich darauf beziehen, aber sie zitieren sie *niemals* als heilige Schrift oder geben auch nur den geringsten Hinweis, daß diese Bücher inspiriert wären. Wenn die Septuaginta im ersten Jahrhundert diese Bücher enthielt, was keineswegs eine bewiesene Tatsache ist, dann ignorierten Jesus und seine Jünger sie vollkommen.

Sich zum Beweis für die Inspiration der Bücher auf bestimmte Kirchenväter zu berufen, ist ein schwaches Argument, da ebensoviele in der frühen Kirche, besonders Origenes, Hieronymus und andere, ihre angebliche Inspiration leugneten.

Die Syrische Kirche wartete bis zum vierten Jahrhundert n.Chr., um diese Bücher als kanonisch zu akzeptieren. Es ist bemerkenswert, daß die Peschita, die syrische Bibel aus dem zweiten Jahrhundert n.Chr., sie nicht enthielt.

Der frühe Augustinus erkannte die Apokryphen zumindest teilweise an. Aber später reflektieren die Schriften des Augustinus eine klare Ablehnung dieser Bücher, als außerhalb des Kanons und minderwertiger als die hebräischen Schriften.

Die jüdische Gemeinschaft lehnte diese Schriften ebenfalls ab. Auf der jüdischen Synode von Jamnia (ca. 90 n.Chr.) wurden neun der Bücher unseres alttestamentlichen Kanons aus unterschiedlichen Gründen diskutiert, ob sie eingeschlossen werden sollten. Schließlich erklärte man nur die hebräischen Bücher in unserem heutigen Kanon des Alten Testaments für kanonisch.

Das Vorhandensein von Apokryphen unter den Fragmenten des Alten Testaments beweist hinsichtlich der Inspiration wenig, da auch zahlreiche Fragmente anderer, nicht zur Schrift gehörender Dokumente, gefunden worden sind.

Man kann nicht genug darauf hinweisen, daß die römisch-katholische Kirche selbst diese Bücher nicht vor 1545-1563, auf dem Konzil von Trient, als Heilige Schriften erklärt hat.

Die Aufnahme gewisser Bücher innerhalb der Apokryphen als kanonisch durch die römisch-katholische Kirche war zum großen Teil eine Reaktion auf die protestantische Reformation. Durch die Kanonisierung dieser Bücher legitimierte man ihre Verwendung in Fragen der Doktrin.

Diese Argumente zur Verteidigung der Apokryphen als Schrift lassen offensichtlich viel zu wünschen übrig.

Es gibt noch einige andere eindrucksvolle Gründe dafür, daß die Apokryphen von der protestantischen Kirche abgelehnt werden. Einer davon betrifft die unbiblischen Lehren dieser fragwürdigen Bücher, wie das Beten für die Toten.

Für die Verstorbenen zu beten, wie es in 2. Makkabäer 12,45-46 gefordert wird, steht in direktem Widerspruch zu Lukas 16, 25.26 und Hebräer 9,27 und anderen Stellen. Die Apokryphen enthalten auch die Episode, in der Gott Judith bei einer Lüge unterstützt. (Judith 9, 10.13).

Die Apokryphen enthalten außerdem nachweisbare Irrtümer. Tobit soll gelehrt haben, als Jerobeam im Jahre 931 v.Chr. seine Revolte begann und lebte immer noch zur Zeit der assyrischen Gefangenschaft (722 v.Chr.), doch das Buch Tobit sagt, er habe nur 158 Jahre gelebt (Tobit 1.3-5; 14,11).

Schließlich erhebt keines dieser apokryphischen Bücher den Anspruch auf göttliche Inspiration. Man braucht nur diese Werke neben der Bibel zu lesen, um den großen Unterschied zu sehen.

Hat Jesus behauptet, Gott zu sein? Und selbst wenn er diesen Anspruch erhob, warum sollte ich es glauben?

Unter den religiösen Führern, die im Laufe der Geschichte eine große Anhängerschaft gewonnen haben, ist Jesus Christus einzigartig durch die Tatsache, daß er allein behauptete, Gott in menschlicher Gestalt zu sein. Ein verbreitetes Mißverständnis besagt, daß einige oder viele Religionsführer in der Welt ähnliche Ansprüche erhoben, aber das ist einfach nicht der Fall.

Buddha hat nicht behauptet, Gott zu sein; Moses hat niemals gesagt, er sei Jahwe; Mohammed identifizierte sich nicht mit Allah und nirgends werden Sie finden, daß Zoroaster behauptete, Ahuramazda zu sein. Doch Jesus, der Zimmermann aus Nazareth, sagte, wer ihn (Jesus) gesehen habe, der habe den Vater gesehen (Joh. 14,9).

Die Ansprüche Christi sind zahlreich und vielfältig. Er sagte, daß er vor Abraham existiert habe (Joh. 8,58) und daß er dem Vater gleich sei (Joh. 5,17.18). Jesus nahm für sich in Anspruch, Sünden vergeben zu können (Mark. 2,5-7), was nach der Lehre der Bibel nur Gott tun kann (Jes. 43,25).

Das Neue Testament setzt Jesus mit dem Schöpfer des Universums gleich (Joh. 1,3) und mit dem, der alles erhält (Kol. 1,17). Der Apostel Paulus sagt, daß Gott im Fleisch offenbart wurde (1. Tim. 3,16), und der Evangelist Johannes sagt: „Das Wort war Gott“ (Joh. 1,1). Das gemeinsame Zeugnis Jesu und der Verfasser des Neuen Testaments besagt, daß er mehr war, als ein Mensch; er war Gott.

Nicht nur seine Freunde erkannten, daß er behauptete, Gott zu sein, sondern ebenso seine Feinde. Es mag heute unter den Skeptikern, die es ablehnen, die Beweise zu prüfen, Zweifel geben, doch auf Seiten der jüdischen Behörden gab es keinen Zweifel.

Als Jesus fragte, warum sie ihn steinigen wollten, antworteten sie: „Wir steinigen dich nicht wegen eines guten Werkes, sondern wegen Gotteslästerung; denn du bist nur ein Mensch und machst dich selbst zu Gott“ (Joh. 10,33).

Diese Tatsache unterscheidet Jesus von den anderen religiösen Gestalten. In den großen Religionen der Welt ist die Lehre — nicht der

Lehrer — das Wichtigste.

Der Konfuzianismus ist eine Sammlung von Lehren; Konfuzius ist nicht wichtig. Der Islam ist eine Offenbarung Allahs mit Mohammed als Prophet, und der Buddhismus betont die Prinzipien des Buddha und nicht den Buddha selbst. Vor allem trifft es aber für den Hinduismus zu, der keinen historischen Gründer kennt.

Das Zentrum des Christentums jedoch ist die Person Jesu Christi. Jesus erhob nicht nur den Anspruch, die Menschen die Wahrheit zu lehren, er behauptete, er sei die Wahrheit (Joh. 14,6).

Nicht, was Jesus lehrte, ist der bedeutendste Aspekt des Christentums, sondern wer Jesus war. War er der Sohn Gottes? Ist er der einzige Weg für einen Menschen, zu Gott zu gelangen? Das ist es, was er von sich selbst behauptet hat.

Stellen Sie sich vor, noch heute Nacht erschiene der Präsident der Vereinigten Staaten auf allen Bildschirmen und verkündete: „Ich bin Gott der Allmächtige. Ich habe die Macht, Sünden zu vergeben. Ich habe die Vollmacht, von den Toten aufzuerstehen."

Er würde schnell und unauffällig ausgeblendet, weggeführt und durch den Vizepräsidenten ersetzt. Jeder, der es wagen sollte, eine solche Behauptung aufzustellen, müßte entweder verrückt sein oder ein Lügner, außer er wäre Gott.

Genauso war es mit Jesus. Er behauptete eindeutig all dieses und mehr. Wenn er Gott ist, wie er sagt, müssen wir ihm glauben, und wenn er es nicht ist, dann sollten wir nichts mit ihm zu tun haben. Jesus ist entweder der Herr aller oder überhaupt kein Herr.

Ja, Jesus behauptete, Gott zu sein. Warum sollte irgend jemand das glauben? Schließlich, etwas einfach nur zu behaupten, macht es noch nicht wahr. Wo ist der Beweis dafür, daß Jesus Gott ist?

Die Bibel bietet verschiedene Gründe, einschließlich der Wunder und erfüllter Prophezeiungen, die uns überzeugen sollen, daß Jesus derjenige ist, der zu sein er behauptet (Joh. 20,30.31). Der wichtigste Grund oder das Zeichen, das nach Jesu eigener Aussage zeigen würde, daß er der Sohn Gottes ist, war seine Auferstehung von den Toten.

Als die religiösen Führer von ihm ein Zeichen verlangten, antwortete Jesus: „Denn wie Jona drei Tage und drei Nächte im Bauch des Fisches war, so wird auch der Menschensohn drei Tage und drei Nächte im Innern der Erde sein" (Matth. 12,40).

An einer anderen Stelle sagte er, als er nach einem Zeichen gefragt wurde: „Reißt diesen Tempel nieder, in drei Tagen werde ich ihn wieder aufrichten... Er aber meinte den Tempel seines Leibes“ (Joh. 2, 19.21). Die Macht, von den Toten aufzuerstehen, war das Zeichen, das ihn nicht nur von allen anderen Religionsführern unterscheidet, sondern auch von allen, die jemals gelebt haben.

Jeder, der das Christentum widerlegen will, muß die Geschichte der Auferstehung wegerklären. Daher beweist Jesus, nach der Bibel, durch seine Rückkehr von den Toten, daß er der Sohn Gottes ist (Röm. 1,4). Es gibt überwältigende Beweise dafür, daß Jesus aus dem Grab auferstanden ist, und diese Tatsache ist es, die beweist, daß Jesus Gott ist.

Einer meiner Freunde sagte, Jesus habe nie existiert. Wie antworten Sie auf so etwas?

Es gibt heute immer noch viele Leute, die behaupten, daß Jesus niemals existiert habe, daß er nur eine mythische Gestalt gewesen sei.

Bertrand Russell drückt es so aus: „Ich möchte sagen, daß es nicht um die historische Frage geht. Historisch ist es sehr zweifelhaft, ob Christus überhaupt jemals existiert hat, und wenn, dann wissen wir nichts über ihn, daher interessiert mich die historische Frage, die eine sehr schwierige ist, nicht. Ich beschäftige mich mit dem Christus, wie er in den Evangelien erscheint" (*Why I am not a Christian*, S.11, Anm. 8).

Doch diejenigen, die einen solchen Vorwurf machen, sind sicher keine Historiker, sondern zeigen eine überraschende Ignoranz der Tatsachen.

Das Neue Testament umfaßt 27 verschiedene Dokumente, die im ersten Jahrhundert nach Christus geschrieben wurden. Diese Schriften enthalten die Geschichte vom Leben Jesu und den Anfängen der christlichen Kirche von ungefähr 4 v.Chr. bis in die neunziger Jahre des ersten Jahrhunderts.

Die Tatsachen wurden von Augenzeugen festgehalten, die ein Zeugnis aus erster Hand ablegten für das, was sie gesehen und gehört hatten. „Was von Anfang an war, was wir gehört haben, was wir mit unseren Augen gesehen, was wir geschaut und was unsere Hände angefaßt haben, davon verkünden wir: das Wort des Lebens" (1. Joh. 1,1).

Darüber hinaus wird die Existenz Jesu von dem jüdischen Historiker Flavius Josephus bezeugt, der im Jahre 37 n.Chr. geboren ist: „Nun gab es zu ungefähr dieser Zeit Jesus, einen weisen Mann, wenn es denn rechtmäßig ist, ihn einen Mann zu nennen, denn er vollbrachte wunderbare Werke — ein Lehrer solcher Männer, die die Wahrheit mit Freude empfangen. Er zog sowohl viele der Juden, als auch viele der Heiden an.

Er war (der) Christus; und als Pilatus ihn, auf den Vorschlag unserer führenden Männer hin, zum Kreuz verurteilt hatte, haben ihn die, die ihn liebten, nicht vergessen, denn er erschien ihnen am dritten Tag lebendig, wie die göttlichen Propheten diese und zehntausend andere wunderbare Dinge über ihn vorausgesagt hatten; und der Stamm der Christen, nach ihm so genannt, ist bis heute nicht ausgestorben" (*Jüdische Altertümer*, XVIII,III).

Obwohl dieser Abschnitt bestritten worden ist, wegen seines Hinweises auf Jesus als Christus und auf seine Auferstehung von den Toten, so steht doch die Tatsache seiner Existenz nicht in Frage.

Cornelius Tacitus (112 n.Chr.), ein römischer Historiker, der über die Regierungszeit des Nero schrieb, erwähnt Jesus Christus und die Anwesenheit von Christen in Rom (*Annales*; XV,44). Tacitus erwähnt an anderer Stelle, in seinen *Historiae* das Christentum, in Zusammenhang mit dem Brand des Tempels in Jerusalem im Jahre 70 n.Chr. Dies ist von Sulpicius Severus überliefert worden (Chronik 30,6).

Weitere Hinweise auf Jesus oder seine Anhänger finden sich z.B. bei dem römischen Historiker Sueton (120 n.Chr.) in *Leben des Claudius*, 25.4 und *Leben der Caesaren*, 26.2 und bei Plinius dem Jüngeren (112 n.Chr.) in seinen *Briefen*; X.96.

Dieses Zeugnis, sowohl von Christen als auch von Nichtchristen, ist mehr als ausreichend, um jede Idee, Jesus habe niemals tatsächlich existiert, zu begraben. Im Licht der Beweise ist es absurd, eine solche Ansicht zu vertreten. Wir wissen mehr über das Leben Jesu als über irgendeine andere Gestalt der Antike. Seine Geburt, sein Leben und sein Tod werden ausführlicher enthüllt, als die meisten Personen des Altertums, deren Existenz von den Historikern als erwiesen hingenommen wird.

Nachdem er die Beweise für das Leben Christi in zeitgenössischen Quellen außerhalb des Neuen Testaments überprüft hatte, kam Roderic Dunkerley zu dem Schluß: „In keinem dieser unterschiedlichen Zeugnisse für die Tatsächlichkeit Christi, findet sich der geringste Hinweis oder Gedanke, er sei keine reale historische Person gewesen.

Es ist sogar behauptet worden — und ich denke mit Recht — daß die Mythen-Theorien über die Anfänge des Christentums moderne spekulative Hypothesen sind, motiviert durch unvernünftiges Vorurteil und Abneigung. ‚Es würde niemals jemandem in den Sinn kommen', sagt Merezhovsky, ‚zu fragen, ob Jesus gelebt habe, wenn der Geist vor der Frage nicht durch den Wunsch verdunkelt worden wäre, er möge nicht gelebt haben'" (Roderic Dunkerley, *Beyond the Gospels*, D.29,30).

Geben die Evangelien nicht widersprüchliche Berichte über den Zeitpunkt von Christi Kreuzigung?

Einer der sogenannten Widersprüche, mit denen wir konfrontiert werden, betrifft den Widerspruch zwischen den Evangelien des Markus und des Johannes hinsichtlich des Zeitpunkts der Kreuzigung Jesu.

Markus 15,25 stellt fest: „Es war um die dritte Stunde, als sie ihn kreuzigten", während wir in Johannes 19,14 lesen: „Es war am Rüsttag des Passahfestes, ungefähr um die sechste Stunde. Pilatus sagte zu den Juden: Das ist euer König!"

Dies stellt in der Tat eine Schwierigkeit dar, da Jesus laut Markus zur dritten Stunde nach jüdischer Zeitrechnung, das entspricht neun Uhr morgens, gekreuzigt wurde, während Johannes ihn um die sechste Stunde, oder Mittag, vor Pilatus stehen läßt.

Viele sagen, dieser Widerspruch sei unmöglich zu beheben, während andere behaupten, der Unterschied zwischen beiden sei das Ergebnis eines frühen Abschreibfehlers. Keine dieser beiden Ansichten ist einleuchtend oder annehmbar.

Es gibt zwei mögliche Lösungen, die ausreichendes Gewicht für sich haben. Eine Lösung beruht auf dem Wort *„ungefähr"* in der Zeitaussage des Johannes. Er sagt, daß es nicht genau die sechste Stunde war, sondern *ungefähr* diese Zeit.

Außerdem zwingt uns der Bericht des Markus nicht, zu glauben, es sei genau 9 Uhr vormittags gewesen, als Jesus ans Kreuz geschlagen wurde. Dies wird deutlich, wenn man die Art versteht, in der das Neue Testament die Zeit berechnet.

Die Nacht war in vier Wachen zu je drei Stunden eingeteilt (vgl. Mark. 13,35), und der Tag war auf ähnliche Weise in Perioden unterteilt. Angesichts dieser Tatsache können wir uns vorstellen, daß die Aussage des Markus über die ‚dritte Stunde' einfach bedeutete, daß Jesus irgendwann während der dritten Stunde (zwischen neun Uhr und Mittag) gekreuzigt wurde, während die Aussage des Johannes, der Prozeß habe *ungefähr* mittags geendet, vor Mittag bedeuten kann.

Wenn also die Kreuzigung zwischen neun Uhr und Mittag stattfand, könnte Markus sie der früheren Periode (9 Uhr) und Johannes der späteren Periode (Mittag) zugewiesen haben, ohne daß es einen Widerspruch gibt.

,,Wenn die Kreuzigung in der Mitte zwischen neun und zwölf Uhr stattfand, dann war es ganz natürlich, daß der eine Beobachter sie der früheren, der andere der späteren Stunde zuschrieb.

Der Stand der Sonne am Himmel war der Zeitanzeiger der damaligen Zeit; so war es zwar leicht festzustellen, ob es vor oder nach Mittag war oder ob die Sonne vor oder nach der Mitte zwischen Zenit und Horizont stand, feinere Zeitunterschiede konnten aber nicht ohne Hilfe einer Sonnenuhr festgestellt werden, die aber nicht überall zur Hand war" (*The Expositor's Greek New Testament*, Kommentar zu Joh. 19,14).

Eine weitere Möglichkeit ist, daß Johannes eine andere Methode der Zeitrechnung verwendet, als Markus. Wir wissen durch Plutarch, Plinius, Aulus Gellius und Macrobius mit Sicherheit, daß die Römer den zivilen Tag von Mitternacht bis Mitternacht rechneten, genau wie wir heute.

So wäre die ,,sechste Stunde" des Johannes 6 Uhr am Morgen. Damit wäre 6 Uhr morgens die Zeit des letzten Verhöres Jesu und seiner Verurteilung, womit ausreichend Zeit für die Ereignisse bis zur Kreuzigung bleiben, die nach Markus um 9 Uhr morgens oder später stattfand.

Es gibt gute Beweise dafür, daß Johannes diese Art der Zeitrechnung verwendet hat. In der Schrift ist es nicht ungewöhnlich, daß verschiedene Autoren unterschiedliche Methoden der Zeitmessung und der Zeitrechnung benutzen.

Im Alten Testament geben die Verfasser ihre wichtigen Daten oft nach dem Kalendersystem des Landes an, in dem sie zur Zeit leben. Zum Beispiel war in Jeremia 25,1 und 46,2 nach palästinensischer Rechnung und in Daniel 1,1 nach babylonischer Rechnung, dasselbe Jahr.

Ein Beispiel aus dem Neuen Testament bietet Johannes 20,19. Der Abend des Tages, an dem Jesus von den Toten auferstand, wird als Teil desselben Tages betrachtet. Offensichtlich rechnet Johannes nicht nach jüdischer Zeit. Nach jüdischer Zeitrechnung wäre der fragliche Abend Teil des Montags — für die Juden der erste Tag der Woche, da der jüdische Tag mit dem Sonnenuntergang begann.

Dieser mögliche Faktor zeigt, zusammen mit dem vorher Erwähnten, daß es durchaus nicht unmöglich ist, die Schwierigkeit dieser beiden Abschnitte zu lösen, und daß es für diese Schwierigkeit eine vernünftige Erklärung gibt.

Wie können wir wissen, ob Jesus von den Toten auferstanden ist?

Ist Jesus tatsächlich von den Toten auferstanden? Ist es wirklich von Bedeutung, ob er es tat oder nicht?

Ronald Gregor Smith gibt eine typische Antwort: „Soweit es die Geschichtlichkeit betrifft... ist es notwendig, zu erklären: Wir können ruhig sagen, daß die Gebeine Jesu irgendwo in Palästina liegen. Der christliche Glaube wird durch dieses Eingeständnis nicht zerstört.

Ganz im Gegenteil, erst jetzt, nachdem dies gesagt worden ist, sind wir in der Lage, nach der Bedeutung der Auferstehung als einem wesentlichen Bestandteil der Botschaft von Jesus zu fragen" (*Secular Christianity*, London, Collins, 1966, S.103).

Entgegen dieser Ansicht ist es für das Christentum von Bedeutung, ob Christus von den Toten zurückgekehrt ist oder nicht, weil das Christentum mit der Auferstehung Jesu Christi steht und fällt (1. Kor.15, 12-19). Wenn Jesus nicht von den Toten zurückgekehrt ist, zerfällt der christliche Glaube zu Staub.

Glücklicherweise ist die Auferstehung Jesu Christi von den Toten eines der bestbelegten Ereignisse der antiken Welt. Als er den religiösen Führern seinerzeit gegenüber stand, wurde Jesus nach einem Zeichen gefragt, um zu zeigen, daß er der versprochene Messias sei.

Er antwortete: „Diese böse und treulose Generation fordert ein Zeichen, aber es wird ihr kein anderes gegeben werden als das Zeichen des Propheten Jona. Denn wie Jona drei Tage und drei Nächte im Bauch des Fisches war, so wird auch der Menschensohn drei Tage und drei Nächte im Innern der Erde sein" (Matth. 12,39.40).

Das Zeichen der Auferstehung sollte Jesus von allen anderen, die jemals lebten, absetzen und ihn als den Sohn Gottes bezeichnen (Röm. 1,4).

Die Berichte von seinem Erscheinen sind für uns von Augenzeugen festgehalten worden, denen Jesus über einen Zeitraum von vierzig Jahren nach seiner öffentlichen Kreuzigung lebendig erschienen ist. Wie der Bericht der Schrift erklärt: „Ihnen hat er nach seinem Leiden durch viele Beweise gezeigt, daß er lebt; vierzig Tage hindurch ist er ihnen erschienen und hat vom Reich Gottes gesprochen" (Apg. 1,3).

Ungefähr im Jahre 56 n.Chr. erwähnt der Apostel Paulus die Tatsache, daß einmal mehr als fünfhundert Menschen gleichzeitig den auferstandenen Christus gesehen haben und daß die meisten von ihnen noch lebten, als er schrieb (1. Kor. 15,6). Diese Angabe stellt eine Art Herausforderung an diejenigen dar, die vielleicht nicht glaubten, da Paulus sagt, daß viele Menschen noch lebten, die befragt werden könnten, um herauszufinden, ob Christus wirklich auferstanden war.

Der historische Beweis ist mehr als ausreichend, um einen ehrlichen Untersucher zufriedenzustellen. Dies wird nicht nur durch die positive Verteidigung für die Auferstehung deutlich, sondern auch durch das Fehlen jeden Beweises für eine andere Erklärung. Die Theorien, die versuchen, eine alternative Erklärung für die Auferstehung zu geben, verlangen mehr Glauben, als die Auferstehung selbst.

Frank Morrison, der ein agnostischer Journalist war, hat versucht, ein Buch zu schreiben, das die Auferstehung Christi leugnen sollte. Nach langen Forschungen änderte er seine Meinung und begann, an Jesus Christus zu glauben. Und so hat Morrison beschrieben, was mit ihm geschah:

„Diese Studie ist in gewisser Weise so ungewöhnlich und provozierend, daß der Verfasser es für wünschenswert hält, hier ganz kurz zusammenzufassen, wie das Buch in seiner gegenwärtigen Form zustandegekommen ist. Eigentlich hätte es auch gar keine andere Form annehmen können, denn es ist im Wesentlichen ein Bekenntnis, die innere Geschichte eines Mannes, der ursprünglich eine Art von Buch schreiben wollte und durch die pure Macht der Umstände gezwungen war, ein anderes zu schreiben.

Es ist nicht so, daß die Tatsachen sich geändert hätten, denn sie sind unvergänglich festgehalten auf den Dokumenten und den Seiten der menschlichen Geschichte. Aber die Interpretation der Tatsachen war einer Veränderung unterworfen“ (*Who moved the Stone?* Vorwort, Zondervan, 1971).

Morrison entdeckte, daß Christus am Freitag öffentlich in das Grab gelegt wurde, aber am Sonntagmorgen fehlte der Leichnam. Wenn er nicht von den Toten auferstanden war, dann hatte jemand den Körper fortgebracht. Es gibt drei Interessengruppen, die den Körper genommen haben könnten: die Römer, die Juden oder die Jünger.

Die Römer hätten keinen Grund gehabt, den Leichnam zu stehlen, da sie den Frieden in Palästina bewahren wollten. Das Ziel war, die Provinzen so ruhig wie möglich zu halten, und den Leichnam Christi zu stehlen, würde diesem Ziel nicht dienen.

Die Juden würden den Körper nicht fortbringen, da eine Verkündung der Auferstehung das Letzte war, was sie wünschten. Sie sind es, die nach Matthäus 27 eine Wache verlangten.

Die Jünger Jesu hatten keinen Grund, den Leichnam zu stehlen, und wenn sie es taten, dann starben sie später für etwas, von dem sie wußten, daß es falsch war. Außerdem legte die Religion, die sie verkündeten, großen Wert darauf, die Wahrheit zu sagen und nicht zu lügen. Ihre Handlungen wären unvereinbar gewesen mit dem, was sie als Wahrheit kannten und das zu befolgen sie anderen befahlen.

Die andere vernünftige Erklärung lautet, daß Christus auferstanden war, und die Augenzeugen machen klar, daß dies der Fall ist. Die Jünger Jesu mögen auf dem Gebiet der wissenschaftlichen Kenntnisse nicht so aufgeklärt gewesen sein, wie der Mensch des 20. Jahrhunderts, aber sie kannten sicherlich den Unterschied zwischen jemand, der tot war, und jemand, der nicht tot war.

Wie Simon Petrus sagte: „Denn wir sind nicht irgendwelchen klug ausgedachten Geschichten gefolgt, als wir euch die machtvolle Ankunft Jesu Christi, unseres Herrn, verkündeten, sondern wir waren Augenzeugen seiner Macht und Größe“ (2. Petr. 1,16).

Wie kann Jesus drei Tage und drei Nächte im Grab geblieben sein, wenn er am Freitag gekreuzigt wurde und am Sonntag auferstand?

Jesus prophezeit in Matthäus 12,40: „Denn wie Jona drei Tage und drei Nächte im Bauch des Fisches war, so wird auch der Menschensohn drei Tage und drei Nächte im Innern der Erde sein."

Die Berichte von seinem Tod und seiner Auferstehung, wie sie in den Evangelien des Matthäus, Markus, Lukas und Johannes gegeben sind, zeigen, daß Jesus am Freitag gekreuzigt und begraben wurde, und zwar vor Sonnenuntergang, dem Beginn des neuen Tages für die Juden, und daß er am ersten Tag der Woche, das ist unser Sonntag, vor Sonnenaufgang auferstand.

Dies beläßt Jesus für einen Teil des Freitags, den ganzen Sabbat und einen Teil des Sonntags im Grab. Mit anderen Worten, zwei volle Nächte, einen vollen Tag und einen Teil von zwei weiteren Tagen war er im Grab. Bedeutet dies, da es sich eindeutig nicht um drei volle 24-Stunden-Tage handelt, daß wir ein Problem des Widerspruchs zu der Prophezeiung Jesu in Matthäus 12, 40 haben?

In Markus 8,31 und Matthäus 16,21 wird berichtet, daß Jesus sagte: „Er werde getötet werden, aber am dritten Tag werde er auferstehen". Die meisten Hinweise auf die Auferstehung besagen, daß sie am dritten Tag stattfinden werde.

Außerdem sprach Jesus, neben Matthäus 12,40 auch in Johannes 2,29-22 von seiner Auferstehung und sagte, daß er in drei Tagen auferstehen werde, nicht am vierten Tag.

Matthäus 27,63 verleiht dieser Formulierung Gewicht. Nachdem die Pharisäer von der Vorhersage Jesu berichtet haben: „Ich werde nach drei Tagen auferstehen", verlangten sie von ihm eine Wache bis zum dritten Tag.

Wäre der Ausdruck ‚nach drei Tagen' nicht austauschbar mit dem ‚dritten Tag', dann hätten die Pharisäer eine Wache bis zum vierten Tag verlangt.

Daß die Formel ‚ein Tag und eine Nacht' eine Redensart war, die von den Juden verwendet wurde, um einen Tag zu bezeichnen, auch wenn es sich nur um einen Teil eines Tages handelte, sieht man auch im Alten

Testament.

Zum Beispiel 1. Samuel 30,12.13: ,,Denn er hatte drei Tage und drei Nächte nichts gegessen und getrunken", und im nächsten Vers: ,,Mein Herr hat mich heute vor drei Tagen zurückgelassen".

Ebenso deutlich zeigt 1. Mose 42,17 diesen idiomatischen Gebrauch. Joseph sperrte seine Brüder für drei Tage ein; in Vers 18 spricht er mit ihnen und läßt sie frei, alles am dritten Tag.

Die Ausdrücke ‚nach drei Tagen' und ‚am dritten Tag' stehen weder zu einander, noch zu Matthäus 12,40 in Widerspruch, sie sind einfach austauschbare idiomatische Begriffe und stellen eindeutig eine geläufige jüdische Ausdrucksweise dar.

Wie erklären Sie die Widersprüche in der Auferstehungsgeschichte?

Das Neue Testament stellt die Behauptung auf, daß die Wahrheit des Christentums mit der Auferstehung Jesu stehe und falle.

Der Apostel Paulus sagte: „Ist aber Christus nicht auferweckt worden, dann ist unsere Verkündigung leer und euer Glaube sinnlos. Wir werden dann auch als falsche Zeugen Gottes entlarvt, weil wir im Widerspruch zu Gott Zeugnis abgelegt haben: Er hat Christus auferweckt... Wenn aber Christus nicht auferweckt worden ist, dann ist euer Glaube nutzlos, und ihr seid immer noch in euren Sünden. ...Wenn wir unsere Hoffnung nur in diesem Leben auf Christus gesetzt haben, sind wir erbärmlicher daran als alle anderen Menschen" (1. Kor. 15,14.15.17.19).

Ein verbreiteter Einwand gegen die Tatsache der Auferstehung lautet, daß die Erzählungen der vier Evangelien hoffnungslose Widersprüche enthalten. Stellte man die vier Berichte in parallelen Kolumnen auf, so würden offensichtliche Unterschiede beleuchtet. Doch diese offensichtlichen Unterschiede bestätigen letztlich die Glaubwürdigkeit dieser Berichte, statt sie zu widerlegen.

Wenn alle vier Evangelien genau dieselbe Geschichte wiedergeben würden, in genau derselben Reihenfolge, mit genau denselben Details, dann würde uns das sofort mißtrauisch machen. Wir würden uns fragen, warum nicht alle vier Autoren sich als Mitverfasser für *einen* Bericht bekennen. Offensichtlich ist dies nicht der Fall. Keines der vier Evangelien bringt alle Details dessen, was geschehen ist.

Matthäus ist der einzige Verfasser, der das erste Erscheinen vor den Frauen erwähnt, während wir nur bei Lukas den Bericht von den beiden Jüngern auf der Straße nach Emmaus finden. Die Erscheinung vor Maria Magdalena fehlt sowohl bei Matthäus, als auch bei Lukas. Nur Johannes berichtet vom Erscheinen unseres Herrn im oberen Raum, als Thomas abwesend war, und auf dem See von Tiberias.

Es ist ganz klar, daß jedes der Evangelien sein Portrait Jesu anders erzählt. Das ist auch, was wir erwarten sollten. Keine vier Zeugen (oder Reporter), die eine Reihe von Ereignissen sehen, werden diese Detail für Detail auf dieselbe Weise aufschreiben. Wenn doch, dann handelt es sich offensichtlich um betrügerisches Einverständnis.

Wären von den Abweichungen Hauptpunkte der Geschichte betroffen, dann wären Zweifel berechtigt, doch wenn die Zeugen in den entscheidenden Punkten übereinstimmen, so erhöhen unbedeutende Unterschiede die Glaubwürdigkeit, statt sie zu vermindern.

Es sollte außerdem festgehalten werden, daß keines der Details notwendigerweise einem der anderen glatt widerspricht, vielmehr ergeben sie gemeinsam sinnvollerweise ein größeres Bild. Die Variationen in den Details, die die verschiedenen Verfasser in ihre Erzählung von der Auferstehung aufzunehmen beschlossen, bestehen aus nebensächlichen Dingen, die in keiner Weise den Gang der Handlung in Frage stellen.

Einer der scheinbaren Widersprüche, die die Leute beunruhigen, betrifft den Zeitpunkt, als die Frauen zum Grab kamen, den Johannes und Markus unterschiedlich angeben. Nach dem Bericht des Markus kommen die Frauen bei Sonnenaufgang zum Grab, während Johannes sagt, daß Maria Magdalena zum Grab kam, als es dunkel war.

Diese Schwierigkeit löst sich, wenn man berücksichtigt, daß die Frauen eine ganze Strecke zu gehen hatten, um das Grab zu erreichen, da sie aus Jerusalem oder Bethanien kamen. Es war dunkel, als sie losgingen, aber als sie am Grab ankamen, begann die Sonne zu scheinen. So spricht Markus von ihrer Ankunft, während Johannes sich auf ihr Weggehen bezieht.

Der Abschnitt, der die meisten Diskussionen hervorgerufen hat, betrifft die Anwesenheit der beiden Engel am Grab Jesu. Matthäus und Markus erzählen, daß ein Engel die Frauen ansprach, während Lukas und Johannes sagen, daß zwei Engel am Grab anwesend waren.

Dies scheint ein Widerspruch zu sein, da Matthäus und Markus von nur einem Engel wissen und Lukas und Johannes von zweien sprechen. Doch Matthäus und Markus sagen nicht, es sei nur ein Engel am Grab gewesen, sondern, ein Engel habe zu den Frauen gesprochen.

Dies widerspricht Lukas und Johannes nicht, denn Matthäus und Markus geben an, daß ein Engel sprach, aber sie sagen nicht, nur ein Engel war da oder nur ein Engel sprach. Es ist gut möglich, daß einer der Engel als Sprecher für beide fungierte, und so wurde er besonders erwähnt. Es ist nicht notwendig, einen Widerspruch zu vermuten.

Obwohl sie einige Details unterschiedlich wiedergeben, stimmen die Evangelien in allen wesentlichen Punkten überein. Die Berichte sind sich einig über die Tatsache, daß Jesus tot und begraben war; daß die Jünger auf seinen Tod nicht vorbereitet waren und in völlige Verwirrung gerieten; daß das Grab am Ostermorgen leer war; daß das leere Grab sie nicht davon überzeugte, Jesus sei auferstanden; daß Maria glaubte, der Leichnam sei gestohlen worden.

Die Evangelien sind sich auch einig darüber, daß die Jünger gewisse Erlebnisse hatten, die sie für Erscheinungen des auferstandenen Christus hielten. In jenem normativen ersten Jahrhundert besaß das Judentum kein Konzept eines sterbenden und wieder auferstehenden Messias als historische Tatsache.

Die Jünger verkündeten die Geschichte von der Auferstehung in Jerusalem, an dem Ort, wo Jesus getötet und begraben worden war. All diese Tatsachen zusammengenommen ergeben ein mächtiges Argument für die Gültigkeit der Auferstehungsgeschichte.

Der angesehene Gelehrte Wilbur Smith sagte über die Unterschiede in den Auferstehungsberichten und die Gebiete, auf denen die Evangelien übereinstimmen:

,,In diesen grundlegenden Wahrheiten gibt es absolut keine Widersprüche. Die sogenannten Abweichungen in den Erzählungen sind nur die Details, die sich dem einen oder anderen der Zeugen für die Auferstehung unseres Herrn eingeprägt haben oder den jeweiligen Verfassern der vier Evangelien.

Keine noch so genaue und kritische Untersuchung dieser Erzählungen im Laufe der Zeit hat jemals ihr machtvolles Zeugnis für die Wahrheit zerstört, daß Christus am dritten Tag von den Toten auferstanden ist und von vielen gesehen wurde“ (*The Supernaturalness of Christ*, W.A. Wilde Company, 1954, S.205).

Glauben Sie, daß Jesus von einer Jungfrau geboren wurde?

Das Wunder der jungfräulichen Geburt Jesu Christi hat viele Menschen verwirrt und schließlich gehindert, daß sie die Wahrheit des Christentums akzeptieren. Doch die Bibel erklärt, Gott habe beschlossen, daß sein Sohn einen wunderbaren Eintritt in die Menschheit haben solle.

Siebenhundert Jahre vor der Geburt Christi sagt der Prophet Jesaja: „Darum wird euch der Herr selbst ein Zeichen geben: Siehe, die Jungfrau wird schwanger und gebiert einen Sohn, und sie gibt ihm den Namen Immanuel“ (Jes. 7,14).

Das Neue Testament berichtet die Erfüllung von Jesajas Prophezeiung: „Im sechsten Monat wurde der Engel Gabriel von Gott in eine Stadt in Galiläa namens Nazareth zu einer Jungfrau gesandt. Sie war mit einem Mann namens Josef verlobt, der aus dem Haus David stammte. Der Name der Jungfrau war Maria... Da sagte der Engel zu ihr: Fürchte dich nicht, Maria; denn du hast bei Gott Gnade gefunden. Du wirst ein Kind empfangen, einen Sohn wirst du gebären: dem sollst du den Namen Jesus geben... Maria sagte zu dem Engel: Wie soll das geschehen, da ich keinen Mann erkenne? Der Engel antwortete ihr: Der heilige Geist wird über dich kommen, und die Kraft des Höchsten wird dich überschatten. Deshalb wird auch das Kind heilig und Sohn Gottes genannt werden... Denn für Gott ist nichts unmöglich.“ (Luk. 1,26.27.30.31.34.35.37).

Die jungfräuliche Geburt wird in der Bibel als historische Tatsache erklärt. Die Verfasser, die die Geschichte festhielten, waren Matthäus — ein Augenzeuge für die Ereignisse im Leben Jesu — und Lukas, der Arzt, der viele Dinge im Leben Jesu aus der Sicht seiner Mutter, Maria, darstellt.

Die Abschnitte sowohl bei Matthäus, als auch bei Lukas, sind authentisch, ohne einen Hinweis darauf, daß sie später zum Text hinzugefügt wurden. Die Lehre von der jungfräulichen Geburt hat die Kirche von Anfang an geglaubt.

Ignatius, der zu Beginn des zweiten Jahrhunderts lebte, schrieb an die Epheser: „Denn unser Gott, Jesus Christus, wurde, gemäß einer Fügung, im Schoß Marias empfangen, aus dem Samen Davids, aber auch aus dem Heiligen Geist."

Die jungfräuliche Geburt war aus verschiedenen Gründen notwendig. Die Bibel lehrt, daß das fleischgewordene Wort von allem Anfang an bei Gott war (Joh. 1,1). Die Tatsache der Präexistenz Christi wird im Neuen Testament viele Male bezeugt (Joh. 8,58; Phil. 2,5-11; Kol. 1,15.16).

Als Jesus in die Welt kam, war er kein neu geschaffenes Individuum wie wir, sondern vielmehr der ewige Sohn Gottes. In die Welt geboren zu werden durch die Jungfrau Maria verlangte göttliches Eingreifen, und das ist genau, was die Evangelien berichten.

Ein weiterer Grund dafür, daß Jesus von einer Jungfrau geboren werden mußte, war seine Freiheit von Sünden. Eine grundlegende Lehre des Neuen Testaments besagt, daß Jesus vom Tag seiner Geburt bis zu dem Tag, an dem er starb, ohne Sünde war. Als vollkommenes Opfer mußte er selbst vollkommen sein — sündenfrei. Da unsere Rasse mit Sünden befleckt ist, war ein wunderbarer Eintritt in die Welt notwendig, eben die jungfräuliche Geburt.

Außerdem, wäre Jesus von Josef gezeugt worden, dann hätte er keinen legalen Anspruch auf den Thron Davids erheben können. Nach der Prophezeiung von Jeremias 22,28-30 konnte kein Nachkomme des Königs Chonja (d.i. Jojachin) König von Israel werden, und Matthäus 1,12 berichtet, daß Joseph aus der Linie des Jojachin kam. Wäre Jesus von Joseph gezeugt worden, hätte er den Thron Davids nicht rechtmäßig erben können, da er zu der verfluchten Linie gehört hätte.

Die jungfräuliche Geburt Christi war nicht nur eine historische Tatsache, sondern sie war, wenn man alle Angaben berücksichtigt, auch eine *notwendige* historische Tatsache.

Gibt es nicht berechtigte Einwände gegen die jungfräuliche Geburt, die sie für uns heute unglaubhaft machen?

Gott hätte andere Möglichkeiten wählen können, um seinen Sohn in die Welt zu senden, aber Tatsache ist, daß der Weg, den er dazu wählte, die jungfräuliche Geburt war.

Die Evangelien berichten, daß Maria und Josef bis nach der Geburt Christi keine sexuellen Beziehungen hatten: „Er erkannte sie aber nicht, bis sie ihren Sohn gebar. Und er gab ihm den Namen Jesus" (Matth. 1,25).

Das Neue Testament sagt auch, es sei bekannt gewesen, daß Joseph nicht der Vater Jesu war, und die meisten Leute nahmen an, daß Maria eine unerlaubte Beziehung zu jemand hatte.

Obwohl die jungfräuliche Geburt eine historische Tatsache ist und gewisse Dinge sie notwendig machten, werden immer noch Einwände gegen ihre Existenz laut.

Das größte Problem mit der jungfräulichen Geburt haben die Menschen, weil sie ein Wunder ist. Die Schrift behandelt dieses Ereignis nicht als ein gewöhnliches Geschehen, sondern vielmehr als einen übernatürlichen Eingriff Gottes. Das Wunder der jungfräulichen Geburt sollte kein besonderes Problem darstellen, wenn man die Möglichkeit von Wundern einräumt.

Warum, so könnte man fragen, soll die jungfräuliche Geburt ein größeres Wunder sein als z.B. die Speisung der 5000 oder, daß Jesus auf dem Wasser ging? Wenn ein allmächtiger Gott existiert, der alle Schöpfung ins Leben gerufen hat, dann geht eine jungfräuliche Geburt nicht über seine Fähigkeiten.

Ein verbreiteter Einwand gegen die jungfräuliche Geburt lautet, sie sei eine biologische Unmöglichkeit, was von Menschen akzeptiert wurde, die sich in diesen Dingen nicht auskennen. C.S. Lewis machte in dieser Hinsicht einige treffende Beobachtungen:

„So werden Sie Leute sagen hören: ‚Die frühen Christen glaubten, daß Christus der Sohn einer Jungfrau war, aber wir wissen, daß das eine wissenschaftliche Unmöglichkeit ist.' Solche Menschen scheinen die Vorstellung zu haben, daß der Glaube an Wunder zu einer Zeit entstand, als die Menschen so wenig über den Lauf der Natur wußten, daß sie ein Wunder nicht erkannten, um dagegen sein zu können.

Ein Augenblick der Überlegung zeigt, daß dies dumm ist, und die Geschichte von der jungfräulichen Geburt bietet ein besonders treffendes Beispiel. Als Joseph entdeckte, daß seine Verlobte schwanger war, beschloß er, nicht unnatürlich, sie zu verstoßen. Warum? Weil er ebenso gut wie jeder moderne Gynäkologe wußte, daß nach dem normalen Lauf der Natur Frauen nicht schwanger werden, wenn sie nicht mit Männern geschlafen haben.

Zweifellos weiß der moderne Gynäkologe manches über Geburt und Empfängnis, was Joseph nicht wußte. Aber diese Dinge berühren den wichtigsten Punkt nicht — daß eine jungfräuliche Geburt dem Lauf der Natur widerspricht. Und das wußte Joseph offensichtlich“ (*Miracles*, Macmillan Pub.Co.Inc., S.48).

Manche haben versucht, die jungfräuliche Geburt zu erklären, indem sie sie in die griechische oder babylonische Mythologie zurückverfolgten. Sie behaupteten, die Verfasser der Evangelien hätten diese Geschichte aus der Mythologie ihrer Zeit übernommen. Diese Ansicht ist mit den Tatsachen nicht vereinbar, denn es gibt in der heidnischen Mythologie keinen Helden, für den die jungfräuliche Geburt beansprucht wird, und außerdem wäre es für den jüdischen Geist undenkbar, eine solche Geschichte aus der Mythologie zu konstruieren.

Viele Gottheiten der Griechen, Babylonier und Ägypter sollen auf ungewöhnliche Weise geboren sein, aber diese Wesen haben größtenteils niemals wirklich existiert. Die Berichte sind voll von offensichtlich mythologischen Elementen, die in den Erzählungen der Evangelien völlig fehlen. Es sind Berichte von Göttern oder Göttinnen, die durch sexuelle Beziehungen zwischen einem himmlischen Wesen und einer irdischen Frau auf die Welt kommen oder durch eine ehebrecherische Affäre zwischen Göttern und Göttinnen.

Dr. Thomas Thorburn kommentiert dementsprechend: „All diese verschiedenen Geschichten von übernatürlicher Empfängnis und Geburt, die wir in der Folklore und der Geschichte der Mythologie finden, haben einen Punkt gemeinsam — sie dienen dazu, weniger auf die Ähnlichkeit, sondern vielmehr auf den vollkommenen Kontrast und die Verschiedenartigkeit hinzuweisen, die zwischen der christlichen Geburtsgeschichte und den Erzählungen in verschiedenen heidnischen Kreisen existieren“ (Thomas James Thorburn, *A Critical Examination of the Evidences for the Doctrine of the Virgin Birth*, London, 1908, S.158).

Wenn wir also die Einwände gegen die jungfräuliche Geburt genau betrachten, kommen wir zu der Überzeugung, daß sie tatsächlich stattgefunden hat, wie der historische Bericht der Evangelien sagt.

Sind die Geschlechtsregister Jesu, die bei Matthäus und Lukas gegeben werden, nicht widersprüchlich?

Eine Frage, die die Leser des Neuen Testaments lange Zeit verwirrt hat, betrifft die unterschiedlichen Geschlechtsregister Jesu Christi, die in Matthäus 1 und Lukas 3 wiedergegeben werden.

Auf den ersten Blick entsteht der Eindruck, daß beide Berichte die Abstammung Jesu durch seinen irdischen Vater Joseph verfolgen, in welchem Falle wir vor einem offensichtlichen Widerspruch stünden, da Matthäus 1,6 Jakob als Josephs Vater angibt, während Lukas 3,23 uns sagt, daß Eli der Vater Josephs sei.

Eine einleuchtende Lösung für diese Schwierigkeit bietet sich, wenn man erkennt, daß Matthäus uns tatsächlich die Abstammung Josephs angibt, Lukas aber die Genealogie Marias verfolgt. Daß Maria in Lukas 3 nicht erwähnt wird, liegt daran, daß sie schon mehrmals als Mutter Jesu genannt worden war.

Die übliche Praxis eines jüdischen Geschlechtsregisters besteht darin, den Vater, Großvater usw. der betreffenden Person anzugeben. Lukas folgt diesem Muster und erwähnt nicht den Namen Marias, wohl aber den des legalen Vaters. Doch Lukas fügt schnell hinzu, daß Joseph nicht der wirkliche Vater Jesu ist, da Jesus von einer Jungfrau geboren wurde (Luk. 1,34.35).

Eine wörtliche Übersetzung von Lukas 3,23 würde lauten: „Jesus war etwa dreißig Jahre alt, als er zum ersten Mal öffentlich auftrat. Man hielt ihn für den Sohn Josephs. Von Eli..." Dies bedeutet keineswegs, daß Jesus ein Sohn des Eli war, sondern mütterlicherseits ein Nachkomme des Eli. Das Wort Sohn wird hier in weiterem Sinn verwendet.

So verfolgt Lukas die Wurzeln Jesu durch seine Mutter, Maria, die eine Nachfahrin des Eli usw. war. Josephs Name wird gemäß der üblichen Praxis nicht erwähnt, aber er wird eindeutig als *angeblicher* Vater Jesu dargestellt, und Gott als tatsächlicher Vater.

Der Sinn der beiden Geschlechtsregister ist zu zeigen, daß Jesus in vollem Sinne ein Nachkomme Davids war. Durch seinen Pflegevater, Joseph, erbte er — nach dem Gesetz — die königliche Linie, während er durch seine Mutter in Fleisch und Blut ein Nachkomme König Davids war. So besaß Jesus die volle Berechtigung auf den Thron Davids.

Warum ist Jesus der einzige Weg, zu Gott zu gelangen?

Die Menschen fragen ständig: „Was ist so besonders an Jesus? Warum ist er der einzige Weg, um Gott zu erkennen?"

Neben dem Problem der Heiden gibt es keine andere Frage, die so häufig gestellt wird, wie diese. Man wirft uns vor, engherzig zu sein, weil wir erklären, daß es keinen anderen Weg zu Gott gibt.

Die erste Feststellung, die getroffen werden muß, ist, daß wir die Behauptung, Jesus sei der einzige Weg, nicht erfunden haben. Dies ist nicht unser Anspruch; es ist seiner. Wir geben nur seine Behauptung wieder und die Behauptung der Verfasser des Neuen Testaments.

Jesus sagte: „Ich bin der Weg und die Wahrheit und das Leben; niemand kommt zum Vater außer durch mich" (Joh. 14,6), und „Denn wenn ihr nicht glaubt, daß ich es bin, werdet ihr in euren Sünden sterben" (Joh. 8,24). Der Apostel Petrus wiederholte diese Worte: „Und in keinem anderen ist das Heil zu finden. Denn es ist uns Menschen kein anderer Name unter dem Himmel gegeben, durch den wir gerettet werden sollen" (Apg. 4,12).

Paulus stimmte ihm zu: „Denn: Einer ist Gott, Einer auch Mittler zwischen Gott und den Menschen: der Mensch Christus Jesus..." (1. Tim. 2,5). Das vereinte Zeugnis des Neuen Testaments besagt also, daß niemand Gott, den Vater, erkennen kann, außer durch die Person Jesu Christi.

Um zu verstehen, warum dies so ist, müssen wir zum Anfang zurückgehen. Ein unendlicher, persönlicher Gott schuf Himmel und Erde (1. Mose 1,1) und den Menschen nach seinem eigenen Bild (1. Mose 1,26). Als er die Schöpfung vollendet hatte, war alles gut (1. Mose 1,31).

Mann und Frau wurden in eine vollkommene Umgebung gesetzt, für all ihre Bedürfnisse war gesorgt. Sie erhielten nur ein einziges Gebot; sie durften die Frucht vom Baum der Erkenntnis von Gut und Böse nicht essen, sonst müßten sie sterben (1. Mose 2,17).

Unglücklicherweise aßen sie von dem Baum (1. Mose 3), und das Ergebnis war ein Fall in vier verschiedenen Bereichen. Die Beziehung zwischen Gott und den Menschen war gebrochen, wie man daran erkennen kann, daß Adam und Eva versuchten, sich vor Gott zu verstecken (1. Mose 3,8).

Die Beziehung zwischen dem Menschen und seinem Mitmenschen ist gestört, da Adam und Eva sich streiten, und jeder versucht, die Schuld auf einen anderen zu schieben (1. Mose 3,12.13).

Auch das Band zwischen Mensch und Natur war zerbrochen, denn die Erde brachte Dornen und Disteln hervor, und die Tiere waren nicht mehr friedlich (1. Mose 3,17.18). Der Mensch wurde auch von sich selbst getrennt, durch ein Gefühl der Leere und Unvollkommenheit, das er vor dem Fall nicht gekannt hatte.

Doch Gott versprach, all diese Dinge wieder gut zu machen, und er gab sein Wort, daß er einen Erlöser oder Messias senden würde, der die ganze Schöpfung aus der Knechtschaft der Sünde befreien sollte (1. Mose 3,15). Das Alte Testament wiederholte immer wieder, daß diese Person eines Tages in die Welt kommen und die Menschheit erlösen werde.

Gottes Wort ist wirklich wahr geworden. Gott wurde Mensch in der Person Jesu Christi (Joh. 1,14.29). Jesus starb schließlich für uns, damit wir uns wieder der richtigen Beziehung zu Gott erfreuen können. Die Bibel sagt: „Ja, Gott war es, der in Christus die Welt mit sich versöhnt hat", und „Er hat den, der keine Sünde kannte, für uns zur Sünde gemacht, damit wir in ihm Gerechtigkeit Gottes würden" (2. Kor. 5,19.21).

Jesus hat den Weg geebnet! Gott hat alles getan und unsere Pflicht ist es, diese Tatsache zu akzeptieren. Wir können dem Werk Jesu nichts hinzufügen; alles ist für uns getan worden.

Hätte die Menschheit Gott auf irgendeinem anderen Weg erreichen können, dann hätte Jesus nicht zu sterben brauchen. Sein Tod bezeugt die Tatsache, daß es keinen anderen Weg gibt. Daher kann keine andere Religion und kein anderer religiöser Führer jemanden zur Erkenntnis des einen wahren Gottes führen.

Aber der Tod Jesu ist nicht das Ende der Geschichte. Lassen Sie uns darstellen, warum wir Jesus über alle anderen religiösen Führer erheben. Stellen Sie sich vor, eine Gruppe von uns unternähme eine Wanderung in einem sehr dichten Wald. Sowie wir tiefer in den Wald kommen, verirren wir uns.

Da wir erkennen, daß die Wahl des falschen Pfades uns nun das Leben kosten kann, beginnen wir, uns zu fürchten. Aber bald bemerken wir, daß weiter vorn, wo sich der Weg teilt, an der Gabelung zwei menschliche Gestalten stehen.

Während wir auf diese Leute zu laufen, stellen wir fest, daß der eine die Uniform eines Forstaufsehers trägt und daß er vollkommen gesund und lebendig dort steht, während die andere Person mit dem Gesicht nach unten liegt, tot. Welchen dieser beiden werden wir nun nach dem Weg fragen? Natürlich den, der lebt.

Wenn es um ewige Dinge geht, werden wir den, der lebt, nach dem Weg aus der Not fragen. Das ist nicht Mohammed, nicht Konfuzius, sondern Christus. Jesus ist einzigartig. Er kam von den Toten zurück. Das zeigt, daß er der ist, der zu sein er behauptet (Röm 1,4), der einzige Sohn Gottes und der einzige Weg, durch den ein Mensch eine persönliche Beziehung zu dem wahren und lebendigen Gott haben kann.

Wie können Sie wissen, daß Gott existiert?

Gibt es wirklich einen Gott? Wie kann jemand sicher sein, daß ein solches Wesen existiert?

Wir glauben, daß die Existenz Gottes und solche Fragen, die sich darauf beziehen, vernünftig beantwortet werden können. Wir wissen, daß Gott existiert, weil er es uns gesagt hat und er sich uns offenbart hat.

Es wäre für uns, in unserer menschlichen Not, keine Hilfe, wenn Gott still wäre, aber glücklicherweise ist das nicht der Fall. Gott existiert nicht nur, sondern er hat uns diese Tatsache auch mitgeteilt. Er hat uns gesagt, wer er ist, wie er ist und welches sein Plan für den Planet Erde ist.

Er hat der Menschheit diese Dinge durch die Bibel offenbart. Die Bibel hat gezeigt, daß sie mehr als ein bloßes Buch ist; sie ist das wirkliche Wort Gottes. Die Beweise sind für jeden, der ihre Ansprüche ehrlich in Betracht zieht, überzeugend.

Wegen der stolzen Aussagen, die die Bibel über sich selbst macht, haben viele versucht, sie zu zerstören, wie diese Aussage Martin Luthers berichtet:

„Mächtige Herrscher haben gegen dieses Buch gewütet und versucht, es zu zerstören und auszumerzen — Alexander der Große und die Prinzen Ägyptens und Babylons, die Monarchen von Persien, von Griechenland und von Rom, die Kaiser Julius und Augustus — aber sie haben nichts erreicht.

Sie sind untergegangen, während das Buch bleibt, und es wird bleiben für immer und ewig, vollkommen und unversehrt, wie es zuerst verkündet wurde. Wer hat ihm so geholfen — wer hat es vor solch gewaltigen Mächten geschützt? Niemand sicherlich als Gott selbst, der Herr aller Dinge“ (Zitiert von Fritz Ridenour, *Who says*, G.L. Publications, Regal Books, 1967).

Selbst der französische Skeptiker Rousseau sah in der Schrift etwas Besonderes. „Ich muß Ihnen gestehen, daß die Erhabenheit der Schrift mich erstaunt; die Heiligkeit der Evangelisten spricht zu meinem Herzen und trägt solch eindrucksvolle Züge der Wahrheit und ist außerdem so vollkommen unnachahmlich, daß, wäre sie eine Erfindung der Menschen, die Erfinder größer wären, als die größten Helden" (*Encyclopedia of Religious Quotations*, Frank Mead, S.32).

Die Bibel gibt uns daher ausreichend Grund zu glauben, daß sie das Wort des lebendigen Gottes ist, der existiert und der sich der Welt offenbart hat.

Ein weiterer Grund für uns zu wissen, daß Gott existiert, ist, daß er in menschlicher Gestalt aufgetreten ist. Jesus Christus war Gott der Allmächtige, der ein Mensch wurde. Die Bibel sagt: „Und das Wort ist Fleisch geworden und hat unter uns gewohnt" (Joh. 1,14), und sie ist eindeutig hinsichtlich der Tatsache, daß Jesus auf die Welt kam, um zu offenbaren, wer Gott ist und wie er ist (Joh. 1,18).

Wenn jemand wissen will, wer Gott ist und wie er ist, dann muß er nur Jesus Christus ansehen, wie Lord Byron sagte: „Wenn jemals ein Mensch Gott war oder Gott ein Mensch, dann war Jesus Christus beides" (*Encyclopedia of Religious Quotations*, Frank Mead, S.81).

Nicht der Mensch reichte hinauf, um Gott zu finden, sondern Gott reichte herab zu den Menschen, wie Casserley erklärt: „Das Evangelium bietet das Wissen von der letzten Wahrheit, das die Menschen in der Philosophie vergebens gesucht haben, unvermeidlich vergebens, weil es der eigentlichen Natur Gottes entspricht, daß er nicht durch das Suchen und Forschen des menschlichen Geistes entdeckt werden kann, daß er nur dann erkennbar wird, wenn er zuerst die Initiative ergreift und sich selbst offenbart" (J.V. Langmead Casserley, *The Christian in Philosophy*, New York, Charles Scribner's Sons, 1951, S.21).

Indem Jesus von den Toten zurückkehrte, wies er nach, daß er Gott ist, und diese Tatsache war es, die einer ungläubigen Welt diese Wahrheit zeigte. Wie Machen sagt: „Die große Waffe, mit der die Jünger daran gingen, die Welt zu erobern, war nicht eine bloße Einsicht in ewige Prinzipien, es war eine historische Botschaft, ein Bericht über etwas, das geschehen war, es war die Botschaft: ‚Er ist auferstanden'" (J.G. Machen, *Christianity and Liberalism*, S.28.29).

So haben wir die Bibel und die Person Jesu Christi als zwei starke Gründe, die für die Existenz Gottes sprechen. Keine andere Religion oder Philosophie bietet etwas Ähnliches, um zu beweisen, daß ein Gott existiert.

Wo ist Gott hergekommen? Was tat er, bevor er das Universum schuf?

Diese Fragen unterstellen, daß alles, einschließlich Gott, den Grenzen von Zeit und Raum unterworfen ist, wie der Mensch, daß es nichts außerhalb von Zeit und Raum gibt, eine Annahme, die die Wissenschaft in Frage gestellt und seit Albert Einsteins Relativitätstheorie tatsächlich verworfen hat.

Einstein hat gezeigt, daß die Zeit wirklich verändert, verlangsamt oder beschleunigt werden kann, wenn Objekte beginnen, sich mit extrem hoher Geschwindigkeit zu bewegen. Dies würde bedeuten, daß die allgemeine Auffassung, daß alle Dinge in einem festen Zusammenhang von Zeit und Raum ihren Ursprung haben und wirken, nicht unbedingt richtig ist.

Wenn sie auch nicht vollkommen verständlich sind, so machen es die Tatsachen doch leichter, die biblische Lehre zu akzeptieren, daß Gott außerhalb von Zeit und Raum, wie wir sie kennen, existiert (Ps. 90,4; Kol. 1,17; 2. Petr. 3,8). Wenn man akzeptiert, daß Gott außerhalb des Rahmens von Zeit und Raum, den wir kennen, existiert, werden alle Fragen, woher er kam und was er tat, bevor er das schuf, was wir als das Universum kennen, völlig bedeutungslos.

Diese Fragen wären legitim, wenn Gott Zeit und Raum unterworfen wäre. Das ist er aber nicht. Die Bibel lehrt, daß Gott durch Zeit und Raum nicht gebunden ist und daß er nicht beschlossen hat, uns (aus unserer Sicht) alles zu offenbaren, was geschah, bevor er das Universum erschuf.

Ist nicht der Gott des Alten Testaments ein Gott des Hasses, während der Gott des Neuen Testaments einer der Liebe ist?

Ein anderer häufiger Vorwurf gegen die Bibel besagt, daß sie zwei unterschiedliche Auffassungen von Gott enthalte. Das Alte Testament präsentiert angeblich einen grimmigen Gott, während das Neue Testament angeblich nur einen Gott der Liebe zeigt.

Das Alte Testament enthält Geschichten, in denen Gott die Zerstörung von Sodom und die Vernichtung der Kanaaniter befiehlt, und viele andere Geschichten von Gottes Gericht und Zorn. Die Kritiker behaupten, dies zeige eine primitive, kriegerische Gottheit im Gegensatz zu den fortschrittlichen Lehren Jesu, einander zu lieben und die andere Wange hinzuhalten, wie sie in der Bergpredigt enthalten sind.

Diese Vorstellungen von Gott scheinen in direktem Widerspruch zu stehen, aber ein Augenblick der Überlegung wird das Gegenteil zeigen. Jesus selbst erklärt, das Alte Testament könne in den Geboten, Gott und den Nächsten zu lieben, zusammengefaßt werden (Matth. 22,37). Er sagte auch, Gott habe im Alten Testament immer wieder Liebe und Barmherzigkeit gefordert, nicht Opfer (Matth. 9,13; 12,7).

Diese Haltung findet man auch in Aussagen wie: „Habe ich etwa Wohlgefallen am Tode des Gottlosen,...und nicht vielmehr daran, daß er sich von seinem Wandel bekehre und am Leben bleibe?“ (Hes. 18,23).

Gott hätte nicht bestimmte Völker vernichtet, wäre er nicht ein Gott der Gerechtigkeit. Ihre Sündhaftigkeit konnte nicht ungehemmt und zügellos weitergehen.

Seine *Absicht* und sein *Wunsch*, sie zu bestrafen, waren Teil seines Planes, in Übereinstimmung mit seiner heiligen Natur und der Besorgnis um sein wanderndes Volk. Was er in Übereinstimmung mit seinem reinen Wesen wünscht, tut er in Gerechtigkeit, in ihrem Fall, weil sie nicht bereuten und in Harmonie mit seiner Natur kamen (Jer. 18).

Im Falle der Amoriter, gab Gott ihnen 100 Jahre Zeit, um zu bereuen, aber sie taten es nicht (1. Mose 15,16).

Noah predigte seiner Generation 120 Jahre vor der großen Flut (1. Mose 6,3). Das richtige Bild des Alten Testaments ist das eines sehr geduldigen Gottes, der diesen Menschen zahllose Gelegenheiten gibt, zu bereuen und sich mit ihm zu versöhnen; und nur wenn sie das fortwährend verweigern, richtet und straft er sie für ihre bösen Taten.

Im Gegensatz zu mancher verbreiteten Meinung wurden die strengsten Aussagen über Gericht und Zorn von dem Herrn Jesus selbst gemacht. In Matthäus 23 z.B. führte er einen Schlag gegen die religiösen Führer seiner Zeit, indem er sie als Heuchler und falsche Führer bezeichnete und ihnen sagte, ihr Schicksal werde ewige Verbannung aus der Gegenwart Gottes sein.

In Matthäus 10,34 sagt Jesus, das Ziel seiner Mission sei nicht zu einigen, sondern zu trennen. „Denkt nicht, ich sei gekommen, um Frieden auf die Erde zu bringen. Ich bin nicht gekommen, um Frieden zu bringen, sondern das Schwert.“ Er sagt weiter, sein Wort werde den Vater gegen seinen Sohn, die Mutter gegen ihre Tochter und die Schwiegertochter gegen ihre Schwiegermutter aufbringen (Matth. 10,35).

Wir finden Gericht ebenso wie Liebe im ganzen Neuen Testament und Liebe und Barmherzigkeit, ebenso wie das Strafgericht im gesamten Alten Testament. Gott ist beständig und unveränderlich, aber unterschiedliche Situationen verlangen unterschiedliche Schwerpunkte. Wenn man daher die beiden Testamente so liest, wie sie beabsichtigt sind, dann offenbaren sie denselben heiligen Gott, der reich ist an Barmherzigkeit, der aber die Sünde nicht ungestraft läßt.

Was ist die Dreieinigkeit? Verehren die Christen drei Götter?

Eine der am häufigsten mißverstandenen Vorstellungen der Bibel betrifft die Lehre von der Dreieinigkeit. Obwohl die Christen sagen, daß sie an einen Gott glauben, wirft man ihnen ständig Polytheismus (Verehrung von mindestens drei Göttern) vor.

Die Schrift lehrt *nicht*, daß es drei Götter gibt; noch lehrt sie, daß Gott drei verschiedene Masken trägt, während er das Schauspiel der Geschichte bewirkt. Was die Bibel lehrt, ist in der Lehre von der Dreieinigkeit so ausgedrückt: Es gibt *einen* Gott, der sich in drei Personen offenbart hat, dem Vater, dem Sohn und dem Heiligen Geist, und diese drei Personen sind der eine Gott.

Obwohl schwer zu verstehen, ist es nichtsdestoweniger, was die Bibel uns sagt, und es ist die größtmögliche Annäherung an die Erklärung des unendlichen Geheimnisses des unendlichen Gottes, die der endliche Verstand erreichen kann, wenn wir die Aussagen der Bibel über das Wesen Gottes berücksichtigen.

Die Bibel lehrt, daß es einen Gott und nur einen Gott gibt: „Höre, Israel: der Herr, unser Gott, ist ein Herr!" (5. Mose 6,4). „Einer ist Gott" (1. Tim. 2,5). „So spricht der Herr, der König Israels und sein Erlöser, der Herr der Heerscharen: „Ich bin der Erste und ich der Letzte, und außer mir ist kein Gott" (Jes. 44,6).

Doch obwohl Gott seinem Wesen und seiner Natur nach einer ist, ist er auch drei Personen. „Lasset uns Menschen machen nach unserm Bilde"(1. Mose 1,26). „Und Gott der Herr sprach: „Siehe, der Mensch ist geworden wie unsereiner" (1. Mose 3,22).

Hier wird auf Gottes pluralistische Natur angespielt, denn er konnte bei diesen Gelegenheiten nicht zu Engeln sprechen, weil Engel Gott nicht bei der Schöpfung halfen oder helfen konnten. Die Bibel lehrt, daß Jesus Christus alles erschuf und nicht die Engel (Joh. 1,3; Kol. 1,15; Hebr. 1,2).

Abgesehen davon, daß sie von Gott als einem spricht und gleichzeitig auf die Pluralität des Wesens Gottes anspielt, geht die Schrift auch soweit, Gott mit den Namen von drei Personen zu bezeichnen. Da ist eine Person, die die Bibel den Vater nennt, und der Vater wird als Gott der Vater bezeichnet (Gal. 1,1).

Die Bibel spricht von einer Person namens Jesus oder dem Sohn oder dem Wort, ebenfalls Gott genannt. „Das Wort war Gott..." (Joh. 1,1). Jesus war es, der „auch Gott seinen Vater nannte und sich damit Gott gleichstellte" (Joh. 5,18).

Noch eine dritte Person wird in der Schrift erwähnt, genannt der Heilige Geist, und diese Person wird — neben Vater und Sohn — ebenfalls Gott genannt („Hananias, warum hat der Satan dein Herz erfüllt, daß du den Heiligen Geist belügst?... Du hast nicht Menschen belogen, sondern Gott" (Apg. 5,3.4).

Die Tatsachen der biblischen Lehre sind folgende: Es gibt einen Gott. Dieser eine Gott besitzt eine pluralische Natur. Dieser eine Gott wird der Vater, der Sohn, der Heilige Geist genannt, alle sind unterschiedliche Persönlichkeiten, alle werden als Gott bezeichnet. Wir kommen also zu dem Schluß, daß der Vater, der Sohn und der Heilige Geist ein Gott sind, zur Lehre von der Dreieinigkeit.

Um uns zu helfen, diese Lehre besser zu verstehen, bietet Dr. John Warwick Montgomery folgende Analogie:

„Die Lehre von der Dreieinigkeit ist nicht ‚irrational'; irrational ist es jedoch, biblische Belege für die Dreieinigkeit zu Gunsten der Einheit zu unterdrücken oder Belege für die Einheit zu Gunsten der Dreieinigkeit.

Unsere Daten müssen Vorrang vor unseren Modellen haben oder, um es besser auszudrücken, unsere Modelle müssen das volle Spektrum der Daten reflektieren.

Eine enge Analogie zum Vorgehen des Theologen findet sich hier in der Arbeit des theoretischen Physikers: Er stellt fest, daß Einheiten, kleiner als Atome, die Eigenschaften von Wellen (W) von Partikeln (P) und von Quanten (h) besitzen.

Obwohl diese Eigenschaften in mancher Hinsicht unvereinbar sind (Partikel brechen nicht, während Wellen es tun, usw.), ‚erklären' oder ‚modellieren' Physiker ein Elektron als PWh. Sie müssen dies tun, um allen relevanten Daten das ihnen zukommende Gewicht zu verleihen.

Ähnlich ergeht es dem Theologen, der von Gott als dem ‚Dreieinen' spricht. Weder der Wissenschaftler, noch der Theologe erwartet, daß Sie sich mit Hilfe ihres Modells ein ‚Bild' machen können; Sinn des Modells ist es, Ihnen zu helfen, *alle* Tatsachen in Betracht zu ziehen, statt die Wirklichkeit dadurch zu verdrehen, daß man eine scheinbare logische Folgerichtigkeit allem überstülpt.

Die Wahl ist klar: entweder die Dreieinigkeit oder ein ‚Gott', der nur eine blasse Imitation des Herrn des biblischen Christentums durch die Jahrhunderte darstellt" (*How do we know there is a God*, S.14.15).

Warum unterscheiden sich die biblischen Wunder von denen in anderen Wunderberichten?

Manche Leute glauben, daß die Wunder, von denen die Bibel berichtet, es unmöglich machen, die Schrift ernst zu nehmen. Sie werden mit der griechischen Mythologie und anderen Erzählungen von Übernatürlichem und Bizarrem verglichen. Statt ihre Grundlagen zu untersuchen, stellt man sie sofort mit Legenden und Folklore gleich.

Zugegeben, es gibt aus den Tagen unseres Herrn unter den Griechen und Römern viele Geschichten, die so phantastisch und lächerlich sind, daß sie ernsthafte Überlegungen nicht rechtfertigen. Dies steht in völligem Gegensatz zu den biblischen Wundern, die niemals eine gedankenlose Schaustellung des Übernatürlichen bieten.

Einfach zu sagen, weil *manche* übernatürlichen Ereignisse lächerlich und unwahr sind, ist *jedes* übernatürliche Geschehen oder Wunder, von dem berichtet wird, unwahr, ist fehlerhafte Beweisführung. Es bedeutet „Schuldspruch" durch unbedachte Gleichsetzung, man könnte auch sagen: Das Kind mit dem Bade ausschütten.

Die im Neuen Testament zur Bezeichnung von Wundern gebräuchlichen Wörter, sind solche, die eine Vorstellung von ‚übernatürlichen Kräften' ausdrücken. Dies sind die Wörter, die nicht nur von den Verfassern des Neuen Testaments verwendet werden, sondern auch von den griechischen Mythen. Doch im biblischen Bericht erscheint ein zusätzliches Wort, das selten, wenn überhaupt, von den griechischen und römischen Autoren gebraucht wird.

Das Wort ist ‚Zeichen', womit die Bezeichnung eines Wunders oder ein wunderbarer Beweis gemeint ist. Johannes sagt am Ende seines Evangeliums: „Noch viele andere Zeichen, die in diesem Buch nicht aufgeschrieben sind, hat Jesus vor den Augen seiner Jünger getan. Diese aber sind aufgeschrieben, damit ihr glaubt, daß Jesus der Messias ist, der Sohn Gottes, und damit ihr durch den Glauben das Leben habt in seinem Namen" (Joh. 20.30.31).

Die Wundergeschichten, wie sie die Bibel berichtet, dienen immer einem bestimmten Zweck und niemals der Prahlerei. Es gibt immer einen logischen Grund dafür. Zum Beispiel waren da 5000 Menschen, die sofort Nahrung brauchten, und diese wurde prompt auf wunderbare Weise beschafft (Luk. 9,12-17).

Bei einem Hochzeitsfest in Kana war der Wein ausgegangen. Diesem Mangel begegnete Jesus, der Wasser in Wein verwandelte (Joh. 2,1-11). Die Wunder Jesu wurden aus Liebe und Erbarmen für die Leidenden vollbracht. Sie waren auch als objektive Zeichen für die Menschen gemeint, daß er der versprochene Messias war, da eine der Beglaubigungen des Messias Zeichen und Wunder sein sollten.

Auf diese Tatsache wies Jesus hin, als er von zwei Boten Johannes des Täufers über seine Identität befragt wurde. „Geht und berichtet Johannes, was ihr höret und seht: Blinde sehen wieder, und Lahme gehen; Aussätzige werden rein, und Taube hören; Tote stehen auf, und den Armen wird das Evangelium verkündet“ (Matth. 11, 4.5).

Wenn man die wunderbaren Berichte in der Bibel und besonders in den Evangelien liest, muß man die Tatsache beachten, daß die Wunder von den Kritikern nicht geleugnet wurden. In seinem Leben und Wirken wurde Jesus niemals gefragt, ob er Wunder vollbrachte; er wurde immer gefragt, wie er fähig war, sie zu bewirken. Man wollte wissen, woher er die Macht und Autorität erhielt (Matth. 21,33).

Es war ihnen unmöglich zu leugnen, daß er wunderbare Dinge tat; buchstäblich Hunderte von Menschen waren geheilt worden, und es gab keine andere Erklärung dafür. Die Tatsache seiner Wunder stand nicht zur Diskussion. Sie konnten nicht geleugnet werden.

Am Pfingsttag, weniger als zwei Monate nach der Kreuzigung Jesu, sagte Simon Petrus zu einer großen Versammlung: „Jesus den Nazoräer, den Gott vor euch beglaubigt hat durch machtvolle Taten, Wunder und Zeichen, die er durch ihn in eurer Mitte getan hat, wie ihr selbst wißt...“ (Apg. 2,22).

Petrus behauptet hier, vor einer feidseligen Menge, daß die Menschen selbst die Wunder Jesu kannten. Allein schon die Tatsache, daß er nicht sofort niedergeschrien wurde, zeigt, daß die Wunder, die Jesus vollbracht hatte, jedermann gut bekannt waren.

Ein Zeugnis aus erster Hand für das Wunderbare ist etwas, das es weder in anderen Religionen noch in der griechischen oder römischen Mythologie gibt. Der ehrliche Bericht von den übernatürlichen Werken, die in die natürliche Ordnung einbrechen, werden für uns in der Bibel durch Augenzeugen dieser Ereignisse festgehalten.

All diese Betrachtungen demonstrieren den qualitativen Unterschied der biblischen Wunder. Es ist nun wichtig zu überlegen, warum die Wunder abgelehnt werden. Ein Grund dafür, daß diese Wunder geleugnet werden, ist der, daß sie nicht in das Weltbild vieler Menschen passen. Sie haben niemals ein Wunder erlebt, und sie schließen daraus, daß Wunder nicht geschehen können bzw. unmöglich sind.

Statt die Beweise für das Wunderbare zu untersuchen, wird die ganze Idee von vornherein als vollkommen unmöglich ausgeschlossen. Das ist keine angemessene Weise, mit dieser Frage umzugehen, da nur jemand mit der Kenntnis aller vergangenen, gegenwärtigen und zukünftigen Ereignisse die Möglichkeit von Wundern ausschließen könnte.

Es gibt ein passendes historisches Beispiel für die Dummheit, etwas von vornherein auszuschließen, weil es nicht in das eigene Weltbild paßt. Als die Entdecker erstmals nach Australien kamen, trafen sie auf ein Tier, das allen Regeln der Systematik Hohn sprach. Sie entdeckten ein halb im Wasser lebendes, eierlegendes Säugetier, mit einem breiten, flachen Schwanz, Schwimmfüßen und einer Schnauze, die einem Entenschnabel glich. Dieses Tier nannten sie Schnabeltier.

Bei ihrer Rückkehr in die Heimat teilten sie der Welt ihren Fund mit. Die Leute betrachteten ihren Bericht als Betrug, da kein Tier, wie das oben beschriebene, überhaupt existieren konnte. Obwohl die Aussage von ehrbaren Augenzeugen stammte, wurde sie auf Grund ihres Weltbildes zurückgewiesen.

Sie gingen ein zweites Mal nach Australien und kehrten mit dem Fell eines toten Schnabeltiers zurück. Wieder beschuldigten die Leute sie des Betruges. Offenbar nahmen diese Leute den Ausspruch Benjamin Disraelis ernst: „Ich habe es mir zur Regel gemacht, nur das zu glauben, was ich verstehe“ (*The Infernal Marriage*, Teil 1, Kap.4). Aber, wie Charles Caleb Colton gesagt hat: „Wer nur das glaubt, was er voll begreifen kann, muß einen sehr langen Kopf oder einen sehr kurzen Glauben haben.“ (Frank Mead, S.17, *Encyclopedia of Religious Quotations*)

Unglücklicherweise nehmen viele Menschen diese Haltung ein und sprechen das Urteil, ehe sie die Beweise untersucht haben. Diese Einstellung ist nicht nur unwissenschaftlich, sondern sie kann auch für den, der sie vertritt, gefährlich sein. Wenn es einen Gott gibt und wenn er sich durch das Wunderbare offenbart hat, dann beraubt sich der Mensch seiner einzigen Möglichkeit, dies herauszufinden.

Indem er sich weigert, die Möglichkeit zu akzeptieren, daß Gott auf übernatürliche Weise in die Geschichte eingreift, zerstört er seine einzige Hoffnung darauf, den Sinn des Lebens zu verstehen. Daher ist es von höchster Bedeutung, die Möglichkeit von Wundern zumindest in Betracht zu ziehen, weil die Ewigkeit auf dem Spiel steht. Tatsächlich, „es gibt mehr Ding' im Himmel und auf Erden, Horatio, als unsre Schulweisheit sich träumen läßt."

Waren die biblischen Wunder Zaubertricks, die die einfachen, primitiven Menschen täuschten?

Es wird oft behauptet, die Menschen, die zu biblischen Zeiten lebten, seien einfältiger und abergläubischer gewesen als der moderne Mensch, und daß sie so verleitet werden konnten, die wunderbaren Geschichten zu glauben, die die Bibel enthält.

Heute, so sagt man, leben wir in einem wissenschaftlichen Zeitalter und sind über diesen Aberglauben hinausgewachsen, weil wir die geistige Fähigkeit entwickelt haben zu erkennen, daß diese Wunder abergläubische Mythen sind und keine paranormalen Phänomene. Eine genaue Untersuchung des Beweises wird zeigen, daß diese Berichte keine abergläubische Reaktion auf einen gerissenen Schwindler sind. Die Reaktion auf die Wundertaten Gottes verraten dieselbe Überraschung und Angst, die der moderne Mensch empfinden würde, wäre er in dieselbe Situation versetzt.

Die Menschen, die zur Zeit Jesu lebten, wußten sicher, daß blindgeborene Männer nicht plötzlich ihr Augenlicht gewinnen (Joh. 9,32), daß fünf Laibe Brot und einige Fische nicht 5000 Menschen satt machen (Joh. 6,14) oder daß Menschen nicht auf dem Wasser gehen können (Matth. 14,26).

Der ungläubige Thomas sagt: „Wenn ich nicht die Male der Nägel an seinen Händen sehe und wenn ich meinen Finger nicht in die Male der Nägel und meine Hand nicht in seine Seite lege, glaube ich nicht" (Joh. 20,25). Er weigerte sich, das Zeugnis für das unglaubliche Geschehen der Auferstehung zu akzeptieren, aber er änderte seine Meinung, als er dem auferstandenen Christus Auge in Auge gegenüberstand. So erwartet man von uns ebensowenig wie von den Menschen der biblischen Zeit, das Lächerliche zu glauben.

Die damals lebenden Menschen waren nicht weniger skeptisch, als wir heute. Es war die unabwendbare, unausweichliche, die unwiderlegbare Tatsache, die sie veranlaßte zu glauben. Die natürliche Ordnung wurde gestört, wenn ein Wunder geschah. Es ist nur der Skeptizismus des modernen Menschen, der ihn leugnen läßt, daß Wunder geschehen sind.

Wie können Wunder möglich sein?

Die folgenden Aussagen, eine alt und eine modern, sind typisch für die Reaktion der Menschen auf das Wunderbare.

„Denn nichts kann ohne Ursache geschehen; nichts geschieht, das nicht geschehen kann; und wenn das, was geschehen konnte, geschehen ist, darf es nicht als ein Wunder interpretiert werden. Folglich gibt es keine Wunder… Wir ziehen daher folgenden Schluß: Was geschehen konnte, ist kein Wunder" (Cicero, *De Divinatione*, 2,28, zitiert von V. van der Loos in *The Mircacle of Jesus*, Leiden: E. J. Brill, 1965, S.7).

„Da gibt es, zum Beispiel, den Bericht über das Leben Jesu Christi in der Bibel. Dieser Bericht enthält Erzählungen von Ereignissen, die, im Licht der bekannten Tatsachen der natürlichen Ordnung, nicht geschehen konnten.

Kinder werden nicht von Jungfrauen geboren, Engel bringen den Menschen keine Botschaften, Männer gehen nicht auf dem Wasser, Menschen, die gestorben sind, kehren nicht zum Leben zurück, usw.

Die Geschichte von Jesus Christus war voll von Dingen, von deren Unmöglichkeit die Menschen wußten; daher konnte die Geschichte kein wortgetreuer Bericht des tatsächlichen Geschehens sein.

Als das Neue Testament geschrieben wurde, mögen die Menschen naiv genug gewesen sein, die Dinge zu glauben, die über Jesus gesagt wurden, und sie mögen keinen Widerspruch zwischen den Berichten und ihrer Kenntnis der Welt gesehen haben, aber jetzt war alles anders" (*Protestantism*, zitiert von J. Leslie Dunstan, Washington Square Press, Inc., New York, 1962, S.128-129).

Viele lachen über die Vorstellung, Wunder könnten möglich sein. Sie behaupten, Wunder seien eine Verletzung der Naturgesetze und daher für den modernen Menschen unannehmbar.

Die Schrift jedoch enthält von Anfang bis Ende Geschichten vom Wunderbaren. Es gibt Berichte von Blinden, die plötzlich ihr Augenlicht erhielten, von Toten, die auferweckt wurden, und von außergewöhnlichen Geschehnissen in der Natur, wie einer weltweiten Flut und der Teilung des Roten Meeres.

Die Basis für den Glauben an das Wunderbare beruht auf der biblischen Vorstellung an Gott. Der allererste Vers der Bibel entscheidet die

Frage: „Im Anfang schuf Gott den Himmel und die Erde" (1. Mose 1,1).

Wenn dieser Vers so akzeptiert werden kann, daß am Anfang ein unendlicher, persönlicher Gott das Universum erschuf, dann dürfte der Rest kein Problem sein. Wenn er die Fähigkeit hat, das zu tun, dann werden die jungfräuliche Geburt, das Geschehen auf dem Wasser, das Sättigen von 5000 Menschen mit ein paar Laiben Brot und Fischen und die anderen biblischen Wunder nicht nur möglich, sondern sie sind sogar zu erwarten.

Natürlich, wenn man nicht an Gott glaubt, wird man das Wunderbare nicht akzeptieren, aber für den, der die reale Möglichkeit in Betracht zieht, ist es überhaupt nicht lächerlich. Wie der Apostel Paulus einst zu einem ungläubigen König sagte: „Warum haltet ihr es für unglaubhaft, daß Gott Tote auferweckt?" (Apg. 26,8).

So steht hinter dieser wichtigen Frage das bekannte Problem, ob Gott existiert oder nicht. Denn wenn es einen Gott gibt, dann sind Wunder sicher möglich. Tatsächlich setzt schon die Natur der Frage: „Wie können Wunder möglich sein?" voraus, daß es einen Gott gibt, denn ein Wunder ist ein Akt Gottes.

Was die Idee betrifft, daß Wunder die Gesetze der Natur oder der Wissenschaft verletzen, so müssen wir bedenken, daß die wissenschaftlichen Gesetze weder Ereignisse vorschreiben, noch sie erklären. Sie sind bloß eine Verallgemeinerung von Ursachen und Wirkungen, die man beobachten kann.

Man kann die Behauptung, das Rote Meer habe sich vor 3500 Jahren geteilt, nicht damit zurückweisen, daß man feststellt, dieses Ereignis trete nicht jeden Tag ein. Man kann sich zur Leugnung des Wunderbaren nicht auf die Naturgesetze berufen, da die Bibel lehrt, daß ein allmächtiger Gott von Zeit zu Zeit mit mächtigen Taten in die natürliche Ordnung eingegriffen hat.

Ein Wunder ist definitionsgemäß ein Ereignis, das einmalig und ohne Beispiel ist. Wir können es unmöglich wie andere Geschehnisse beurteilen. Der richtige Weg festzustellen, ob etwas geschehen ist, ist nicht die Frage, ob wir es erklären können. Die erste Frage, die gestellt werden muß, lautet nicht, kann es geschehen sondern vielmehr, ist es geschehen?

Wenn festgestellt werden kann, daß ein Ereignis stattgefunden hat, daß es sich aber der Erklärung entzieht, so müssen wir immer noch die Tatsache zugestehen, daß es sich ereignet hat, Erklärung hin oder her.

Die Beweise für die biblischen Wunder sind historisch ebenso stark, wie für andere historische Ereignisse (wie der Fall Roms und die Eroberung Alexanders des Großen). Nur weil Wunder außerhalb der normalen täglichen Erfahrung stehen, bedeutet das nicht, daß sie nicht geschehen sind oder geschehen.

Wenn man also alle Beweise in Rechnung zieht, gibt es ausgezeichnete Gründe dafür, nicht an die Möglichkeit von Wundern zu glauben, sondern auch an ihre Wirklichkeit.

Widerspricht nicht Markus den anderen drei Evangelien hinsichtlich der Leugnung Jesu durch Petrus?

Ein Problem, durch das viele verwirrt worden sind, die die Bibel sorgfältig studiert haben, betrifft die Berichte von der Leugnung Christi durch Simon Petrus. Jesus sagt zu Petrus: „Amen, ich sage dir: In dieser Nacht, noch ehe der Hahn kräht, wirst du mich dreimal verleugnen“ (Matth. 26,34).

Matthäus berichtet von der Erfüllung dieser Voraussage: „Gleich darauf krähte ein Hahn, und Petrus erinnerte sich an das, was Jesus gesagt hatte: Ehe der Hahn kräht, wirst du mich dreimal verleugnen. Und er ging hinaus und weinte bitterlich“ (Matth. 26, 74.75).

Das Problem entsteht, wenn wir Markus‘ Fassung lesen: „Jesus antwortete ihm: Amen, ich sage dir: Noch heute nacht, ehe der Hahn zweimal kräht, wirst du mich dreimal verleugnen“ (Mark. 14,30). Die Erfüllung lautet, in Hinblick auf Petrus: „Dann ging er in den Vorhof hinaus“ (Mark. 14,68) und später in Vers 72: „gleich darauf krähte der Hahn zum zweiten Mal.“

Petrus erinnerte sich an das, was Jesus ihm gesagt hatte: „Ehe der Hahn *zweimal* kräht, wirst du mich dreimal verleugnen. Und er begann zu weinen.“ Hat Petrus Jesus verleugnet ehe der Hahn einmal oder zweimal krähte? Lukas und Johannes geben im Wesentlichen denselben Bericht, wie Matthäus und bringen so die Aussage des Markus scheinbar in Widerspruch zu den drei anderen.

Dieses Problem ist nicht so unlösbar, wie es scheinen mag. Es ist gut vorstellbar, daß Jesus beide Aussagen machte. Er sagte Petrus, daß er ihn vor dem Krähen des Hahns leugnen werde und diese Leugnung werde geschehen, ehe er zweimal gekräht habe.

Was wir also vor uns haben, ist die Tatsache, daß Markus die Geschichte mit mehr Details erzählt. Das erscheint ganz natürlich, da Markus sein Evangelium unter dem Einfluß von Simon Petrus schrieb, und es ist verständlich, wenn dieser der Geschichte weitere Einzelheiten hinzufügte, da er eine der Hauptpersonen war.

So berichten also alle vier Evangelien, daß Jesus seine Leugnung durch Petrus voraussagte, wobei Markus weitere Details hinzufügt.

Eine mögliche Rekonstruktion wäre die folgende: Jesus sagt Petrus, daß dieser ihn, ehe der Hahn kräht, dreimal verleugnen wird.

Petrus widersprach, wie es seine Art war, lautstark der Vorstellung, er würde seinen Herrn verleugnen. Jesus wiederholt daraufhin seine frühere Voraussage, mit dem weiteren Hinweis, daß Petrus ihn dreimal verleugnen wird, ehe der Hahn zweimal kräht (dies stimmt gut mit dem Bericht des Markus in seinem Evangelium überein).

Außerdem wird dem Satz „noch ehe der Hahn kräht, wirst du mich dreimal verleugnen" (Matth. 26,34) durch Markus nicht widersprochen, wenn er erzählt, daß der Hahn krähte, nachdem Petrus Jesus zum ersten Mal verleugnet hatte. Der Hahnenschrei war das Zeichen für den nahen Morgen und der Ausdruck, „die Zeit des Hahnenschreis", ist eine andere Bezeichnung für die Dämmerung.

Wenn Jesus von dem zweimaligen Hahnenschrei spricht, sagt er ein Krähen des Hahns mitten in der Nacht voraus, lange vor Tagesanbruch.

„Beobachtungen über einen Zeitraum von 12 Jahren in Jerusalem haben bestätigt, daß der Hahn zu drei bestimmten Zeiten kräht, zuerst ungefähr eine halbe Stunde nach Mitternacht, ein zweites Mal ungefähr eine Stunde später und ein drittes Mal eine Stunde nach dem zweiten" (William Lane, *The Gospel According to Mark*, S.543)

Wenn man alle Tatsachen in Betracht zieht, ist das Problem von der Leugnung des Petrus keineswegs ein krasser Widerspruch, sondern es kann in Übereinstimmung gebracht werden.

Wie würden Sie die Abweichung erklären, daß Judas sich in Matthäus 27,5 erhängte, während er in Apostelgeschichte 1,18, vornüber zu Boden fiel und sein Leib auseinanderbarst‘?

Diese Frage nach der Todesart des Judas gehört zu jenen, mit denen wir auf unseren Reisen immer wieder konfrontiert werden. Viele Leute verweisen auf den scheinbaren Widerspruch in beiden Berichten als offensichtlichen, unvereinbaren Irrtum.

Manche sind sogar so weit gegangen zu sagen, die Vorstellung von einer unfehlbaren Bibel werde durch diese widersprüchlichen Berichte zerstört. Das ist jedoch keineswegs der Fall.

Matthäus erzählt, daß Judas sich erhängte und Petrus sagt uns, daß er stürzte und durch den Aufprall zerschmettert wurde. Diese beiden Aussagen sind in der Tat unterschiedlich, aber müssen sie einander unbedingt widersprechen?

Matthäus sagt nicht, daß Judas nicht stürzte; noch sagt Petrus, daß Judas sich nicht erhängte. Es geht nicht darum, daß eine Person etwas als schwarz bezeichnet und eine andere als weiß. Beide Berichte können wahr sein und einander ergänzen.

Eine mögliche Rekonstruktion wäre: Judas erhängte sich an einem Baum, am Rande eines Abgrundes über dem Tal Hinnom. Nachdem er dort einige Zeit gehangen hatte, brach der Ast oder das Seil gab nach und Judas stürzte den Abhang hinunter, wobei sein Körper verstümmelt wurde.

Der Sturz könnte vor *oder* nach seinem Tod stattgefunden haben, da beides zu dieser Erklärung paßt. Diese Möglichkeit ist ganz natürlich, wenn man das Terrain des Tals von Hinnom betrachtet. Vom Talboden aus sieht man felsige Terrassen, die siebeneinhalb bis zwölf Meter hoch sind und fast senkrecht abfallen.

Es gibt immer noch Bäume, die an den Felsrändern wachsen und felsübersäten Grund. Es ist daher leicht, sich vorzustellen, daß Judas bei seinem Sturz gegen einen der gezackten Felsen schlug, der seinen Körper aufriß. Es ist wichtig zu bedenken, daß nicht gesagt wird, wie lange Judas am Baum hängen blieb oder wie weit die Verwesung seines Körpers fortgeschritten war, bevor er stürzte.

Louis Gaussen erzählt die Geschichte von einem Mann, der entschlossen war, sich zu töten. Dieser Mann stellte sich auf das Sims eines hochgelegenen Fensters und richtete eine Pistole auf seinen Kopf. Dann drückte er auf den Abzug und sprang gleichzeitig aus dem Fenster.

Einerseits könnte man sagen, daß dieser Mann sich das Leben nahm, indem er sich erschoß, während ein anderer mit Recht sagen könnte, daß er Selbstmord beging, indem er aus einem hohen Gebäude sprang. In diesem Fall ist beides wahr, wie auch die beiden Berichte des Matthäus und des Petrus über den Tod des Judas wahr sind. Es handelt sich einfach um unterschiedliche Perspektiven desselben Ereignisses.

Macht nicht Matthäus einen Fehler, wenn er eine Prophezeiung dem Jeremia zuschreibt, die in Wirklichkeit von Sacharja gemacht wurde?

Im Evangelium nach Matthäus fühlt Judas Ischariot, nachdem er Jesus verraten hat, Reue über seine bösen Taten und wirft das Blutgeld in den Tempel, dann begeht er Selbstmord. Matthäus berichtet weiter, daß die Priester das Geld nahmen und es verwendeten, um einen Töpferacker zu kaufen.

Matthäus schließt: „So erfüllte sich, was durch den Propheten Jeremia gesagt worden ist: sie nahmen die dreißig Silberstücke — das ist der Preis, den er den Israeliten wert war — und kauften für das Geld den Töpferacker, wie mir der Herr befohlen hatte“ (Matth. 27,9.10).

Das Problem ist, daß Vers 9 die Prophezeiung Jeremia zuschreibt, während es scheint, daß es Sacharja war, der diese Voraussage machte. Wenn man Matthäus 27,9 im Licht von Sacharja 11, 12.13 betrachtet, so wird klar, daß dies die Prophezeiung ist, die erfüllt wurde. Warum schreibt Matthäus sie dann Jeremia zu?

Zur Lösung des Dilemmas sind unterschiedliche Lösungen angeboten worden. Eine Idee ist, daß es sich um eine mündliche Aussage des Jeremia gehandelt habe, aber das läßt sich nicht beweisen und sollte daher außer Acht gelassen werden. Der Kirchenhistoriker Eusebius behauptete, die Juden hätten diesen Abschnitt im Buch des Jeremia ausgestrichen, aber das ist nicht mit der Achtung der Juden vor der Schrift vereinbar.

Die Ehrfurcht der Schreiber war so groß, daß sie sich sogar, wenn sie einen offensichtlichen Irrtum entdeckten, weigerten, den Text zu ändern. Stattdessen machten sie am Rand eine Anmerkung.

Manche Leute kommen einfach zu dem Schluß, daß Matthäus einen Fehler machte, während andere versuchen, diese Prophezeiung mit einem Teil von Jeremia zu verbinden. Es gibt solche, die behaupten, es handle sich um den Irrtum eines frühen Kopisten und im ursprünglichen Text habe Sacharja gestanden. Das ist bloße Vermutung.

Eine mögliche Lösung ist der Vorrang des Jeremia im Talmud (Baba Bathra 14b, J.B. Lightfoot, *Horae Hebraicae et Talmudicae*, II, 362). Jeremia wurde in der alten rabbinistischen Ordnung der prophetischen

Bücher an die erste Stelle gesetzt. Matthäus zitiert dann aus der Sammlung von Büchern der Propheten und nannte Jeremia, weil dieser der Erste und daher namensgebend war. Dasselbe geschieht in Lukas 24,44, wo die Psalmen zitiert werden, während der gesamte dritte Teil des hebräischen Kanons gemeint ist.

Ein Problem mit dieser Lösung besteht darin, daß das Neue Testament nirgendwo sonst einen Abschnitt unter dem Sammelnamen ‚Jeremia' zitiert. Wenn Matthäus sich an anderer Stelle auf Jeremia bezieht, gibt er eine Passage in Jeremia selbst an (2,17) und wenn er Jesaja erwähnt, verwendet er Abschnitte aus Jesaja (4,14; 8,17; 12,17, usw.).

Die vielleicht beste Lösung wäre so zu verstehen, daß Matthäus zwei Prophezeiungen kombiniert, eine von Jeremia und eine von Sacharja, und für das zusammengesetzte Zitat nur einen Autor nennt, nämlich Jeremia, den großen Propheten.

Sacharja sagt nichts über den Kauf eines Feldes, aber Jeremia erklärt, daß der Herr ihm befahl, ein Feld zu kaufen (Jer. 32,6-8), als feierliche Garantie des Herrn selbst dafür, daß in künftiger Zeit Felder und Weingärten im Land gekauft und verkauft werden sollten (Jer. 32,15.43ff).

Eines der Felder, die Gott im Sinn hatte, war das Töpferfeld. Sacharja fügt die Details von den 30 Silberstücken und, daß das Geld auf den Boden des Tempels geworfen wird, hinzu. So wird deutlich, daß Matthäus Einzelheiten von beiden Propheten übernimmt, aber er betont Jeremia, der diese Geschehnisse vorhersagte.

Dr. J.E. Rosscup vom Talbot Seminar vertritt eine Ansicht, die mit der obigen übereinstimmt. Er führt aus:

„Matthäus war der Meinung, daß zwei Abschnitte in Erfüllung gegangen waren, eine symbolische (Jer. 19,1-13) und eine bestimmte (Sach. 11,13) und erwähnte nur einen Autor des zusammengesetzten Zitats, eine Praxis, die, nach Robert Gundry, manchmal vorkam (*The Use of the Old Testament in St. Matthew's Gospel*, S.124-125).

Auch John N. Cool kommt zu dem Schluß, daß Matthäus überwiegend Sacharja benutzte, aber auch Jeremia 19 im Sinn hatte, besonders wegen des Motivs des Gerichts über Israel („A Study of Matthew 27,9.10" Magisterarbeit, Talbot, 1975, S.56-62,66,67).

Cool sagt: ‚Beide (Tal, Jer. 19; Feld, Matth. 27) wurden Begräbnisstätten, und beide Namen wurden geändert, um das Volk an Gottes Gericht zu erinnern. Dies...wird...durch die traditionelle Lokalisierung des Töpferfeldes bestätigt...im Tal Hinnom, wo Jeremia sein Gericht verkündete, indem er seinen Namen in ‚Mordtal' änderte.

Zweitens erinnert die Tatsache, daß Matthäus in seinen Zitaten konsequent Jesaja und Jeremia verwendet, seine Leser an Gottes Erlösung und Gericht für sein Volk. Jesaja wurde mit der Erlösung verbunden, Jeremia... mit dem Gericht.

Der Gebrauch von *tote* in Matthäus 2,17 und 27,9, statt des zweckvollen *hina* oder *houtos* in den Einleitungen der anderen Formeln, unterstreicht ebenfalls das Gerichtsmotiv, durch den Hinweis darauf, daß die Feinde Christi die Prophezeiung erfüllen' (S.66,67).

Gundry sagt, daß Matthäus durch das Zitat des Jeremia in der Einleitungsformel sicherstelle, daß der Leser die Verbindung mit Jeremia 19 erkenne, die sonst übersehen werden könnte (S.125)."

Wie konnten all die Tiere in die Arche passen?

Einer der Einwände gegen den biblischen Bericht von der Flut betrifft die Frage, wie Noah all die Tiere in die Arche bekam. Eine Untersuchung der Ausmaße der Arche, wie sie in der Bibel angegeben sind, wirft beträchtliches Licht auf diesen Bericht.

John Whitcomb und Henry Morris haben in ihrem Buch *The Genesis Flood* die vorhandenen Daten über Maße und Kapazität der Arche außerordentlich sorgfältig analysiert. Sie stellen fest, daß die Arche 133,35 m lang, 22,23 m breit und 13,34 m hoch gewesen sein muß (ausgehend von 44,45 cm pro Elle).

Die Arche hatte drei Decks (1. Mose 6,16), so betrug die gesamte Deckfläche etwa 8893,11 m² und das Gesamtvolumen 39544,7 m³. Der Bruttotonnengehalt der Arche entsprach etwa 13960 Tonnen, was sich mit einem großen heutigen Schiff vergleichen läßt.

Die Ladekapazität der Arche entspräche damit 522 normalen Viehwaggons, von denen jeder 240 Schafe faßt. Die Arche hätte also mindestens 125000 Schafe unterbringen können. Zusätzlich, so berichtet uns 1. Mose 6,14, besaß die Arche neben den drei Decks Nester und Räume zur Unterbringung der Tiere.

Whitcomb und Morris haben außerdem, „nach den besten Schätzungen moderner Systematik“ festgestellt, daß weniger als 17600 der gegenwärtig bekannten Arten von Säugetieren, Vögeln, Reptilien und Amphibien den Schutz der Arche benötigten.

Rechnet man mit zwei von jeder Art in der Arche, so war Raum für nur 35200 Tiere notwendig, plus je fünf von den reinen Tieren (eine sehr kleine Anzahl, aber wenn man sicherheitshalber die Hälfte der Arten ansetzt oder 8800 x 5, so ergibt das 44000), waren maximal insgesamt 79000 Tiere in der Arche.

Da es ursprünglich wahrscheinlich eine kleine Anzahl von Arten (oder Gattungen) gab (gemäß der Tatsache, daß die Tierzucht für einen großen Teil der Vielfalt im heutigen Tierreich verantwortlich ist, da die meisten Landtiere kleiner als Schafe sind und da vorausgesetzt werden kann, daß junge und daher kleinere Tiere mitgenommen wurden), ist es überhaupt nicht unbegreiflich, daß die Arche eine genügend große Anzahl von Tieren faßte, mit Raum für Futtervorräte.

Das Konzept, Tiere in der Arche zu haben, mit den Genpools, die die Entwicklung vieler verschiedener Arten von Tieren erlauben, die wir heute haben, darf nicht übersehen werden. Die Tiere in der Arche können buchstäblich „Genbänke“ gewesen sein, aus denen sich in Jahren der Fortpflanzung die Mannigfaltigkeit der Tiere entwickelte, die wir heute sehen, wie Henry M. Morris in seinem Buch *The Genesis Flood* feststellt:

„...hundert Jahre... der Forschung in der Zoologie haben viele interessante Tatsachen hinsichtlich der erstaunlichen Fähigkeiten zur Veränderung ans Licht gebracht, die der Schöpfer in die Arten der Genesis gelegt hat. Diese ‚Arten‘ haben sich niemals über die gottgewollten Demarkationslinien hinaus entwickelt oder durch Kreuzung miteinander vermischt; aber sie haben so viele Abarten und Unterarten gebildet (wie die Rassen und Familien der Menschheit), daß selbst die größten Systematiker von der Aufgabe sie zu zählen und zu klassifizieren überwältigt worden sind.

Frank Lewis Marsh erläutert... sein Konzept davon, wie einige der typischen *baramins* (von *bara* — „geschaffen“ und *min* — „Art“) von und nach der Flut verändert worden sein könnten. Er weist darauf hin, daß seit dem Jahr 1700 aus einem einzigen Typ süßer Erbsen mehr als 500 Varietäten entwickelt worden sind; und daß sich aus sehr wenig wilden Hunden über 200 verschiedene Abarten entwickelt haben, die so unterschiedlich sind, wie der Dachshund und der Collie. In seiner weiteren Diskussion der Sache schreibt Dr. Marsh:

‚Auf dem Gebiet der Zoologie bietet die Haustaube ein gutes Beispiel für die Abstammung mit Variationen. Die Vielfalt in Aussehen und Temperament, die sich unter den Taubenrassen findet, würde unseren Glauben an ihre gemeinsame Herkunft erschüttern, wüßten wir nicht, daß sie sich alle aus der wilden Felstaube der europäischen Küsten, *Columbia livia*, entwickelt haben. Es ist besonders interessant, die Variationen von der Urform zu sehen, wie die Kropf-, Leghorn Zwerg-, Pfau-, Purzel-, African Owl-, Turbit-, Schwalben-, Carrier-, Nonnen-, Jakobiner- und Brieftaube. Einigen davon würde man sicher unterschiedliche „Arten-“, möglicherweise sogar „Gattungsnamen“ geben, wäre es nicht bekannt, daß sie nur Abarten von gemeinsamer Herkunft sind.‘ “

Wie viele Exemplare von jeder Tierart gingen in die Arche?

„Und von allen Tieren, von allem Fleisch, sollst du je ein Paar in die Arche führen, um sie bei dir am Leben zu erhalten; ein Männchen und ein Weibchen sollen es sein" (1. Mose 6,19).

„Nimm dir von allen reinen Tieren je sieben, Männchen und Weibchen, von den unreinen Tieren aber je ein Paar, ein Männchen und ein Weibchen, auch von den Vögeln des Himmels je sieben, Männchen und Weibchen, damit auf der ganzen Erde Nachwuchs am Leben bleibe" (1. Mose 7,2.3).

„Von den reinen und von den unreinen Tieren, von den Vögeln und von allem, was auf Erden kriecht, ging je ein Paar, ein Männchen und ein Weibchen, zu Noah in die Arche, wie Gott dem Noah geboten hatte" (1. Mose 7,8.9).

Auf den ersten Blick scheinen die Aussagen widersprüchlich zu sein. Zuerst (1. Mose 6,19) wird Noah befohlen, zwei von jeder Art in die Arche zu bringen, dann in 1. Mose 7,2.3 sieben von manchen Tieren und noch später, in 7,8.9, spricht die Schrift davon, daß die Tiere in Paaren hineingingen.

Doch 1. Mose 7,8.9 spricht nicht von der *Anzahl* der Tiere, die hineingingen, sondern von der *Art und Weise*. Sieben von jedem reinen Tier (drei Paare und ein weiteres als Opfertier) gingen paarweise in die Arche, und auch die anderen Tiere kamen so.

Die verbleibende Frage eines möglichen Widerspruchs zwischen 1. Mose 6,19 und 1. Mose 7,2.3 ist leicht zu lösen, wenn man sie im Licht der literarischen Praxis der Alten versteht. Zunächst wurde eine allgemeine Aussage gemacht, und dann folgte eine weitere Aussage zu den Einzelheiten.

Dies ist hier der Fall, wobei 1. Mose 6,19 die allgemeine Aussage darstellt und in 1. Mose 7,2.3 das zusätzliche Detail liefert, daß von den reinen Tieren sieben mitgenommen werden sollten, statt nur zwei, wie von den anderen Tieren. Ein Männchen und ein Weibchen, zwei von jeder Art, gingen hinein, mit zusätzlich fünf von jedem reinen Tier.

Wie passen die Dinosaurier und andere ausgestorbene Tiere in die biblische Geschichte?

Nur sehr wenige der vielen Tierarten werden in der Bibel erwähnt. Das 1. Buch Mose berichtet nur, daß Gott alle Lebewesen des Wassers, der Erde und der Luft erschuf und bezeichnet sie mit sehr allgemeinen Begriffen: Vieh und kriechende Tiere und Wild des Feldes und Vögel.

Nur diejenigen Tiere, die für die menschliche Geschichte von Bedeutung sind, werden in der Bibel besonders erwähnt, wie Rinder, Ochsen, Ziegen, Schafe (wichtig für die Wirtschaft) plus die spezifische Liste von reinen und unreinen Tieren im levitischen Gesetz, usw. Viele Tiere werden in der Bibel nicht besonders erwähnt, darunter auch die Dinosaurier.

Das Fehlen einer Erwähnung besagt wenig mehr, als daß sie nicht auf eine Weise mit der Geschichte des Menschen verbunden sind, die bedeutsam oder notwendig genug wäre, um festgehalten zu werden. Daß Dinosaurier existiert haben, wird durch die fossilen Funde der großen Saurierlager deutlich, die wahrscheinlich durch eine große Katastrophe, wie die Flut, erhalten geblieben sind.

Wären die Sedimente, die sie umgaben, nicht schnell zu Stein gehärtet worden, so wären ihre Körper bald verwest, aber die Überreste, die wir haben, sind vollständige intakte Körper. Eine Katastrophe wie die Flut würde das Vorhandensein solcher Überreste erklären.

Zusätzliche Beweise für ihre Existenz und gleichzeitig die des Menschen, bilden die Pictogramme in Afrika und Nordamerika und fossile Belege der Fußabdrücke von Menschen und Dinosauriern in derselben Formation.

Wie und warum sie ausstarben, können wir nur vermuten. Wie wir wissen, berichtet die Bibel, als Gott die Schöpfung beendete, war alles gut. Als der Sündenfall geschah, traten Tod und Zerstörung ins Universum.

Schließlich war die Verderbtheit so weit verbreitet, daß Gott alles zerstörte, außer Noahs Familie und zweien von jeder Art der Lebewesen, die er zu ihrer Rettung zu Noah auf die Arche kommen ließ.

Es ist möglich, daß Gott einige der Landtiere ausließ, daß er sie nicht zu Noahs Arche gehen ließ, wie die Dinosaurier. Aber die Bibel sagt:

„Zwei von jeder Art sollen zu dir kommen, um sie am Leben zu erhalten“.

Wir können vermuten, daß entweder die Dinosaurier nicht in die Arche kamen, natürlich weil Gott wollte, daß sie damals ausstarben, oder daß sie wegen der klimatischen Bedingungen nach der Flut sich nicht ausreichend fortpflanzen konnten und ausstarben. Wir besitzen einfach nicht genug Daten, um in diesem Punkt über eine Vermutung hinauszugehen.

Glauben Sie wirklich die Geschichte von Jona und dem Wal?

Von all den Geschichten in der Bibel ist der Bericht von Jona und dem Wal diejenige, die die Leute am schwersten zu schlucken finden. Für Skeptiker ist es ein Fest, sich über den Bericht von einem Mann lustig zu machen, der von einem Wal verschluckt wurde und in der Lage war, nach drei Tagen und drei Nächten in solcher Umgebung davon zu berichten.

In dem Versuch, die scheinbaren Unwahrscheinlichkeiten der Geschichte zu vermeiden, behaupten einige, diese Geschichte sei niemals wörtlich gemeint gewesen, sondern als Allegorie zu verstehen. Wie soll man also mit der Geschichte umgehen?

Das Problem damit, Jona als Allegorie zu betrachten, besteht darin, daß die Bibel ihn nirgends so behandelt. Die Geschichte selbst ist als historische Erzählung geschrieben, mit absolut keinem Hinweis darauf, daß sie als Mythe oder Allegorie beabsichtigt wäre.

2. Könige 14,25 spricht von Jona als historischer Figur. Jesus selbst behandelt Jona als historisch, wenn er erzählt, daß Jona ein Prophet war, dessen Predigten das Volk von Ninive dazu brachten, Buße zu tun.

Er verglich die Geschichte sogar mit seinem eigenen Tod und seiner Auferstehung: „Denn wie Jona drei Tage und drei Nächte im Bauch des Fisches war, so wird auch der Menschensohn drei Tage und drei Nächte im Innern der Erde sein. Die Männer von Ninive werden beim Gericht gegen diese Generation auftreten und sie verurteilen; denn sie haben sich nach der Predigt des Jona bekehrt. Hier aber ist einer, der mehr ist als Jona“ (Matth. 12,40.41).

Wenn man die Tatsachen der Geschichte des Jona leugnet, muß man Unwissenheit oder Täuschung auf Seiten Jesu annehmen, der an ihre Authentizität glaubte. Das würde in Wirklichkeit seinen Anspruch, Gott zu sein, zerstören.

Nachdem wir festgestellt haben, daß Jonas Geschichte historisch gemeint war, können wir uns nun mit den Problemen befassen, daß er von einem Wal verschluckt wird und drei Tage und drei Nächte in dem Fisch überlebt haben soll.

Die erste zu behandelnde Tatsache ist, daß die hebräischen und griechischen Wörter, die mit ‚Wal' übersetzt wurde, eigentlich ‚großer Fisch' bedeuten. Es gibt bestimmte Arten von Walen und Haien, die vollkommen in der Lage sind, einen ganzen Mann zu verschlucken, einschließlich des Walhais, des Weißen Hais und des Pottwals. Von diesen gigantischen Säugetieren ist bekannt, daß sie ganze Tiere geschluckt haben, die größer waren als Menschen. Es könnte ein Wal gewesen sein, der Jona verschuckte, aber die Bibel hat über die Spezies keine Einzelheiten angegeben.

Das zweite Problem betrifft Jonas Aufenthalt in dem ‚großen Fisch'. Es ist bekannt, daß ein Mann namens James Bartley einen und einen halben Tag im Bauch eines Wals überlebte, bevor er gerettet wurde. Die Anatomie dieser Säugetiere bietet ausreichend Sauerstoff, um ein Überleben zu ermöglichen.

Es gibt auch die Möglichkeit, daß Jona im Bauch des Fisches starb und daß Gott ihn nach drei Tagen zum Leben zurückbrachte. Das wäre mit den Lehren der Schrift nicht unvereinbar, da von mindestens acht weiteren Auferstehungen berichtet wird. Doch das wird in der Erzählung nicht angedeutet, und Jona könnte überlebt haben.

Woher bekam Kain seine Frau?

Eine der von Christen wie von Nichtchristen am häufigsten gestellten Fragen ist die, woher Kains Frau kam. Diese Frage schließt eine größere ein: Welche Bevölkerung existierte zu der Zeit, als Kain seine Stadt baute, und was ist mit Inzest?

Nach dem 1. Buch Mose ermordete Kain an irgendeinem Punkt seines Lebens seinen jüngeren Bruder Abel (1. Mose 4,8). Als Strafe für dieses Verbrechen verbannte Gott Kain aus seiner Heimat und aus der Gegenwart des Herrn.

Die Bibel berichtet auch von Kains Furcht, andere könnten Abel rächen, indem sie ihn töteten (1. Mose 4,14), daß Kain irgendwann eine Frau bekam (1. Mose 4,17) und daß er eine Stadt baute (1. Mose 4,17).

Eine Theorie, die aufgestellt worden ist, um das Vorhandensein einer ausreichend großen Anzahl von Menschen zu erklären, steht in unmittelbarem Widerspruch zur Schrift und postuliert eine ‚präadamitische' Rasse, die in der Nachbarschaft des Gartens Eden lebte und aus der Kain eine Frau nehmen konnte.

Das ist jedoch keine haltbare Lösung, da die Schrift eindeutig lehrt, daß Adam der erste Mann war (1. Kor. 15,45) und seine Frau, Eva, ‚die Mutter aller Lebenden' (1. Mose 3,20).

1. Mose 5,4 sagt uns, daß Adam Söhne und Töchter hatte. Zuerst mußten die Söhne und Töchter von Adam und Eva einander heiraten, um die Erde zu bevölkern. Kain heiratete wahrscheinlich seine Schwester oder Nichte oder Großnichte.

Setzt man die Genauigkeit des Berichts im 1. Buch Mose voraus und betrachtet die Länge der genannten Lebensdauer (rund 900 Jahre im Durchschnitt), so konnte sich sehr schnell eine beträchtliche Bevölkerung entwickelt haben. Nach konservativen Vermutungen über die Familiengröße und das Durchschnittsalter, könnten zur Zeit von Kains Tod mehrere Millionen Menschen gelebt haben.

Außerdem sagt die Schrift nirgends, zu welchen Zeitpunkten in seinem Leben Kain seinen Bruder ermordete, seine Frau heiratete oder seine Stadt baute. Bevor diese Ereignisse stattfanden, mögen sogar mehrere hundert Jahre vergangen sein, so daß eine ansehnliche Bevölkerung vorhanden war, um eine Stadt zu errichten.

All dies wirft die zusätzliche Frage nach dem Inzest auf. Wenn nach dem mosaischen Gesetz Inzest durch die Schrift verboten wird, wie sollen wir dann all diese Heiraten unter Geschwistern erklären? Da Adam und Eva unmittelbar von Gott und vollkommen erschaffen wurden, kann angenommen werden, daß ihre Gene vollkommen waren.

Als durch den Sündenfall die Sünde in die Welt kam und Tod, Krankheit und Zerstörung mit sich brachte, wurde der Genpool nach und nach verdorben. Zuerst entstand durch die Heirat zwischen Brüdern und Schwestern kein Schaden, und wäre die Sünde nicht in die Welt gekommen, wäre wahrscheinlich niemals ein Schaden entstanden.

Als jedoch die Generationen vergingen, forderten Krankheit, Umgebung und Sünde ihren Zoll vom Genpool, was mutierte und unvollkommene Gene verursachte. Inzest war zu Moses Lebzeiten von einem biologischen Standpunkt aus verboten, weil er nun gefährlich war und mißgestalteten, schwachsinnigen oder auf andere Weise unvollkommenen Nachwuchs hervorrief.

Außerdem gibt es zusätzlich zu dem biologischen Problem, das durch Inzest entsteht, auch ein ethisches. Gott verbot den Inzest aus moralischen Gründen, und das ist kritischer als der biologische Aspekt (3. Mose 20,11ff.).

Inzest spaltet die soziale und moralische Struktur der Familie. Die Familie ist die einzige gottgewollte Institution der Welt neben der Kirche. Es ist schwer zu vermuten, was bei der ursprünglichen Entstehung der Familie zur Zeit Kains mit den Wechselheiraten geschah. So können wir nicht sicher sein, in welchem Ausmaß Inzest vorkam. Ein Ding ist sicher: Nachdem die gottgewollte Familienstruktur stabilisiert war, war Inzest Sünde.

Läßt die Bibel Raum für die Theorie von der Evolution?

Dies ist eine der meistgestellten Fragen und sie tritt in unterschiedlichen Formen auf, wie: „Kann man ein Christ sein und an die Evolution glauben?“ oder „Hat die Wissenschaft nicht die Evolutionstheorie bewiesen und widerspricht so dem Schöpfungsbericht im 1. Buch Mose?“

Um dies zu beantworten, müssen wir deutlich machen, was wir mit dem Begriff Evolution meinen. Wenn er einfach als ‚Veränderung‘ definiert wird — als die Entwicklung vom Kind zum Erwachsenen oder eine Veränderung innerhalb einer Art, wie Hund oder Katze — dann würde dies kein Problem darstellen. Diese Evolution oder Entwicklung innerhalb bestimmter Arten, stimmt vollkommen mit der Heiligen Schrift überein.

Das Problem besteht darin, daß die vorherrschende Evolutionstheorie weit darüber hinausgeht. Die Theorie behauptet grundlegend, daß komplexe Elemente sich aus einfacheren Elementen entwickelt haben und lebende Organismen durch zufällige Verbindungen aus leblosen Chemikalien entstanden sind.

Die Evolutionstheorie ist weniger eine wissenschaftliche Theorie als vielmehr eine Philosophie über den Ursprung des Lebens und die Bedeutung des Menschen.

Die Evolutionstheorie steht im Widerspruch zum biblischen Schöpfungsbericht. Die Erzählung im 1. Buch Mose berichtet zehnmal, wie Gott Pflanzen und Tiere nach ihrer Art schuf, ohne Kreuzung der Arten. Der Mann war vollkommen Mann bei seiner Erschaffung, ebenso wie die Frau, ohne lange Entwicklungsperiode.

Die Vorstellung von der natürlichen Auslese oder dem Überleben des Stärksten, widerspricht der biblischen Lehre, daß alle Dinge gut geschaffen wurden (1. Mose 1,31). Die Schrift lehrt, daß ursprünglich alles vollkommen erschaffen wurde und daß Tod und Verfall eintraten, als die Sünde in die Welt kam. Dies steht dem Evolutionskonzept entgegen, daß alles besser wird.

Die Evolution widerspricht nicht nur der Bibel, sondern auch einigen grundlegenden Gesetzen der Wissenschaft. Zum Beispiel besagt das zweite Gesetz der Thermodynamik, daß alles, was man sich selbst überläßt, dazu neigt, weniger geordnet zu werden und nicht mehr geordnet oder ‚komplex'.

Diese Regel stellt eine Beobachtung des Offensichtlichen dar: Dinge werden alt, verfallen und sterben oder verwesen schließlich. Sie verlieren ihre Struktur. Die Evolutionstheorie besagt, daß Dinge ihre Komplexität und Struktur entwickeln. Das ist nicht der Fall.

Die Evolution besagt auch, daß Veränderungen und Mutationen vorteilhaft seien, während die Natur zeigt, daß fast alle Variationen schädlich sind. Die Theorie widerspricht den zu beobachtenden Phänomenen.

Weder die Evolutionstheorie, noch die Theorie der Schöpfung können wissenschaftlich bewiesen werden; das heißt, sie können nicht im Laboratorium wiederholt werden. Die Schöpfung hat sich einmal in der Vergangenheit ereignet, und die Evolution ist zu langsam, um sie zu beobachten.

Beide Theorien setzen Glauben voraus, und auf der Basis der Beweise muß man die eine oder die andere wählen. Der Christ sollte sich nicht schwertun damit, den Schöpfungsbericht des 1. Buches Mose zu glauben, da er nicht nur besser mit den zu beobachtenden Tatsachen übereinstimmt, sondern auch mit der Sicht des Gottmenschen Jesus Christus (Matth. 19,1-6).

Bestanden die Tage im 1. Buch Mose 1 aus vierundzwanzig Stunden oder und einem langen Zeitraum?

Ob die sechs Tage im 1. Buch Mose Sonnentage waren, wie wir sie kennen, oder längere Zeiträume, das ist eine Debatte mit langer Geschichte.

Viele Wissenschaftler verweisen auf Fossilien und geologische Daten als Beweis dafür, daß die Erde Millionen Jahre alt ist, so ist eine der Ansichten die Zeitalter-Tag-Theorie, die versucht, den Bericht des 1. Buches Mose mit gängiger wissenschaftlicher Theorie zu harmonisieren, indem sie annimmt, daß die sechs Tage eher lange Zeitalter waren und keine buchstäblichen vierundzwanzig Stunden.

Die Argumente, die verwendet werden, um die Vorstellung zu stützen, daß die Tage vielleicht aus Millionen von Jahren bestanden, basieren auf den fossilen und geologischen Beweisen, die von den Evolutionswissenschaftlern als genau angenommen werden und auf der Interpretation des 1. Buches Mose selbst.

Die Anhänger dieser Betrachtungsweise, die bis in die Anfänge der christlichen Ära zurückreichen, weisen darauf hin, daß unmöglich ein Vierundzwanzig-Stunden-Tag gemeint sein könnte, da von der Erschaffung der Sonne erst am vierten Tag berichtet wird und so in den ersten drei Tagen noch keine Sonnentage existieren konnten.

Diese Richtung behauptet auch, da Gott immer noch von der Schöpfung ausruhe, sei der siebte Tag kein Sonnentag, was bedeute, daß die anderen es auch nicht sein können. Außerdem wird das hebräische Wort für Tag, ‚jom', an anderen Stellen der Bibel verwendet, um längere Zeiträume als vierundzwanzig Stunden zu bezeichnen, wie in Psalm 90,4 und 2. Petr. 3,8 und auch in Sacharja 12-14.

Die Gegner der Zeitalter-Tag-Theorie weisen darauf hin, daß nicht der Bericht des 1. Buches Mose mit der Wissenschaft harmonisiert werden müsse, sondern die Wissenschaft mit der Schrift. Die geologischen und fossilen Belege beweisen nicht endgültig ein Erdalter von Millionen Jahren und können zum großen Teil durch die Theorie der scheinbaren Zeitalter erklärt werden.

Diese Theorie besagt, Gott habe alles in voller Reife erschaffen, mit dem Anschein, daß es die normalen Entwicklungsstadien durchlaufen habe. Beispiele dafür wären Adam und Eva, als Erwachsene geschaffen und der Wein, den Jesus in Kana schuf, innerhalb eines Augenblicks voll fermentiert.

Das würde das scheinbare Millionenalter der Erde erklären, während sie in Wirklichkeit erst vor kurzer Zeit (vor sechs- bis zwanzigtausend Jahren) erschaffen wurde. Manche der fossilen Beweise und geologischen Daten können auch durch eine weltweite Flut erklärt werden, die Schichten und Fossilien ablagerte.

Hinsichtlich der Bedeutung von ‚jom' weisen die Gegner der Zeitalter-Tag-Theorie darauf hin, daß ‚jom', wenn es zusammen mit einer bestimmten Zahl verwendet wird, in diesem Fall sechs Tage, immer einen Vierundzwanzig-Stunden-Tag meint. Beispiele dafür wären die vierzig Tage, die Mose auf dem Berg Sinai verbrachte und die drei Tage, die Jona in dem großen Fisch war.

Ein zusätzlicher Beweis ist, daß das 2. Buch Mose 20,11 die sechs Tage behandelt. Mehr als siebenhundertmal wird im Alten Testament der Plural von ‚jom' verwendet, und immer sind 24-Stunden-Tage gemeint. Die Beweislast liegt bei denen, die behaupten, das Wort ‚jom' könne nicht in seinem einfachen und natürlichen Sinne verstanden werden.

Zu dem Argument, die ersten drei Tage könnten keine Sonnentage gewesen sein: Gott könnte die Dinge veranlaßt haben, so zu funktionieren, wie er es für die späteren Sonnentage geplant hatte, in Vorbereitung auf die Erschaffung der Sonne am vierten Tag.

Der Bericht des 1. Buches Mose sagt eindeutig: „es ward Abend und ward Morgen: ein erster Tag". Selbst ohne die Sonne gab es einen Vorgang wie den Sonnentag, der kurz darauf folgen sollte.

Wenn es auch wahr ist, daß Gott noch immer von der Schöpfung ruht, so spricht die Schrift doch von dem ruhenden Gott in der Vergangenheit, nicht in der Gegenwart. Der siebte Tag dauert nicht an, sondern war eine bestimmte Zeit in der Vergangenheit, als er „aufhörte zu erschaffen".

Viele Gegner der Zeitalter-Tag-Theorie vertreten die Theorie des Vierundzwanzig-Stunden-Tages und der jungen Schöpfung, zusammen mit einer weltweiten Flut und der Theorie der scheinbaren Zeitalter, um die fossilen und biologischen Belege zu erklären. Wie diese Widerlegung der Zeitalter-Tag-Theorie und andere Beweise zeigen, gibt es keinen überzeugenden Grund dafür, die Auffassung vom Sonnentag und der jungen Schöpfung aufzugeben.

Aber enthält die Bibel nicht Aussagen, die im Widerspruch zur Wissenschaft stehen?

Nichtgläubige behaupten oft, die Wissenschaft habe gezeigt, daß die Bibel überholt sei. Moderne Entdeckungen haben, so argumentiert man, das biblische Weltbild lächerlich gemacht. Diese Behauptung geht von mehreren falschen Voraussetzungen aus und ignoriert die Perspektive der Bibel.

Die Bibel ist kein wissenschaftliches Lehrbuch. Ihr Ziel ist es nicht, in technischen Ausdrücken techniche Daten der natürlichen Welt zu erklären, sondern Gottes Plan und seine Beziehung zum Menschen zu erklären, geistliche Dinge zu behandeln. Es ist eindeutig kein technisches Lehrbuch für Naturwissenschaftler.

Die Beschreibungen, die die Bibel von der Natur gibt, sind weder wissenschaftlich, noch unwissenschaftlich, sondern in Worten ausgedrückt, die oft untechnisch und allgemein gehalten sind, so daß auch der einfachste Leser dem Gedanken folgen kann. Das besagt aber nicht, daß die Aussagen unkorrekt sind; es bedeutet, daß sie vom Standpunkt und in der Sprache eines untechnischen Beobachters für alle Leser geschrieben wurden.

Obwohl die Bibel zu einer Zeit geschrieben wurde, als viele phantasievolle Vorstellungen von der Welt vorherrschten, zeigt sie sich einzigartig in ihrer Sicht von Schöpfung, Natur und Gott. Der große polytheistische Schöpfungsbericht der Babylonier steht in krassem Gegensatz zu dem erhabenen Bericht, der sich im 1. Buch Mose findet (vgl. die Ähnlichkeiten und doch auffallenden Unterschiede, die die Überlegenheit der biblischen Erzählung beweisen, in *Archaeology and the Old Testament*, Merrill F. Unger, Grand Rapids, Zondervan, 1954, S.26-38).

Der vorherrschende Glaube der Völker des Altertums war polytheistisch, ein Glaube, der dem Monotheismus der Bibel, dem einzigen Monotheismus der alten Zeit, diametral entgegensteht. Die Bibel kann nicht angemessen erklärt werden, einfach als Produkt ihrer eigenen Umgebung.

Die Aussagen der Bibel, die wissenschaftliche Gegenstände betreffen, stehen auf einem anderen Niveau, als die übrige Literatur ihrer Zeit.

Die Schrift hegt keine phantasievollen Vorstellungen von der Wissenschaft und der natürlichen Welt, während selbst die gelehrten griechischen Philosophen lächerliche Anschauungen von Licht, Schöpfung und Astronomie hatten.

Die Veden, die heiligen Schriften der Inder, lehren, daß „der Mond ungefähr 150000 Meilen höher ist als die Sonne und daß er mit seinem eigenen Licht scheint, daß die Erde flach und dreieckig ist und daß Erdbeben durch Elefanten verursacht werden, die sich unter ihr schütteln!"

Es war Ptolemäus, der vorschlug, die Erde sei flach. Wir lesen Aussagen wie diese und lachen, aber in der Bibel gibt es keine Aussagen, die ähnlich absurd sind.

Wissenschaft und Schrift schließen einander nicht aus. Sie betrachten die Welt einfach von verschiedenen Blickpunkten aus, aber sie stehen letztlich nicht im Widerspruch.

Es ergibt einen Sinn zu glauben, daß, wenn derselbe Gott die natürliche Ordnung schuf und auch mit den Menschen durch die Bibel in Verbindung trat, daß er, soweit es ihm möglich ist, dafür sorgen wird, daß diese beiden Zeugnisse seiner selbst seine Sache *erhöhen* und sich nicht *verwirren* und *in Mißkredit bringen*.

Eine interessante Feststellung ist, daß der eigentliche Beginn der modernen Wissenschaft auf der Wahrheit der Schrift beruht. Die Tatsache, daß es einen Gott gibt, der ein geordnetes Universum schuf und entwarf, veranlaßte Männer wie Newton, nach bestimmten wissenschaftlichen Gesetzen zu suchen, um diese Ordnung zu erklären. So muß die Wissenschaft, statt die Grundlagen der biblischen Autorität anzugreifen, ihre Wurzeln dort suchen.

Wie denken Sie über die verschiedenen Alternativen zum Christentum, wie Agnostizismus, Atheismus und Humanismus?

Viele Menschen, die den christlichen Anspruch ablehnen, haben andere Lebensanschauungen angenommen. Die meisten behaupten, daß es keinen Gott gibt, wie die Bibel lehrt, und wenn es einen gibt, dann ist er unerkennbar. Die Behauptungen dieser Alternativen werden keiner Untersuchung standhalten.

Ein Agnostiker ist gewöhnlich jemand, der nicht weiß, ob Gott existiert. Der Agnostiker ist sich über Gott noch nicht klar geworden. Er ist ein Zweifler. Manche Agnostiker sind in ihrer Suche nach Gott aggressiver als andere, und diesen zollen wir Beifall.

Die Bibel verspricht, wenn jemand wünsche, die Wahrheit über Gott zu wissen, so werde er sie erfahren. „Wer bereit ist, den Willen Gottes zu tun, wird erkennen, ob diese Lehre von Gott stammt oder ob ich in meinem eigenen Namen spreche" (Joh. 7,17).

Unglücklicherweise unternehmen die meisten Agnostiker keine wirkliche Anstrengung, um zu erfahren, ob es einen Gott gibt. Sie betrachten die Frage nicht als so wichtig. Aber sie ist wichtig. Die bloße Tatsache, daß ein Agnostiker nicht sicher sein kann, ob es einen Gott gibt, macht logisch, daß er die Ansprüche des Christentums in Betracht ziehen sollte. Daher ist Agnostizismus kein Grund, das Christentum abzulehnen; vielmehr ist er ein Grund, das Christentum zu prüfen.

Die Atheisten behaupten, es gebe keinen Gott. Doch sie können diesen Standpunkt nicht dogmatisch vertreten. Um in der Lage zu sein, eine derartige Behauptung mit Autorität aufzustellen, müßten wir das Universum in seiner Gesamtheit kennen und alles Wissen besitzen. Wenn irgend jemand diese Kenntnisse besäße, wäre er, nach der Definition, Gott.

Wir sehen also, wenn ein Atheist nicht allwissend ist, kann er keine dogmatische Aussage über die Existenz Gottes machen. Er kann daher nur sagen, daß er unsicher ist, ob es einen Gott gibt, und das ist Agnostizismus. Diesen haben wir schon oben untersucht und für mangelhaft befunden. Die Behauptung des Atheisten, Gott existiere nicht, hält einer Prüfung nicht stand.

Der Humanist glaubt, daß der Mensch in der Lage ist, seine eigenen Probleme selbst zu lösen. Dieser Glaube an den ‚Menschen als Maß aller Dinge' bietet keine konkrete Lösung für die, die nach einem Ausweg suchen. In unserer heutigen Welt ist der Humanismus sehr populär.

Der Humanismus versagt auf zwei Ebenen. Erstens kann der Mensch, der selbständig, ohne Gott, handelt, keine wahren Maßstäbe für Gerechtigkeit und Werte in der Welt aufstellen. Wenn ein Mann entscheidet, seine eigene menschliche Sicht der Werte sei die richtige und ein anderer Mann entscheidet, seine Sicht sei richtig, wer wird dann zwischen den beiden entscheiden?

Wer sollte im Zweiten Weltkrieg zwischen den Nazis und den Juden entscheiden? Beide besaßen ihr Wertsystem, aber wer war im Recht? Die Mehrheit? Die Nettesten? Die Gemeinsten?

Ohne einen höheren Standard der Autorität, der Gott ist, basiert alles Leben auf den Werten der Mehrheit oder eines Diktators, der an der Macht ist. Sie haben keine sichere Wahrheit, nach der sie sich richten können; alles ist eine Sache der Meinung.

Zweitens glaubt der Humanismus, der Mensch werde ‚jeden Tag in jeder Weise besser und besser'. Doch mit zwei Weltkriegen in diesem Jahrhundert und der Welt am Rande des nuklearen Holocaust ist der Tod des optimistischen Humanismus eine ausgemachte Sache.

So bietet der Humanismus nicht Hoffnung, sondern Verzweiflung. Der Humanismus löst keine Probleme, er schafft sie. Wenn man den Humanismus ehrlich untersucht, führt er den Menschen dazu, nicht auf den Menschen, sondern über ihn hinaus zu blicken, um die Antworten zu finden.

Wenn man diese alternativen Ansichten gründlich prüft, stellt man fest, daß sie das Christentum nicht untergraben, sondern es bestärken. Der Grund dafür ist, daß philosophische Systeme und andere Religionen in ihrer Suche nach der Wahrheit und dem Sinn des Lebens scheitern. Ohne die Bibel als solide Grundlage gibt es keine Möglichkeit festzustellen, ob wir die Wahrheit haben oder nicht. Sie allein bietet dem Menschen Wahrheit und Hoffnung.

Lehren nicht alle Religionen im Grunde dasselbe?

Viele Leute fragen sich, warum wir soviel Aufhebens um Jesus Christus und das Christentum machen, da sie glauben, alle Religionen seien im Grunde gleich. Sie nehmen an, daß alle Glaubensbekenntnisse von derselben Sache sprechen und sie nur auf unterschiedliche Weise ausdrücken.

Ein Mann gab einmal folgende Erläuterung. Er sagte: „Stellen Sie sich vor, Sie nehmen zehn Männer und verbinden ihre Augen, dann führen Sie sie zu einem Elefanten. Nun lassen Sie jeden von ihnen einen anderen Teil des Elefanten berühren — Schwanz, Rüssel, usw. — ohne ihnen zu sagen, was sie berühren.

Dann führen Sie die Männer zurück, nehmen ihre Augenbinde ab und lassen sie beschreiben, was sie berührt haben.“ Der Mann fragte dann: „Würden ihre Beschreibungen übereinstimmen?“ Die Antwort lautet natürlich nein.

Der Mann sagte dann: „Obwohl diese zehn Männer dasselbe Ding berührten, stimmten sie nicht überein, weil jeder einen anderen Teil berührte oder, wenn Sie so wollen, es aus einem anderen Winkel erfuhr.“ Er kam zu dem Schluß: „Ist es auf dem Gebiet der Religion nicht genauso?

Erfahren nicht all die verschiedenen religiösen Gruppen — Christen, Moslems, Mormonen, Buddhisten, usw. — denselben Gott, erklären ihn aber auf unterschiedliche Weise? Können sie also nicht alle wahr sein, nur daß der Schwerpunkt jeweils anders liegt?“

Das Problem mit diesem Beispiel liegt darin, den Elefanten mit Gott zu identifizieren. Sie setzen voraus, daß all diese Leute denselben Gott erfahren, während dies tatsächlich aber nicht wahr ist. Das Christentum und der Islam können nicht gleichzeitig wahr sein, noch Mormonismus und Buddhismus.

Alle Religionen können nicht gleichzeitig wahr sein, da sie viele Dinge lehren, die einander vollkommen entgegengesetzt sind. Sie mögen alle falsch sein, aber sicher können nicht alle richtig sein, denn die Ansprüche der einen schließen die andere aus.

Was die Erlösung und die Person Jesu Christi betrifft, so erkennt nur das historische Christentum ihn als den ewigen Gott, der Mensch wurde und für die Sünden der Welt starb und am dritten Tag wieder auferstand. Erlösung ist nur durch das Vertrauen in diesen Jesus zu erlangen.

Der Jesus des Islam war nicht der Sohn Gottes, der für die Sünden der Welt starb; noch ist der Jesus des Mormonismus oder der Christlichen Wissenschaft derselbe Jesus, den die Bibel offenbart.

Erlösung geschieht in diesen Religionen nicht durch Gnade oder durch den Glauben, sondern sie ist eine Frage der Taten. So wird deutlich, daß wir es mit unterschiedlichen religiösen Vorstellungen zu tun haben, die nicht miteinander vereinbar sind.

Selbst wenn manche Religionen oberflächlich gesehen gleich zu sein scheinen, je näher man den zentralen Lehren kommt, um so deutlicher werden die Unterschiede. Es ist vollkommen falsch zu sagen, alle Religionen seien gleich.

Der Gott der Christen ist nicht der Gott der Mormonen, Moslems oder der Christlichen Wissenschaft. Wenn der Gott der Bibel der einzig wahre Gott ist, dann existieren die anderen Götter nicht und sollten nicht verehrt werden.

Worin bestehen die Unterschiede zwischen dem Christentum und den östlichen Religionen?

Wir leben in einer Zeit wachsender Technologie und Kommunikation, und mit Hilfe von Medien wie dem Fernsehen werden wir zu Zeugen von Ereignissen rund um die Welt. Das hat zu einer größeren Vertrautheit mit den Gedanken und religiösen Vorstellungen anderer Völker geführt.

Der Osten ist dem Westen begegnet, und wir sehen, daß es große Unterschiede zwischen dem Christentum und den Religionen des Ostens gibt.

Der Gott des östlichen Denkens ist unpersönlich, während der Gott der Bibel persönlich ist. In manchen östlichen Religionen ist Gott alles, und alles ist Gott, während die Bibel lehrt, daß Gott unabhängig von seiner Schöpfung ist.

Eines der grundlegenden Konzepte des östlichen Denkens ist das Konzept der kosmischen Illusion (*Maya* im Sanskrit); die materielle Welt ist eine Illusion und Sünde ist nichts als das Unwissen über die Tatsache der Illusion.

Die Schrift lehrt, daß die Welt objektive Realität besitzt, und die Sünde ist nicht etwa bloße Unwissenheit über die Illusion von der Welt, sondern vielmehr vorsätzliche Rebellion gegen den sehr realen, unendlichen Gott.

Das Gesetz des Karma ist ein komplizierter Glaube, der in vielen der östlichen Religionen vorkommt. Gutes Karma oder gute Taten sind der Weg, auf dem eine Person aus dem Zyklus der Wiedergeburt befreit wird, während schlechtes Karma dazu führt, daß jemand in einer niedrigeren als der vorherigen Form wiedergeboren wird. Die Erlösung beruht hier auf Taten.

Die Schrift lehrt, daß menschliche Taten in der Frage der ewigen Erlösung nicht berücksichtigt werden. „...hat er uns gerettet — nicht weil wir Werke vollbracht hätten, die uns gerecht machen können, sondern aufgrund seines Erbarmens" (Tit. 3,5). Taten haben einen sehr wichtigen Platz, aber sie geschehen in einem Leben, das schon die Erlösung Gottes empfangen hat und sollen ein dankbarer und schöner Ausdruck dafür sein, daß die Erlösung für diese Person wirklich ist (Eph. 2,10).

Was die Vorstellung von der Seelenwanderung betrifft oder der ständigen Wiedergeburt, bis man das Nirvana oder ewige Glückseligkeit erreicht, so lehrt die Bibel kein solches Evangelium der zweiten Chance. Die Lehre der Schrift besagt, daß jeder Mensch einmalig ist, nicht Teil von allem, und wenn diese einmalige Person stirbt, muß sie sich vor Gott im Gericht verantworten (Hebr. 9,27).

Die christliche Weltanschauung ist vollkommen verschieden von der der östlichen Religionen. Die Geschichte besitzt für den östlichen Geist weder Ziel noch Sinn; sie ist ein endloser Kampf. Die Bibel zeigt einen übernatürlichen Gott, der auf das Ziel hinarbeitet, sein ewiges Königreich zu errichten.

Ein weiterer Weg, der dazu gedient hat, das östliche Denken der westlichen Welt nahezubringen, ist die Drogenkultur. Zusammen mit dem Auftreten der Drogen an den Universitäten der sechziger Jahre kamen die östlichen Religionen, die sich hervorragend für diejenigen eigneten, die einen Ausweg suchten. Dieses gesteigerte Interesse innerhalb der akademischen Gemeinschaft, brachte eine neue Literatur mit östlichen Gedankenformen, die dann begannen, unsere Kultur zu durchdringen. Autoren wie Hesse, Castaneda und Pirsig (*Zen und die Kunst, ein Motorrad zu warten*) wurden populär. Selbst Gruppen wie die Transzendentale Meditation (T.M.) gewannen Ansehen und kamen überall auf.

Es gibt noch viele weitere Unterschiede zwischen dem religiösen Denken des Ostens und dem Christentum; es gibt nur wenige Gemeinsamkeiten, selbst oberflächlicher Natur. Die obengenannten Unterschiede sind ausreichend, um das Fehlen jeglicher Religionen in Fragen wichtiger, fundamentaler Glaubenslehren aufzuzeigen.

Welches sind die Ursprünge des Islam?

Annähernd 500 Millionen Menschen, ungefähr ein Siebtel der Weltbevölkerung, sind Moslems. Der Gründer der Religion war Mohammed, nach den Moslems der größte aller Propheten.

Mohammed wurde im Jahre 570 n.Chr. in Mekka geboren. Seine frühen Jahre waren relativ ereignislos als Manager von Kamelkarawanen und Verwalter des Besitzes seiner Frau. Doch eines Abends soll er in einer Höhle auf dem Berg Hira, wohin er oft ging, um zu beten, eine laute Stimme gehört haben, die ihm befahl, zu ‚lesen'.

Als er protestierte, er könne nicht lesen, hörte er die Stimme wieder befehlen. Dann wurde ihm eine Rolle gezeigt, auf der Worte mit Feuer eingebrannt waren. Obwohl er niemals zuvor ein Wort gelesen hatte, konnte Mohammed wunderbarerweise die Rolle lesen.

Er verließ die Höhle in der Furcht, verrückt geworden zu sein, aber er hörte die Stimme wieder. Als er aufblickte, sah Mohammed den Engel Gabriel in menschlicher Gestalt, der zu ihm sagte: „Oh Mohammed! Du bist der Gesandte Gottes, und ich bin Gabriel."

Das überzeugte ihn noch nicht, wie man erzählt. Später erhielt er einen weiteren Ruf, dem er folgte. Seine Mission als Apostel Gottes bestand darin, seinem götzenanbetenden Volk einen reinen Monotheismus zu predigen.

Am Anfang traf seine Botschaft auf großen Widerstand unter seinen eigenen Leuten, der auch Verfolgung und Exil einschloß. Er behauptete, weitere Offenbarungen Allahs zu erhalten, die ihn als Nachfolger der Propheten, einschließlich Noah, Abraham, Mose und Jesus, verkündeten. Mohammed betrachtete sich schließlich selbst als den letzten Gesandten, den Allah der Welt senden würde, was ihn zu dem höchsten Propheten machte.

Im Jahre 622 n.Chr. verließ eine Gruppe von 150 Moslems heimlich Mekka und ging in die Stadt Jathrib. Mohammed reist später im selben Jahr, am 20.September, nach Jathrib, das Datum, mit dem der moslemische Kalender beginnt. Die Stadt wurde später zur Erinnerung an Mohammeds achtjährigen Aufenthalt dort in Medina umbenannt.

Im Alter von sechzig Jahren marschierte Mohammed mit seiner Armee gegen Mekka, in dem Versuch, dieses als die Heilige Stadt des

Islam zu beanspruchen, und er eroberte es schließlich gegen eine überwältigende Übermacht. Zwei Jahre später starb der Prophet Allahs.

Das Muster für die Nachfolger Mohammeds war festgelegt. Die Feinde Allahs mußten besiegt werden. Der Islam verbreitete sich schnell über die Grenzen Albaniens hinaus und nahm Jerusalem im Jahre 636 ein.

Bis zum Jahr 715 erstreckte sich das Reich von der chinesischen Grenze westwärts bis zum Atlantischen Ozean. So begann der Islam seine Suche, den Prinzipien Allahs zu folgen, und ist später zu einer der großen Weltreligionen geworden.

Was sind die Glaubenssätze des Islam?

Wie die Juden an das Alte Testament glauben und die Christen an das Alte und das Neue Testament, so glauben die Moslems an den Koran als das Wort Gottes. Dieses Buch, das die angeblichen Offenbarungen an Mohammed enthält, ist in 114 Kapitel oder Suren unterteilt. Seine Anhänger schrieben den Koran kurz nach Mohammeds Tod.

Für die Moslems ist der Koran das letzte Wort Gottes an die Welt. Er behauptet, das Alte und das Neue Testament seien in gleicher Weise göttlich inspiriert, seien aber von Christen und Juden verändert worden. Wo immer sie dem Koran widersprechen, hat die Bibel unrecht und der Koran recht; der Koran besitzt die letzte Autorität (Sure 33,40).

Die grundlegende Lehre des Islam, genannt das islamische Glaubensbekenntnis, besteht aus fünf Glaubenssätzen, die sich im gesamten Koran befinden. Der wichtigste Glaubenssatz lautet: „Es gibt keinen Gott außer Allah." Er wird vom frommen Moslem täglich gesprochen. Die Einheit Gottes ist eine grundlegende Lehre des moslemischen Glaubens.

Ein anderer geschätzter Glaubenssatz der Moslems ist der Glaube an Engel als Boten Allahs. Diese Vorstellung des Islam unterscheidet sich wenig von der biblischen Sicht.

Die Moslems glauben auch, daß Allah sich durch die Schrift offenbart hat, einschließlich des Alten Testaments, der Evangelien (obwohl man sie nicht für genau hält), des Koran und der Traditionen, die nicht im Koran enthalten sind, genannt Hadith. Von den genannten Quellen vertrauen die Moslems nur dem Koran völlig.

Der Islam besitzt auch einen starken Glauben an die Propheten, von denen Mohammed der größte ist, weil er der ganzen Welt gesandt wurde. Jesus wird als ein Prophet betrachtet, der nur zu den Juden gesandt worden ist.

Der Islam legt eine große Betonung auf den Tag des Gerichts. Alle Menschen werden dann nach ihren Werken beurteilt. Die Moslems werden ins Paradies kommen (obwohl manche erst von ihren Sünden gereinigt werden müssen); Nichtmoslems werden für immer in ein Feuerloch verdammt.

Neben den fünf grundlegenden Glaubenssätzen haben die Moslems fünf Säulen oder Gebote, die als Teil ihres Glaubens folgen. Es sind:

1. Das Glaubensbekenntnis oder die Glaubensaussage: „Es gibt keinen Gott außer Allah, und Mohammed ist der Prophet Allahs".

2. Die rituellen Gebete, die fünfmal täglich nach Mekka gerichtet gesprochen werden.

3. Das Geben von Almosen, wobei 1/40 des Einkommens den Bedürftigen gegeben wird.

4. Die Einhaltung des Ramadan während der Tagesstunden.

5. Die Wallfahrt nach Mekka, die von allen Moslems wenigstens einmal im Leben verlangt wird.

Es gibt eine inoffizielle sechste Säule, die als Heiliger Krieg bekannt ist. Dieser wurde zur Ausbreitung des Islam geführt.

Schließlich betrachten die Moslems Gott als eine absolute Gottheit, deren Wille Gesetz ist. Gott ist im persönlichen Sinne unkennbar; so ist das Ziel des Islam, Allah zu gehorchen, nicht ihn zu erkennen.

Ist der Islam mit dem Christentum vereinbar?

Wie bei allen Weltreligionen, gibt es gewaltige Unterschiede zwischen dem biblischen Christentum und dem Islam. Eine genaue Untersuchung der beiden Bekenntnisse wird ihre Glaubenssätze als unvereinbar erweisen.

Mohammed behauptete, die Offenbarungen, die Gott ihm gegeben habe, seien unfehlbar und machten daher den Koran zum Maßstab, an dem die anderen Schriften zu messen seien. Doch schon der Anspruch auf Offenbarung ist bedeutungslos, wenn er nicht durch irgendeinen angemessenen Beweis gestützt wird.

Die Beweise für die Inspiration und historische Zuverlässigkeit der Bibel sind überwältigend, während Beweise für die Unfehlbarkeit des Koran fehlen.

Mohammed behauptete auch, das Bild Jesu im Evangelium sei unrichtig, wohingegen die richtige Sicht ihm von Gott offenbart wurde. Die Moslems glauben also dem Bericht des Koran über das Leben Jesu und nicht der Erzählung des Neuen Testaments. Der Jesus, der im Koran offenbart wird, ist nicht derselbe Jesus, der in den Evangelien dargestellt ist. Beide Berichte können nicht gleichzeitig wahr sein.

Auf jeden Fall können die Lehren des Christentums und des Islam nicht in Einklang gebracht werden. Der Koran steht mit der Schrift in unmittelbarem Widerspruch über den Charakter Jesu Christi. „Jesus Christus, der Sohn Marias, war nicht mehr als ein Apostel Gottes" (Sure 19,92).

Darüber hinaus behauptet der Koran, Jesus sei ein Prophet nur für das Volk Israel gewesen, während Mohammed der letzte und größte Prophet für die ganze Welt sei.

Stellen Sie das der biblischen Sicht von Jesus Christus gegenüber: „Im Anfang war das Wort, und das Wort war bei Gott, und das Wort war Gott" (Joh. 1,1). „Wer mich gesehen hat, hat den Vater gesehen" (Joh. 14,9). „Du bist der Messias, der Sohn des lebendigen Gottes" (Matth. 16,16). „Er ist der Abglanz seiner Herrlichkeit und das Abbild seines Wesens; er trägt das All durch sein machtvolles Wort, hat die Reinigung von den Sünden bewirkt und sich dann zur Rechten der Majestät in der Höhe gesetzt" (Hebr. 1,3).

Der Koran behauptet über den Tod Christi: „Sie töteten ihn weder, noch kreuzigten sie ihn; es schien nur so."

Das Neue Testament macht jedoch die Art von Jesu Tod ganz klar: „Sie kamen zur Schädelstätte; dort kreuzigten sie ihn" (Luk. 23,33). „Und Jesus rief laut: ‚Vater, in deine Hände lege ich meinen Geist.' Nach diesen Worten hauchte er den Geist aus" (Luk. 23,46).

Die Bibel lehrt, daß Jesus der Sohn der Jungfrau Maria war, Gott in menschlichem Fleisch. „Da sagte der Engel zu ihr: Fürchte dich nicht, Maria; denn du hast bei Gott Gnade gefunden. Du wirst ein Kind empfangen, einen Sohn wirst du gebähren: dem sollst du den Namen Jesus geben" (Luk. 1,30.31); „Der Engel antwortete ihr: Der Heilige Geist wird über dich kommen, und die Kraft des Höchsten wird dich überschatten. Deshalb wird auch das Kind heilig und Sohn Gottes genannt werden" (Luk. 1,35).

Der Islam lehrt, daß Jesus auf wunderbare Weise von Maria geboren wurde, aber er glaubt nicht an die jungfräuliche Geburt der Bibel. Sie glauben, daß wie Adam aus Erde erschaffen wurde, Jesus von Gott im Leib Marias geschaffen wurde. Sie sagen, es sei kein Gott oder der Sohn Gottes. Obwohl dies eine übernatürliche Empfängnis wäre, ist es nicht dasselbe wie die jungfräuliche Geburt in der Bibel.

Der Islam lehrt auch eine Erlösung durch Taten: „Die, deren Waagschalen schwer sein werden, werden selig sein. Aber die, deren Waagschalen leicht sein werden, sollen ihre Seele verlieren und für immer in der Hölle bleiben (Sure 13, 102-140). Wenn die Waage sich also zugungsten der guten Werke neigt, wird der Moslem das Paradies erlangen, aber wenn dies nicht der Fall ist, dann wird er in die Hölle verbannt.

Die Bibel lehrt eine Erlösung aus Gnade durch den Glauben und nicht durch Werke. „Denn aus Gnade seid ihr durch den Glauben gerettet, nicht aus eigener Kraft — Gott hat es geschenkt —, nicht aufgrund eurer Werke, damit keiner sich rühmen kann" (Eph. 2,8.9). „...hat er uns gerettet — nicht weil wir Werke vollbracht hätten, die uns gerecht machen können, sondern aufgrund seines Erbarmens" (Tit. 3,5).

Eine große Schwierigkeit, den Bericht Mohammeds zu akzeptieren, besteht darin, daß sein Zeugnis 600 Jahre nach den Ereignissen geschrieben wurde, während das Neue Testament Zeugnisse über das Leben und Wirken Jesu Christi enthält, die von Augenzeugen oder aus erster Hand stammen. Jesus machte den Unterschied ganz deutlich: „Das ist das Werk Gottes, daß ihr an den glaubt, den er gesandt hat" (Joh. 6,29).

Was macht die christliche Bekehrung aussagekräftig? Kann sie nicht psychologisch erklärt werden?

Wann immer ein Gläubiger Zeugnis ablegt, scheint jemand da zu sein, der Einspruch dagegen erhebt, dies als einen Beweis für den Wahrheitsanspruch des Christentums zu betrachten. Man behauptet, jeder scheine irgendeine Art von Bekehrungserlebnis oder religiöser Offenbarung zu haben.

Die Mormonen sprechen von einem Brennen in ihren Herzen; Angehörige der östlichen Religionen sprechen von dem Frieden und der Ruhe, die sie empfangen; andere von neuer Freude oder Glück.

Warum ist die christliche Bekehrung sachlich eindeutig und andere nicht? Kann sie nicht besser als eine situationsbedingte Reaktion oder eine Art Selbsthypnose erklärt werden?

Es ist wahr, daß heute viele religiöse Erfahrungen bekunden, in denen sie behaupten, die letzte Realität gefunden zu haben. Auf den ersten Blick hört sich der Christ wie jeder andere an, da auch er behauptet, die Wahrheit erfahren zu haben. Der Ungläubige oder gleichgültige Beobachter benötigt mehr, als das bloße Zeugnis subjektiver Erfahrung als Kriterium, um Beurteilen zu können, wer, wenn überhaupt jemand, recht hat. Der Unterschied besteht darin, daß die Christen dieses Kriterium besitzen.

Die christliche Bekehrung ist mit der Person Jesu Christi verbunden. Sie beruht auf Tatsachen, nicht auf Wunschdenken. Jesus hat gezeigt, daß er zu Recht als der eingeborene Sohn Gottes bezeichnet wurde. Er forderte Männer und Frauen auf, ihren Glauben auf ihn zu setzen, um Gott und den Sinn des Lebens zu erkennen.

Jesus sagte: „Ich bin gekommen, damit sie das Leben haben und es in Fülle haben“ (Joh. 10,10). Wenn jemand seinen Glauben auf Jesus Christus setzt, dann geht er eine persönliche Beziehung mit Gott dem Allmächtigen ein, die Veränderungen in seinem Leben bewirkt.

Die christliche Bekehrung ist weder Selbstvervollkommnung, noch kulturell bedingt. Es gibt viele, die ihren Glauben auf Jesus Christus setzen und dies gegen den Druck ihrer Freunde und Familien tun. Die christliche Erfahrung hängt letzten Endes von Gott und seinem Wirken im Leben eines Menschen ab. Dieses muß stattfinden. Die Erfahrung ist auf diese Tatsache, nicht auf die Person selbst gegründet.

Neben der Tatsache, daß die christliche Bekehrung auf etwas Objektivem, der Auferstehung Christi, beruht, ist auch die Universalität der christlichen Erfahrung zu berücksichtigen. Seit der Zeit Jesu bis heute, sind Menschen jeder nur vorstellbaren Herkunft, Kultur und intellektuellen Stellung durch die Person Jesu Christi bekehrt worden.

Einige der niederträchtigsten Individuen, die je auf der Erdoberfläche wandelten, sind zu den wundervollsten Heiligen geworden, nachdem sie sich Jesus Christus anvertrauten. Das muß berücksichtigt werden. Wegen der Unterschiedlichkeit der Leute kann das allen Gemeinsame nicht einfach aufgrund gewisser Umstände wegerklärt werden.

Nehmen wir zum Beispiel an, jemand kommt zu Ihnen und sagt Ihnen, er habe den Sinn des Lebens, die letzte Realität, gefunden. Er gesteht, daß sein Leben sich drastisch verändert hat. So fragen Sie ihn nach dem Schlüssel zu dieser großen Veränderung. Er antwortet: „Seit ich eine Wassermelonenschale auf dem Kopf trage, hat sich mein Leben verändert."

Sie fragen die Freunde dieses Menschen, und sie sagen Ihnen, daß er tatsächlich anders ist, seit dem Tag, als diese Schale auf seinen Kopf gelegt wurde. Jetzt wollen Sie wissen, ob diese Erfahrung für dieses Individuum eigentümlich ist, oder ob andere dasselbe behauptet haben. So beginnen Sie, nach Leuten mit Wassermelonenschalen auf den Köpfen Ausschau zu halten.

Sie suchen nah und fern, können aber niemand anderen mit einer ähnlichen Erfahrung finden. So kommen Sie zu dem Schluß, daß dieser Mensch seine eigene Erfahrung beschreibt und nicht die letzte Realität gefunden hat.

Die christliche Erfahrung ist universal und obwohl sie dadurch an und für sich noch nicht wahr sein muß, macht es sie doch der Beachtung wert. Was sie wahr macht, ist die Tatsache, daß sie auf den überwältigenden Zeugnissen für die Göttlichkeit Jesu Christi beruht.

Welche Hoffnung bietet das Christentum der Welt?

Wir leben in einer Zeit, in der die Menschen pessimistisch in die Zukunft blicken. Pessimisten hat es immer gegeben, aber jetzt besteht ein allgemeines Gefühl der Hoffnungslosigkeit für die Zukunft. Mit dem Aufkommen immer zielgenauerer Nuklearwaffen hat Furcht unseren Planeten verschlungen. Beispiele für diese Haltung finden sich in den folgenden Aussagen:

„Es wird immer deutlicher, daß nicht Hunger oder Mikroben oder Krebs, sondern der Mensch selbst die größte Bedrohung der Menschheit darstellt" (Carl Jung, Epilogue, *Modern Man in Search of a Soul*, New York, Routledge Books, 1933).

„Das wirkliche Problem liegt im Herz und im Geist der Menschen. Es ist kein Problem der Physik, sondern der Ethik. Es ist leichter, Plutonium zu entschärfen, als den bösen Sinn des Menschen" (Albert Einstein, zitiert von Mead, S.192).

„Heute ist selbst das Überleben der Menschheit eine utopische Hoffnung" (Norman O. Brown, *Life against Death*, London, Sphere Books, Ltd., 1968, S.267).

„Die Welt ist jetzt für alles Geringere als Utopia zu gefährlich geworden" (John Rader Patt, *The Step of Man*, New York, John Wiley and Sons, Ltd., 1966, S.196).

Das Problem fehlender Hoffnung und fehlenden Lebenssinns ist nicht auf unsere Generation beschränkt. Es ist in der Vergangenheit von anderen zum Ausdruck gebracht worden, die dieselbe Leere fühlten, wie unsere moderne Welt. Für einen große Teil der Bevölkerung ist dieses Leben alles, was es gibt, und es besteht keine Hoffnung jenseits des Grabes, aber diese Idee ist nichts Neues.

Vergleichen Sie, was einige Autoren der Vergangenheit über den Tod gesagt haben. „Wenn der Mensch einmal stirbt, gibt es keine Auferstehung" (Aischylos); „Hoffnung gibt es nur für die, die leben, aber die, die gestorben sind, sind ohne Hoffnung" (Theokrit); „Wenn unser kurzes Licht einmal erlischt, gibt es eine ewige Nacht, in der wir schlafen müssen" (Catull).

Gegen diesen Hintergrund von Pessimismus bietet Jesus Christus wahre Hoffnung. Er gibt der Menschheit Gelegenheit, mit Gott und den Mitmenschen ins Reine zu kommen. So bietet das Christentum denen, die Jesus annehmen, unumschränktes Leben: „Ich bin gekommen, damit sie das Leben haben und es in Fülle haben“ (Joh. 10,10).

Doch die Fülle des Lebens endet niemals. Es gibt eine Hoffnung auf immerwährendes Leben, die auf dem Versprechen Gottes in Jesus Christus beruht. Jesus sagte: „Ich bin die Auferstehung und das Leben. Wer an mich glaubt, wird leben, auch wenn er stirbt, und jeder, der lebt und an mich glaubt, wird auf ewig nicht sterben“ (Joh. 11,25.26).

In einer sich verändernden Welt existiert ein unveränderlicher Gott, dessen Worte für immer bestehen. „Das Gras verdorrt, die Blume welkt; aber das Wort unsres Gottes bleibt in Ewigkeit“ (Jes. 40,8). Und er selbst verändert sich niemals: „Jesus Christus ist derselbe gestern, heute und in Ewigkeit“ (Hebr. 13,8).

Ralph Barton, einer der führenden Karikaturisten Amerikas, hinterließ, bevor er sich das Leben nahm, an sein Kopfkissen geheftet folgende Notiz: „Ich hatte wenig Schwierigkeiten, viele Freunde, große Erfolge; ich bin von Frau zu Frau gegangen, von Haus zu Haus, ich habe große Länder der Welt besucht, aber ich habe es satt, Mittel zu finden, um die vierundzwanzig Stunden des Tages zu füllen“ (Bill Bright, *Jesus and the Intellectual*, S.14).

Shakespeare sagte über das Leben: „Es ist eine Geschichte, erzählt von einem Idioten, leerer Schall und Rauch, und es bedeutet nichts“ (*Tragedy of MacBeth*, V.v.).

Welcher Gegensatz zu den Worten des Apostels Paulus, die dieser unmittelbar vor seinem drohenden Tod schrieb: „Denn ich werde nunmehr geopfert, und die Zeit meines Aufbruchs ist nahe. Ich habe den guten Kampf gekämpft, den Lauf vollendet, die Treue gehalten. Schon jetzt liegt für mich der Kranz der Gerechtigkeit bereit, den mir der Herr, der gerechte Richter, an jenem Tag geben wird, aber nicht nur mir, sondern allen, die sehnsüchtig auf sein Erscheinen warten“ (2. Tim. 4,6-8).

Wie werde ich ein Christ?

„Wie die Könige der Erde und die mächtigen Männer der Erde physisch auf genau dieselbe Weise geboren werden, wie der einfachste Mann, so muß auch die intellektuellste Person auf genau dieselbe Weise Christ werden, wie die einfachste Person.

Dies ist wahr für alle Menschen überall, durch allen Raum und alle Zeit. Es gibt keine Ausnahmen. Jesus sagte in einem vollkommen ausschließlichen Wort: ‚Niemand kommt zum Vater außer durch mich'" (Joh. 14,6) (Francis Schaeffer, *True Spirituality*, S.1).

Jesus sagte, um in das Königreich des Himmels zu gelangen, müsse ein Mensch ‚wiedergeboren' werden (Joh. 3,3). Dies besteht aus einem Akt des Herzens, an Jesus Christus als Herrn und Erlöser zu glauben. Als wir physisch in die Welt geboren wurden, wurden wir geistig tot geboren, und darum brauchen wir eine geistige Geburt. Die geistige Geburt beinhaltet zwei Facetten.

Die erste ist zu erkennen, daß wir es allein nicht schaffen können. Wir sind Sünder, die Hilfe brauchen. Was ist ein Sünder? Ein Sünder ist jemand, der von Gott getrennt ist, der sich entschlossen hat, seinen eigenen Weg zu gehen und wegen seiner Sünde nicht allein zu Gott zurückkehren kann.

Sünde kann einfach als unser eigener egoistischer Stolz und Selbstsucht charakterisiert werden. Genauer, Sünde ist die Verletzung des Rechtsmaßstabs eines heiligen Gottes.

Daher müssen wir bekennen, daß wir einen Erlöser brauchen, jemand, der alles erfüllt, was Gott verlangt. Der einzige Mensch, der das jemals tat, war Jesus Christus. Er lebte das einzige Leben, das für Gott akzeptabel war.

Er starb stellvertretend am Kreuz für unsere Sünden, weil wir keine Chance haben, Gott durch eigene Verdienste zu gefallen. So ist der erste Schritt, zu erkennen, daß wir alle gesündigt haben, Gottes Gesetz gebrochen haben und als Folge davon das Gericht verdienen. Die Bibel sagt: „Denn der Lohn der Sünde ist der Tod" (Röm. 6,23).

Wenn jemand einmal seinen hoffnungslosen Zustand einsieht und erkennt, daß Jesus eine Antwort bietet, dann ist der nächste Schritt, dieses Angebot persönlich zu empfangen, denn „die Gabe Gottes aber ist das ewige Leben in Christus Jesus, unserem Herrn“ (Röm. 6,23). Wenn jemand Christus als seinen Erlöser empfängt, indem er Gottes Geschenk annimmt, wird er in demselben Augenblick wiedergeboren.

Es ist kinderleicht und dennoch schwer, weil wir zuerst erkennen müssen, daß wir es allein nicht schaffen. Jesus sagte, um in das Königreich des Himmels zu gelangen, müsse ein Mensch bereit sein, sich als Kind zu bescheiden, und nur dann wird Gott ihn aufnehmen (Matth. 18,3).

Was ist mit Ihnen? Haben Sie das getan? Sind Sie wiedergeboren worden? Wenn Sie wünschen, das zu tun, bieten wir Ihnen dieses Gebet an, das Sie beten können: „Herr Jesus, ich weiß, daß ich ein Sünder bin; ich erkenne, daß ich es allein nicht schaffen kann. Danke, daß du für mich gestorben bist. In diesem Augenblick vertraue ich, so gut ich es kann, auf dich als meinen Erlöser und Herrn. Amen.“

Wenn Sie ernsthaft zu Gott gebetet haben, dann sind Sie ein Christ geworden! Etwas ist jedoch wichtig zu bemerken, nämlich, daß nicht das Rezitieren der obigen Worte den Unterschied ausmacht. Sie enthalten keine Magie; jeder kann einen Satz wiederholen. Es ist die Haltung Ihres Herzens und Ihr Wunsch, wenn Sie beten und auf Christus vertrauen, was den Unterschied ausmacht.

Ist das Christentum eine Krücke?

Jedes einzelne College hat anscheinend seinen eigenen Atheisten, der sagt: „Das Christentum ist etwas für Schwächlinge; es ist nur eine Krücke."

Das berühmte Zitat von Karl Marx: „Religion ist Opium für das Volk", beschreibt immer noch eine verbreitete Ansicht. Diejenigen, die sich als Christen bezeichnen, werden als Leute betrachtet, die etwas brauchen, um in der Lage zu sein, mit den Problemen des Lebens fertig zu werden. Manche Leute nehmen Alkohol, andere Drogen, wieder andere das Christentum, um sich durch diese schwierige Welt zu bringen.

Die Sache ist die, daß wir alle eine Krücke *brauchen*, um in dieser Welt durchzukommen. Wir alle sind in gewissem Sinn verkrüppelt und tragen tief in unserem Innern den Wunsch nach etwas, das uns stützt. Die eigentliche Frage lautet: „Ist diese Krücke, die wir Christentum nennen, wahr, oder steht sie auf derselben Stufe wie Drogen oder Alkohol, erfunden, um einem eingestandenen Bedürfnis zu begegnen?

Es gibt eindeutige psychologische Bedrängnisse, Furcht vor Gefahr, Krankheit und Tod, die uns veranlassen könnten, Gott zu erfinden, um uns sicherer zu fühlen. Doch es gibt auch psychologische Bedrängnisse, die uns dazu führen könnten, zu leugnen, daß Gott existiert. Der Agnostiker oder Atheist mag den Agnostizismus oder Atheismus als Krücke benutzen, um die Verantwortung gegenüber den Forderungen Gottes zu vermeiden.

Der Gott der Bibel ist furchterregend und eine Bedrohung für die Menschheit. Ein Gott, der allmächtig, allwissend, heilig und gerecht ist und der die Welt wegen ihrer Sünden richten wird, ist eine außerordentlich eindrucksvolle Figur. So ist es nur fair, darauf hinzuweisen, daß manche die Krücke, Gottes Existenz zu leugnen, nötig haben, um leben zu können, wie es ihnen gefällt, ohne Furcht vor dem Gericht.

Aldous Huxley brachte dies in *Ends and Means* zum Ausdruck: „Für mich selbst war die Philosophie der Sinnlosigkeit im wesentlichen ein Instrument der Befreiung, sexuell und politisch" (*Ends and Means*, S.270ff.).

Die Wahrheit des christlichen Glaubens beruht nicht auf einem psychologischen Bedürfnis für oder gegen Gott. Doch es ist möglich, daß das Christentum hätte entstehen können, weil die Menschen etwas brauchten, worauf sie sich hätten stützen können. Aber die Frage ist nicht, wie es hätte entstehen *können*, sondern, wie es entstanden *ist*.

Wir kehren wieder zum eigentlichen Ausgangspunkt zurück, zur Person Jesu Christi. Braucht die Menschheit ihn als Stütze, oder kann sie sich auf etwas anderes stützen?

Jesus hat die Frage ganz klar beantwortet: „Wer diese meine Worte hört und danach handelt, ist wie ein kluger Mann, der sein Haus auf Fels baute. Als nun ein Wolkenbruch kam und die Wassermassen heranfluteten, als die Stürme tobten und an dem Haus rüttelten, da stürzte es nicht ein; denn es war auf Fels gebaut. Wer aber meine Wort hört und nicht danach handelt, ist wie ein unvernünftiger Mann, der sein Haus auf Sand baute. Als nun ein Wolkenbruch kam und die Wassermassen heranfluteten, als die Stürme tobten und an dem Haus rüttelten, da stürzte es ein und wurde völlig zerstört" (Matth. 7,24-27).

Man könnte es so ausdrücken. Eine Krücke setzt zwei Dinge voraus: (1) daß es ein Leiden, eine Krankheit oder Verletzung gibt und (2) daß jemand eine Art von Hilfsmittel oder Krücke bekommen hat.

Sofort stellen sich zwei Fragen. Erstens, was ist das für eine Krankheit? Ist sie real oder eingebildet? Und zweitens, ist das Hilfsmittel das richtige für diese Krankheit?

Gemäß der christlichen Lehre sagt Gott deutlich, daß die Krankheit die Sünde ist und daß diese Krankheit real ist. Es ist kein psychologischer, eingebildeter Aufhänger, aus dem Bedürfnis nach einer religiösen Spritze, wie Marx es darstellen würde. Vielmehr ist das Mittel statt einer religiösen Krücke eine Beziehung zu Jesus Christus.

Daher ist das Christentum in einem Sinne eine Krücke. Aber es ist mehr, als eine Krücke; es ist das sichere Fundament, die Wahrheit des Lebens.

Wenn Jesus Christus Gott ist und am Kreuz für unsere Sünden starb und uns zur Gemeinschaft mit Gott dem Vater durch ihn erschuf, dann könnte man ihn ebenso als Krücke bezeichnen, wie eine Glühbirne zur Lampenfassung sagen könnte: „Du bist meine Krücke." Wie die Glühbirne geschaffen wurde, um zu funktionieren, wenn sie in die Fassung gedreht wird, so sind wir erschaffen worden, um in einer persönlichen Beziehung zu Gott durch Jesus Christus zu funktionieren.

Warum sollte ich Christ werden? Die schlimmsten Heuchler sind in der Kirche.

Eine der wichtigsten Entschuldigungen, die Leute für ihre Ablehnung des Christentums vorbringen, betrifft Heuchler in der Kirche der Vergangenheit und Gegenwart. Die Leute verweisen gerne auf frühere Untaten, die im Namen Christi geschehen sind, wie die spanische Inquisation, Hexenprozesse und andere schreckliche Taten.

Daneben gibt es die heutigen Beispiele von Predigern, Diakonen und Kirchenführern, denen Alkoholismus, ehebrecherische Beziehungen und andere Dinge nachgewiesen werden konnten, die sich nicht mit dem vereinbaren lassen, was sie angeblich glauben. Solches Verhalten hat viele dazu geführt zu sagen: „Wenn das alles Christentum ist, dann will ich nichts davon wissen."

Man muß zugeben, daß es Heuchelei in der Kirche gegeben hat, und auch heute bleiben wir nicht von Heuchlern verschont. Ein Heuchler ist ein Schauspieler, der eine falsche Maske aufsetzt. Er sagt das eine, aber tut das andere.

Doch nur weil in der Kirche Heuchler sind, bedeutet das nicht, daß alle Christen Heuchler sind. Für jedes Beispiel von Heuchelei, das in der Kirche aufgezeigt werden kann, gibt es ein Gegenbeispiel von Menschen, die in Übereinstimmung mit den Lehren Jesu Christi leben.

Es ist wichtig, Heuchelei nicht mit Sünde zu verwechseln. Alle Christen sind Sünder, aber nicht alle Christen sind Heuchler. Es gibt ein Mißverständnis, daß ein Christ jemand sei, der behauptet, er sündige nicht, in Wirklichkeit bedeutet Christsein aber einzugestehen, daß man ein Sünder ist (1. Joh. 1,5-2, 2).

Alle Gläubigen, einschließlich der Pfarrer sind fehlbare menschliche Wesen, die zu jeder Art von Sünde neigen. Nur weil jemand nicht vollkommen ist, bedeutet das nicht, daß er falsch ist. Die Unterscheidung zwischen beiden ist wichtig. Das Versagen der Gläubigen entkräftet die Wahrheit nicht.

Jesus hatte sehr harte Worte für Menschen, die die Sünde der Heuchelei begingen, besonders die religiösen Führer seiner Zeit. Er brandmarkte sie mit unmißverständlichen Ausdrücken.

„Weh euch, ihr Schriftgelehrten und Pharisäer, ihr Heuchler! Ihr zieht über Land und Meer, um einen einzigen Menschen für euren Glauben zu gewinnen; und wenn er gewonnen ist, dann macht ihr ihn zu einem Sohn der Hölle, der doppelt so schlimm ist wie ihr selbst" (Matth. 23,15).

Menschen können aus den falschen Gründen in das Amt kommen und tun es auch, oder sie können die Überzeugungen des Glaubens kompromittieren. Wenn Menschen dies tun, dann sind sie im Unrecht, und die Bibel sagt das deutlich.

Das Christentum steht und fällt nicht mit den Taten der Christen im Laufe der Geschichte oder ihren heutigen Taten. Das Christentum steht und fällt mit der Person Jesu, und Jesus war kein Heuchler. Er lebte in Übereinstimmung mit dem, was er lehrte, umd am Ende seines Lebens forderte er die Juden auf, ihm irgendeine Sünde nachzuweisen. Sie konnten es nicht, weil es keine gab.

Da der christliche Glaube auf Jesus beruht, ist es unkorrekt, ihn dadurch entkräften zu wollen, in dem man auf die schrecklichen Dinge hinweist, die in seinem Namen getan worden sind.

Der Ungläubige kann sich nicht für seinen Unglauben entschuldigen mit dem Hinweis auf diejenigen, die nur zu sein vorgeben, was sie nicht sind, wie auch heuchlerische Christen nicht damit entschuldigt werden können, daß niemand vollkommen ist, wegen der furchtbaren Folgen der Heuchelei.

Lassen sie uns ein Beispiel für die mit dieser Frage verbundenen Überlegungen betrachten. Nehmen wir an, der Präsident einer großen Autogesellschaft rät und erzählt seinen Freunden ständig, ein bestimmtes Modell seiner Gesellschaft sei das beste im Land und das einzige, das man fahren sollte.

Tatsächlich haben einige Automobilzeitschriften und Verbrauchergruppen einige seiner Behauptungen bestätigt. Aber wenn Sie sich den Mann ansehen, fährt er das führende Modell der Konkurrenz! (Vielleicht gefällt ihm die Farbe besser.)

Sie sagen, welch ein Heuchler! Wenn er all das Zeug über sein Auto glaubte, und er ist in der Lage, es nachzuprüfen, dann würde er es auch fahren. Das stimmt wahrscheinlich. Aber daß er ein Heuchler ist, entkräftet *nicht* die Behauptung, daß sein empfohlener Wagen der beste des Landes ist.

Dasselbe gilt auch für das Christentum. Die Menschen mögen behaupten es sei wahr und trotzdem nicht in Übereinstimmung mit ihrer Behauptung leben, aber das bedeutet nicht unbedingt, daß ihre Behauptung nicht wahr ist.

Was ist mit denen, die nie gehört haben?

Wohin wir auch gehen und worüber wir auch sprechen, diese Frage taucht immer auf. Häufig wird sie gestellt, um den Einzelnen von seiner persönlichen Verantwortung gegenüber Gott zu befreien.

Man muß jedoch bedenken, daß die Antwort auf diese Frage nicht entscheidet, ob das Christentum wahr ist, oder nicht. Die Angelegenheit ist bereits von Jesus Christus durch seine Auferstehung von den Toten gelöst worden. Die Frage der Autorität ist ein für allemal geklärt worden, und der Streit um die, die nie gehört haben, ist einfach eine Sache der Interpretation.

Der beste Weg, diese Frage zu behandeln, besteht darin, gewisse Wahrheiten aufzustellen, die die Schrift sehr klar macht. Die Bibel sagt ganz eindeutig, daß niemand zu Gott kommen kann, außer durch Jesus Christus.

Jesus sagte: „Niemand kommt zum Vater außer durch mich" (Joh. 14,6). Die einzige Grundlage für die Vergebung der Sünden und ewiges Leben ist der Weg über Jesus. Viele Menschen denken, dies bedeute, daß diejenigen, die niemals von Jesus gehört haben, automatisch verdammt seien. Wir wissen jedoch nicht, ob das der Fall ist.

Obwohl die Schrift nirgends ausdrücklich lehrt, daß jemand, der nie von Jesus gehört hat, gerettet werden könne, glauben wir, daß sie das einschließt. Wir glauben, daß jeder Mensch die Gelegenheit haben wird zu bereuen, und daß Gott niemand ausschließen wird, weil er zufällig am falschen Ort und zur falschen Zeit geboren wurde.

Jesus sagte: „Wer bereit ist, den Willen Gottes zu tun, wird erkennen, ob diese Lehre von Gott stammt oder ob ich in meinem eigenen Namen spreche" (Joh. 7,17).

Die Bibel offenbart auch, daß niemand eine Entschuldigung hat. „Denn was man von Gott erkennen kann, ist ihnen offenbar; Gott hat es ihnen offenbart. Seit Erschaffung der Welt wird seine unsichtbare Wirklichkeit an den Werken der Schöpfung mit der Vernunft wahrgenommen, seine ewige Macht und Gottheit. Daher sind sie unentschuldbar" (Röm. 1,19.20).

Tatsächlich kann die ganze Menschheit erkennen, daß ein Schöpfer existiert, weil seine Schöpfung es bezeugt. Dieses Zeugnis ist universal.

Obwohl die Menschen genügend Informationen haben, daß Gott existiert, werden sie absichtlich unwissend über die Dinge Gottes, weil ihre Herzen böse sind.

Die Bibel lehrt, daß die Ungläubigen „die Wahrheit“ durch Ungerechtigkeit niederhalten“ (Röm. 1,18). Außerdem sagt die Schrift, daß der Mensch Gott nicht sucht, sondern vor ihm davonläuft. „Es gibt... keinen, der Gott sucht“ (Röm. 3,11). Es geht daher nicht darum, daß Gott jemandem, der verzweifelt nach der Wahrheit sucht, sein Wort verweigert.

Wir wissen auch von Gottes Wunsch, daß niemand „zugrunde geht, sondern daß alle sich bekehren“ (2. Petr. 3,9). Dies zeigt, daß Gott sich auch um die Menschen sorgt, die das Evangelium nicht gehört haben. Er hat das bewiesen, indem er seinen Sohn sandte, um für sie zu sterben.

„...Christus ist für uns gestorben, als wir noch Sünder waren“ (Röm. 5,8).

Die Bibel lehrt, daß Gott die Welt in fairer und gerechter Weise richten wird. „Denn er hat einen Tag festgesetzt, an dem er den Erdkreis in Gerechtigkeit richten wird“ (Apg. 17,31). Das heißt, wenn alle Tatsachen bekannt sind, wird Gottes Name gerechtfertigt sein. Und niemand wird ihn der Unfairness beschuldigen können.

Wenn wir auch noch nicht wissen, wie er diese Menschen im einzelnen behandeln wird, wir wissen, daß sein Gericht fair sein wird. Schon diese Tatsache allein sollte jeden zufriedenstellen, der sich überlegt, wie Gott die Menschen behandeln wird, die niemals von Jesus Christus gehört haben.

Die Bibel selbst bezeugt, daß Menschen aus allen Völkern der Erde hören und antworten werden. „Denn du wurdest geschlachtet und hast mit deinem Blut Menschen für Gott erworben aus allen Stämmen und Sprachen, aus allen Nationen und Völkern“ (Off. 5,9).

Die Bibel nennt das Beispiel eines Mannes, der sich in einer ähnlichen Situation befand, wie viele heute. Sein Name war Cornelius. Er war ein sehr religiöser Mann, der ständig zu Gott betete. Er hatte nicht von Jesus Christus gehört, aber er bat Gott ehrlich, sich ihm zu offenbaren.

Gott beantwortete das Gebet des Cornelius und sandte den Apostel Petrus zu ihm, um ihm die ganze Geschichte Jesu zu bringen. Als Petrus zu ihm predigte, setzte Cornelius sein Vertrauen auf Christus als seinen Erlöser. Dieses Beispiel zeigt, daß jeder, der ernsthaft wünscht, Gott zu erkennen, von Jesus hören wird.

Es gibt heute Menschen, wie Cornelius, die dasselbe beten, um den wahren und lebendigen Gott zu erkennen, und sie werden erreicht, wo sie auch immer leben mögen. Simon Petrus sagte: „Wahrhaftig, jetzt begreife ich, daß Gott nicht auf die Person sieht, sondern daß ihm in jedem Volk willkommen ist, wer ihn fürchtet und tut, was recht ist" (Apg. 10,34.35).

Die Schrift enthält noch weitere Beispiele von Menschen, die von Gott angenommen wurden, obwohl ihr Wissen über ihn begrenzt war. Rahab, die Prostituierte, wußte nur sehr wenig über Gott, aber die Bibel bezeichnet sie als eine gläubige Frau, und ihre Taten werden gelobt (Jos. 2,9; Hebr. 11,31).

Naeman, dem Syrer, wurde Frieden mit Gott gegeben, weil er glaubte, obwohl er inmitten einer heidnischen Kultur lebte (2. Kön. 5,15-19). Der Prophet Jona wurde nach Ninive, einer heidnischen Stadt, gesandt, und sie bereuten durch seine Predigt (Jona 3,5).

Niemand wird verdammt werden, weil er niemals von Jesus Christus gehört hat. Diejenigen werden verdammt werden, die ihre eigenen moralischen Normen verletzt haben. „Alle, die sündigten, ohne das Gesetz zu haben, werden auch ohne das Gesetz zugrunde gehen, und alle, die unter dem Gesetz sündigten, werden durch das Gesetz gerichtet werden. Nicht die sind vor Gott gerecht, die das Gesetz hören, sondern er wird die für gerecht erklären, die das Gesetz tun. Wenn Heiden, die das Gesetz nicht haben, von Natur aus das tun, was im Gesetz gefordert ist, so sind sie, die das Gesetz nicht haben, sich selbst Gesetz. Sie zeigen damit, daß ihnen die Forderung des Gesetzes ins Herz geschrieben ist; ihr Gewissen legt Zeugnis davon ab, ihre Gedanken klagen sich gegenseitig an und verteidigen sich — an jenem Tag, an dem Gott, wie ich es in meinem Evangelium verkündige, das, was im Menschen verborgen ist, durch Jesus Christus richten wird" (Röm. 2.12-16).

An den obigen Beispielen aus der Schrift wird erkennbar, daß Gott die ganze Menschheit auf faire Weise richten wird und daß niemand behaupten kann, ein ungerechtes Verfahren gehabt zu haben. Daher sollten Menschen, die diese Frage stellen, sehr vorsichtig sein, sie nicht als Vorwand dafür zu benutzen, daß sie nicht zu Christus kommen.

Was Ihrer Meinung nach mit einem anderen geschehen könnte oder nicht geschehen könnte, enthebt Sie nicht Ihrer eignen Verantwortung am Tag des Gerichts. Wenn wir vielleicht auch nicht in der Lage waren, die Frage nach denen, die nicht gehört haben, zur allgemeinen Zufriedenheit zu beantworten, so gibt es doch gewisse Dinge, die die Bibel klar gemacht hat.

Jemand hat es so ausgedrückt: „Viele Dinge in der Bibel kann ich nicht verstehen; von vielen Dingen in der Bibel denke ich nur, daß ich sie verstehe; aber es gibt viele Dinge in der Bibel, die ich nicht mißverstehen kann.“

Ich kenne Menschen, die sehr religiös und vollkommen aufrichtig, aber keine Christen sind. Gott wird sie doch auch annehmen, oder nicht?

Ein Mensch kann aufrichtig sein und trotzdem im Unrecht. Die Bibel sagt, es gebe einen Weg, der den Menschen der rechte erscheine, zuletzt aber sei es ein Weg des Todes (Spr. 16,25).

Jedes Jahr gibt es viele Fälle, in denen jemand im Spaß ein Gewehr auf einen anderen richtet und aufrichtig glaubt, es sei nicht geladen. Das Gewehr geht los, und der andere wird getötet, wobei die Person, die auf den Abzug drückte, sagt: „Ich wußte nicht, daß es geladen war."

Diese Person mag 100 %ig aufrichtig sein, hinsichtlich der Tatsache, daß sie den anderen nicht verletzen wollte, aber sie glaubt aufrichtig etwas, das einfach nicht zutraf. Aufrichtigkeit ist nicht genug, wenn der Gegenstand des Glaubens nicht wahr ist, und alle Aufrichtigkeit der Welt wird denjenigen der mit dem Gewehr erschossen wurde, nicht ins Leben zurückbringen.

Der Apostel Paulus lehrt, daß einfaches Ausüben von Religion niemanden entschuldigt, sondern viel eher die Schuld eines Menschen ausmacht. Bei der Untersuchung heidnischer Religion weist Paulus darauf hin, daß sie eine Entstellung der Wahrheit darstellt. Er sagt: „Sie vertauschen die Wahrheit Gottes mit der Lüge" (Röm. 1,25).

Der Ruhm Gottes wird ausgetauscht und durch den Ruhm der Kreatur ersetzt. Ihre Religion ist Götzendienst, und Götzen anzubeten ist eine Beleidigung der Würde Gottes. Das ist etwas, was Gott immer verabscheut hat.

„Du sollst keine andern Götter neben mir haben. Du sollst dir kein Gottesbild machen, keinerlei Abbild, weder dessen, was oben im Himmel, noch dessen, was unten auf Erden, noch dessen, was in den Wassern unter der Erde ist; du sollst sie nicht anbeten und ihnen nicht dienen; denn ich, der Herr, dein Gott, bin ein eifersüchtiger Gott" (2. Mose 20,3-5). So hat ein aufrichtiger religiöser Mensch keinen Vorteil, wenn er den falschen Gott anbetet.

Wenn jemand ins Kino gehen will und der Eintrittspreis beträgt 8 DM, dann ist es gleichgültig, ob er 7,90 DM oder 50 Pf hat; er hat zuwenig. Wenn jemand das Falsche glaubt, ist es gleichgültig, wie aufrichtig er das tut, es ist zuwenig für das, was Gott von den Menschen verlangt, die ihn erreichen wollen.

Gott setzt Maßstäbe, und er wird nur die annehmen, die durch Jesus zu ihm kommen. „Und in keinem anderen ist das Heil zu finden. Denn es ist uns Menschen kein anderer Name unter dem Himmel gegeben, durch den wir gerettet werden sollen“ (Apg. 4,12).

Wenn das Christentum so großartig ist, warum gibt es dann so wenige Christen?

Die Christen sind und waren immer eine Minderheit. Die meisten der gegenwärtig lebenden Menschen haben nicht auf Jesus Christus als ihren Erlöser vertraut. Doch Jesus hat gesagt, daß es genau so sein würde. „Aber das Tor, das zum Leben führt, ist eng, und der Weg dahin ist schmal, und nur wenige finden ihn" (Matth. 7,14). Dies war in der ganzen Geschichte so. Es gibt mehrere Gründe, warum ein großer Teil der Menschheit Jesus als ihren Erlöser zurückgewiesen hat.

Ein Grund dafür, daß Menschen keine Christen werden, ist Unwissenheit. Das ist nicht die Unwissenheit darüber, daß es einen Gott oder eine Person namens Jesus Christus gibt, sondern vielmehr Unwissenheit über die Tatsachen, die den christlichen Glauben gültig machen. Oft ist diese Unwissenheit selbst auferlegt. Manche Menschen machen sich nicht einmal die Mühe, die Ansprüche Christi in Betracht zu ziehen, während andere sich energisch weigern zu glauben.

Manche Menschen behaupten, intellektuelle Probleme mit dem christlichen Glauben zu haben, gewöhnlich sind es aber intellektuelle oder emotionale Ausflüchte. Wir kennen viele Menschen, die, nachdem sie mit den Tatsachen des Christentums konfrontiert worden waren, bereitwillig zugaben, daß sie wußten, das Christentum ist wahr, die aber trotzdem ablehnen, Christen zu werden.

Es ist also kein Problem des Geistes, sondern des Willens. Es ist nicht so, daß sie keine Christen werden können; es geht vielmehr darum, daß sie keine Christen werden wollen. Die Bibel lehrt, daß die Menschheit versucht, die Wahrheit Gottes zu unterdrücken (Röm. 1,18). Die Menschen sind im großen und ganzen unwissend über Jesus, weil sie es sein wollen.

Ein anderer Grund ist die Einfachheit des Evangeliums. Christ zu werden ist so einfach, daß selbst ein Kind es tun kann. Tatsächlich hat Jesus gelehrt, daß wir, um in das Königreich des Himmels zu gelangen, werden müssen, wie die Kinder (Matth. 18,3). In einfachem Glauben müssen wir unser Vertrauen auf Christus setzen, seien wir nun gebildete oder ungebildete Menschen.

Der Apostel Paulus sagte über die Einfachheit des Evangeliums:

„Seht doch auf eure Berufung, Brüder! Da sind nicht viele Weise im irdischen Sinn, nicht viele Mächtige, nicht viele Vornehme, sondern das Törichte in der Welt hat Gott erwählt, um die Weisen zuschanden zu machen... damit kein Mensch sich rühmen kann vor Gott“ (1. Kor. 1,26.27.29).

Paulus lehrte wie Jesus, daß die Christen niemals die Mehrheit bilden würden und daß nicht viele vornehme Menschen an Jesus glauben würden. Wenn es in der Geschichte auch nicht viele große Männer und Frauen gegeben hat, die auf Jesus vertrauten, so gab es doch einige.

Weiter werden Menschen keine Christen wegen falscher Vorstellungen darüber, was ein Christ wirklich ist. Manche denken, das Christentum sei eine Religion mit einer Serie negativer Gebote, die sagen: ‚Tu dies nicht und tu das nicht.‘ Sie haben die Vorstellung, daß man, wenn man an Jesus glaubt, sich in ein Leben von Unglücklichsein, Einschränkungen und Langeweile zurückzieht.

Da niemand so leben will, schreiben sie das Christentum als etwas ab, dem sie ihr Leben nicht unterwerfen wollen. Es ist eine traurige Tatsache, daß manche Christen der Welt den Eindruck vermitteln, ihr Glaube bestehe nur aus einer Gruppe negativer Gebote. Nichts könnte weiter von der Wahrheit entfernt sein.

Wenn ein Mensch auf Jesus als seinen Erlöser vertraut, wird er wahrhaft frei. Jesus sagte: „Wenn euch also der Sohn befreit, dann seid ihr wirklich frei“ (Joh. 8,36). Jesus Christus befreit Männer und Frauen von Dingen, die sie gefangen hielten, so daß sie die Menschen sein können, die sie sein sollten.

Als Gläubige sind wir frei zu tun, was wir tun wollen, und nicht zu tun, was wir nicht tun wollen. Das christliche Leben ist alles andere als langweilig, weil es täglich Freude und Spannung bedeutet, den lebendigen Gott zu kennen und all die guten Dinge zu erfahren, die er für uns bereit hält. „So hast du deine Wonne an dem Herrn, und er gibt dir, was dein Herz begehrt“ (Ps. 37,4).

Manche Menschen werden aus Schuldgefühl keine Christen. Sie haben in ihrem Leben viele häßliche Taten und Verbrechen begangen und glauben nicht, daß Gott ihnen vergeben und ein anständiges Leben gewähren kann. Doch die Bibel lehrt eindeutig, daß jedem, ohne Ausnahme, der Gott sucht und um Vergebung seiner Sünden bittet, vergeben wird.

Keine Sünde ist so groß, daß sie jemand daran hindern könnte, in den Himmel zu kommen, außer der Sünde des Unglaubens. Wenn ein

Mensch sich weigert, an die Fürsorge Gottes für seine Sünden — in der Person Jesu Christi — zu glauben, dann gibt es keine Hoffnung für ihn. Jesus sagte: „Wer zu mir kommt, den werde ich nicht abweisen“ (Joh. 6,37).

Die Bibel sagt: „Denn Gott hat die Welt so sehr geliebt, daß er seinen einzigen Sohn hingab, damit jeder, der an ihn glaubt, in ihm das ewige Leben hat“ (Joh. 3,16). Sie und ich sind in dieses ‚jeder‘ eingeschlossen. Wenn Sie zu Jesus kommen, so hat er Ihnen versprochen, Ihre Sünden zu vergeben, und er wird Ihnen erlauben, mit reiner Weste neu zu beginnen, gleichgültig, wie schlecht Sie gewesen sind.

Ein weiterer Grund für manche, Jesus zurückzuweisen, ist eine bestimmte Sünde in ihrem Leben. Sie erkennen, wenn sie gläubig werden, müssen sie diese bestimmte Sünde lassen, und das wollen sie nicht. Jesus sagte: „Denn mit dem Gericht verhält es sich so: Das Licht kam in die Welt, und die Menschen liebten die Finsternis mehr als das Licht; denn ihre Taten waren böse“ (Joh. 3,19).

Manche Menschen lieben ihre Sünde so sehr, daß sie darauf verzichten, in den Himmel zu kommen. Um ein Christ zu werden, muß ein Mensch seine Sünden bereuen (Herz und Sinn ändern), und viele Menschen sind nicht bereit, das zu tun, obwohl Jesus sagte: „Ihr alle werdet genauso umkommen, wenn ihr euch nicht bekehrt“ (Luk. 13,3).

Außerdem weigern sich Menschen aus Egoismus, an Jesus zu glauben. Jemand hat gesagt — zu recht, wie wir glauben —, das Christentum sei zugleich die am *leichtesten und am schwersten* zu glaubende Religion der Welt.

Sie ist die leichteste, weil Gott alles für uns getan hat, was getan werden muß, und es unmöglich ist, dem Werk Christi etwas hinzuzufügen. Sie ist die schwerste, weil wir uns selbst und Gott gegenüber eingestehen müssen, daß wir nichts tun können, um uns selbst zu retten.

Unserem Stolz paßt das nicht, weil wir unsere eigene Rettung auf unsere eigene Weise bewirken wollen. Die menschliche Natur verlangt, daß wir unsere eigenen Bedingungen diktieren, aber Gott wird uns nur unter seinen Bedingungen annehmen, und dies hält viele Menschen von seinem Königreich fern.

Es gibt viele Gründe, aus denen Menschen Christus zurückweisen, aber es gibt keine guten Gründe.

Ist es vernünftig, an das Christentum zu glauben, oder ist es nur Wunschdenken?

James Harvey Johnson vom Thinkers Club hat es so ausgedrückt:

„Religiöser Glaube verstößt gegen den gesunden Menschenverstand. Es gibt weder Engel, Teufel, Himmel, Hölle, Geister, Hexen noch Wunder. Diese abergläubischen Vorstellungen werden gefördert, um den Leichtgläubigen weiszumachen, Geldzahlungen an die Priesterklasse werden ihnen die Gunst eines der Götter einbringen. Es gibt nichts Übernatürliches — nichts, das dem Naturgesetz widerspricht" (*Religion is a Gigantic Fraud*, San Diego, CA: The Thinkers Club, Box 2832, Dept. RG).

Oft wird dem Gläubigen ‚Abtötung seines Verstandes' vorgeworfen, weil er an die Inspiration der Bibel, Wunder und die Auferstehung Jesu Christi glaubt. Die Menschen nehmen an, christlicher Glaube beruhe auf Unwissenheit, und Glaube sei etwas Blindes und Unintelligentes.

In Wirklichkeit ist es genau umgekehrt. Der christliche Glaube ist ein intelligenter Glaube; er hat niemals aus einem geistlosen Akt ohne Verbindung zur Realität bestanden. Die Bibel fordert sowohl den Gläubigen, als auch den Ungläubigen auf, bei der Untersuchung des Christentums ihren Verstand einzusetzen.

Jesus sagte: „Du sollst den Herrn, deinen Gott lieben mit ganzem Herzen, mit ganzer Seele und mit all deinen Gedanken" (Matth. 22,37). Der Apostel Paulus sagte zu Timotheus: „Denn ich weiß, wem ich Glauben geschenkt habe" (2. Tim. 1,12) und zu einer Gruppe von Gläubigen in Thessalonich: „Prüft alles, und behaltet das Gute" (1. Thess. 5,21).

Der Evangelist Johannes warnte die Menschen: „Prüft die Geister, ob sie aus Gott sind" (1. Joh. 4,1). Das schließt den intensiven Gebrauch des Verstandes ein.

Weitere Zitate unterstreichen die Notwendigkeit, in Hinsicht auf den christlichen Glauben seinen Verstand einzusetzen.

„Jesus sah, daß er *mit Verständnis* geantwortet hatte, und sagte zu ihm: Du bist nicht fern vom Reich Gottes" (Mark. 12,34).

„Noch viele andere Zeichen, die in diesem Buch nicht aufgeschrieben sind, hat Jesus vor den Augen seiner Jünger getan. Diese aber sind aufgeschrieben, damit ihr glaubt, daß Jesus der Messias ist, der Sohn Gottes, und damit ihr durch den Glauben das Leben habt in seinem Namen" (Joh. 20,30.31).

„Ihnen hat er nach seinem Leiden durch viele Beweise gezeigt, daß er lebt; vierzig Tage hindurch ist er ihnen erschienen und hat vom Reich Gottes gesprochen" (Apg. 1,3).

„Und ich bete darum, daß eure Liebe immer noch reicher an *Einsicht* und *Verständnis* wird, damit ihr beurteilen könnt, worauf es ankommt. Dann werdet ihr rein und ohne Tadel sein für den Tag Christi" (Phil. 1,9.10).

„Der Gott Jesu Christi, unseres Herrn, der Vater der Herrlichkeit, gebe euch den Geist der Weisheit und Offenbarung, damit ihr ihn erkennt. Er erleuchte die Augen eures Herzens, damit ihr versteht, zu welcher Hoffnung ihr durch ihn berufen seid, welchen Reichtum die Herrlichkeit seines Erbes den Heiligen schenkt" (Eph. 1,17.18).

„Ich rede doch zu verständigen Menschen; urteilt selbst über das, was ich sage" (1. Kor. 10,15).

Nichts in der Schrift weist darauf hin, daß Glaube mit Torheit gleichzusetzen sei, und vieles deutet auf das Gegenteil. ‚Du sollst nicht denken', ist *keines* der Zehn Gebote.

Im Alten Testament zeigte Gott Respekt vor der intellektuellen Integrität des Menschen. Er bewirkte durch Mose und Aaron ein Wunder, um dem Pharao ihre göttliche Mission zu beweisen (2. Mose 7,9). Er befahl den Israeliten, jeden Propheten zu ignorieren, der falsche Prophezeiungen macht (5. Mose 18,22).

Er forderte die Götzen heraus, zu beweisen, daß sie Götter seien: „Bringet her, die für euch streiten, spricht der Herr; schafft herbei eure Götzen,... Saget an, was hernach kommen wird, damit wir erkennen, daß ihr Götter seid. Ja, schaffet doch etwas, es sei gut oder böse, daß wir staunen und es schauen zumal" (Jes. 41,21-23).

Und weil die Götzen nichts vollbrachten, sagte Gott: „Seht, ihr seid nichts, und euer Tun ist nichts; ein Greuel, wer euch erwählt" (Jes. 41,24).

Viele Menschen, die Christen sind, wissen nicht, warum sie an Jesus glauben, obwohl die Schrift deutlich macht, daß sie es wissen sollten. „Seid stets bereit, jedem Rede und Antwort zu stehen, der nach der Hoffnung fragt, die euch erfüllt" (1. Petr. 3,15).

Die Tatsache entkräftet den christlichen Glauben nicht; sie weist nur darauf hin, daß es unwissende Christen gibt. Obwohl manche Christen nicht über das nachgedacht haben, was sie glauben, sagt das nichts über die Wahrheit des Christentums aus. Es geht um Jesus Christus, nicht um die Unwissenheit eines Gläubigen.

Wir haben gesehen, daß die Bibel uns ermuntert, unseren Verstand zu gebrauchen, wenn wir uns für oder gegen Jesus Christus entscheiden. Das Christentum ist vernünftig; es ist verständig, aber man kommt zu Jesus nicht mit dem Verstand allein. Man muß glauben, doch der Glaube beruht auf Tatsachen, nicht auf falschen Hoffnungen.

Heute stellen die Menschen den christlichen Glauben als blinden Sprung ins Dunkle dar, während er tatsächlich ein Schritt vorwärts ins Licht ist. Der Apostel Paulus sagt, als er den christlichen Glauben vor einem ungläubigen König verteidigte: „Der König versteht sich auf diese Dinge; deshalb spreche ich auch freimütig zu ihm. Ich bin überzeugt, daß ihm nichts davon entgangen ist; das alles hat sich ja nicht in irgendeinem Winkel zugetragen" (Apg. 26,26).

Die Tatsachen über Jesus waren diesem König wohlbekannt, wie auch den anderen Menschen, die zu jener Zeit lebten. Sie konnten von jedem, der ihre Gültigkeit feststellen wollte, erwägt und beurteilt werden. Die Wunder Jesu geschahen in aller Öffentlichkeit, und deshalb forderten die frühen Christen die Welt auf, selbst zu sehen ‚ob sich's so verhielte" (Apg. 17,11).

Sie entmutigten die Menschen, die skeptisch waren, nicht, indem sie sagten: ‚Glaubt einfach'. Sie regten ihre Neugier an, die Grundlagen des christlichen Glaubens zu überprüfen.

Der Glaube des Christen steht nicht nur der Nachprüfung offen, sondern unterliegt auch der Verfälschung. Der Nichtchrist wird aufgefordert, seinen Verstand zu gebrauchen, um die Behauptungen Jesu Christi zu untersuchen. Sollten stichhaltige Beweise ans Licht kommen, die das Christentum wirklich unterminieren können, wie eine Widerlegung der Auferstehung, dann würde der christliche Glaube in sich zusammenfallen.

Viele Menschen haben versucht, dies zu tun — so z.B. der Rechtsanwalt Frank Morrison und General Lew Wallace, der Autor von *Ben Hur* — und es endete damit, daß sie Christen wurden. Die Herausforderung, den christlichen Glauben zu widerlegen, ist viele Male angenommen, aber niemals erfolgreich durchgeführt worden.

Wenn es ‚blinder Glaube' ist, den der Christ hat, warum werden dann immer noch so viele gebildete Männer und Frauen durch den Glauben ihres Verstandes zu Gläubigen? Der Glaube besteht die Prüfung immer noch, weil er auf Wahrheit beruht. ,,Jesus sagte zu ihm, ich bin... die Wahrheit...“ (Joh. 14,6).

Die Entscheidung, Christ zu werden, sollte nach reiflicher Überlegung getroffen werden. Sie sollte überdacht und abgewägt werden, ehe man die Verpflichtung eingeht. Ein Mensch muß verstehen, was er tut, bevor er Christ wird. Diejenigen, die eine Bekehrung durch Christus ermutigen, die auf emotionaler Anziehung beruht oder durch einen Vorgang der Manipulation, sind nicht in Übereinstimmung mit der Bibel.

Wir sind sicher, daß auf die Dauer mehr Glaube nötig sein wird, um *nicht* zu glauben, wenn man die Tatsachen angemessen berücksichtigt. Die Beweise sprechen laut und deutlich zu jedem, der bereit ist, intellektuell ehrlich an die Frage heranzugehen, wer Jesus Christus wirklich ist. Wenn man alles fair berücksichtigt, dann wird es ‚blinder Glaube‘ sein, die Behauptungen zurückzuweisen, die durch ,,viele Beweise“ (Apg. 1,3) belegt sind.

Zählen meine guten Werke denn gar nicht? Wird Gott mich nicht annehmen, wenn ich ein gutes Leben geführt habe?

In den frühen sechziger Jahren kam ein Song von J. Frank Wilson and the Cavaliers heraus, mit dem Titel „The Last Kiss". Der Song handelt von einem Paar, das sich verabredet hat und in einen Autounfall verwickelt wird. Das Mädchen stirbt in den Armen seines Freundes. In Trauer um ihren Tod singt er:

„Oh wo, oh wo kann mein Baby sein? / Der Herr nahm sie fort von mir. / Sie ging in den Himmel, und ich muß gut sein, / so daß ich mein Baby sehen kann, wenn ich diese Welt verlasse."

Dieser Song faßt die Haltung vieler Menschen zusammen. Sie denken, wenn sie ein gutes Leben führen und die guten Werke, die sie tun, die schlechten aufwiegen, sie sich den Weg in den Himmel verdienen.

Die Bibel aber erlaubt niemand, seinen Weg in den Himmel zu verdienen. Die Schrift lehrt, daß gute Werke nichts damit zu tun haben, ob jemand in die richtige Beziehung zu Gott tritt. Diese Beziehung ist nichts, was wir verdienen könnten, weil Gott alles für uns getan hat.

„...hat er uns gerettet — nicht weil wir Werke vollbracht hätten, die uns gerecht machen können, sondern aufgrund seines Erbarmens" (Tit. 3,5).

„Denn aus Gnade seid ihr durch den Glauben gerettet, nicht aus eigener Kraft — Gott hat es geschenkt —, nicht aufgrund eurer Werke, damit keiner sich rühmen kann" (Eph. 2,8.9).

„Ohne Glauben aber ist es unmöglich, (Gott) zu gefallen" (Hebr. 11,6).

„Das ist das Werk Gottes, daß ihr an den glaubt, den er gesandt hat" (Joh. 6,29).

Wenn unsere ewige Erlösung auf Werken beruhen würde und wir sie erfolgreich verdienen könnten, dann wäre Gott unser Schuldner: er wäre uns etwas schuldig (Röm. 4,1-3). Die Bibel lehrt, daß Gott keinem Menschen etwas schuldet und unsere eigene Gerechtigkeit wie ein beflecktes Gewand ist (Jes. 64,6).

Der einfache Grund dafür ist, daß Gott einen vollkommenen Maßstab hat, und wir alle haben gesündigt und erreichen dieses Ziel nicht

(Röm. 3,23). Wir vergleichen uns gerne mit anderen und haben das Gefühl, daß wir gar nicht so schlecht sind. Aber Gott vergleicht uns mit Jesus Christus, und ihn können wir bei weitem nicht erreichen, keiner von uns, ohne Ausnahme.

Das läßt sich an folgendem Beispiel verdeutlichen. In Südkalifornien liegt vor der Küste eine Insel namens Catalina, 26 Meilen vom Pier von Newport Beach entfernt. Nehmen wir an, eines Tages stehen drei Männer am Ende der Pier.

Einer ist ein Alkoholiker, schmutzig, krank, lebt auf der Straße. Der zweite ist ein durchschnittlicher Amerikaner und der dritte fein, aufrecht, eine Stütze der Gesellschaft.

Plötzlich springt der Alkoholiker von der Pier, anderthalb Meter weit ins Wasser. Die anderen beiden rufen: „Was tust du da?" Der Mann im Wasser ruft zurück: „Ich springe nach Catalina!"

Der zweite Mann, der durchschnittliche Mann auf der Straße, sagt: „Sieh mich an. Ich kann das besser!" Er springt und landet drei Meter weit draußen, doppelt so weit, wie der Alkoholiker. Der dritte Mann, sehr moralisch, aufrecht, herausragende Persönlichkeit, die er ist, lacht verächtlich über die beiden Männer im Wasser.

Er geht fünfzig Meter weit zurück, nimmt Anlauf und landet sechs Meter weit draußen, doppelt so weit, wie Mr. Durchschnitt und viermal so weit, wie Mr. Alkohol.

Die Küstenwacht fischt sie aus dem Wasser und fragt, was sie da tun, worauf sie alle antworten: „Wir springen nach Catalina", und Mr. Durchschnitt prahlt, daß er Mr. Alkohol geschlagen hat, und Mr. Großartig prahlt, daß es ihm gelungen ist, sie beide zu schlagen.

Der Mann von der Küstenwacht kann nur den Kopf schütteln und ausrufen: „Ihr Dummköpfe! Ihr habt euer Ziel *immer noch* um sechsundzwanzig Meilen verfehlt."

Obwohl der moderne Mensch glaubt, besser — oder zumindest genauso gut — zu sein, als andere, ist er immer noch weit entfernt von dem Ziel, das Gott uns gesetzt hat. Es ist für jeden unmöglich, von der Pier nach Catalina zu springen, und es ist für jeden unmöglich, den Himmel durch seine eigenen Taten und ohne Jesus Christus zu erreichen. Wie Jesus selbst es ausdrückt: „Niemand kommt zum Vater außer durch mich" (Joh. 14,6).

Kann das Christentum bewiesen werden?

In Gesprächen über die Wahrheit, besonders religiöse Wahrheit, stellt sehr oft jemand die Frage: „Können Sie *beweisen*, daß das Christentum wahr ist? Können Sie mit hundertprozentiger *Sicherheit* sagen, daß das Christentum wahr ist?"

Die Antwort auf die erste Frage ist: „Ja, das Christentum kann als wahr bewiesen werden." Das bedeutet natürlich nicht, daß jeder die Beweise auch *akzeptieren* wird, so gut sie auch sein mögen. Aber die Antwort auf die zweite Frage lautet: „Nein, nicht mit hundertprozentiger Sicherheit."

Manche Menschen glauben, daß dieses „Nein" sie freistelle. Das Problem ist ein falsches Verständnis von der Natur des Beweises. Der Schlüssel ist *nicht* eine vollkommene oder absolute Sicherheit, wie manche glauben, sondern ein Maß an Beweiskraft, das eine vernunftgemäße Sicherheit erlaubt oder die Angelegenheit über jeden vernünftigen Zweifel hinaushebt.

Das ist der Maßstab, der traditionell vor unseren Gerichten angewendet wird. Wenn ein Richter die Geschworenen belehrt, dann sagt er ihnen, daß sie aufgrund von Wahrscheinlichkeit, nicht Sicherheit, zu urteilen haben; aufgrund der Beweise, die vorgelegt wurden, nicht der Sicherheit, das Verbrechen selbst gesehen zu haben. Würden die Entscheidungen von Geschworenen verzögert, bis hundertprozentige Sicherheit besteht, dann würde niemals ein Urteil gefällt werden.

Jeder trifft die Entscheidungen in seinem Leben auf der Grundlage von Wahrscheinlichkeiten, nicht von Sicherheit. Entscheidungen beruhen auf einer Kombination von Glauben und Tatsachen. So steht z.B. jemand, der die Straße überqueren will, auf einer Seite, blickt (hoffentlich!) in beide Richtungen und sammelt die Informationen, die notwendig sind, um festzustellen, ob es möglich ist, den Weg sicher anzutreten.

Er kann niemals hundertprozentig sicher sein, daß er es schafft. Er könnte auf halbem Wege einen Herzanfall haben, ein Erdbeben könnte ihn verschlingen, usw. Das Fehlen der hundertprozentigen Sicherheit hält ihn jedoch nicht auf der einen Straßenseite zurück. Er geht mit vielleicht neunzig Prozent Sicherheit und hundert Prozent Glauben auf die andere Seite, aber er selbst muß zu hundert Prozent hinübergehen.

Viele Menschen scheinen in religiösen Angelegenheiten absolute Sicherheit zu verlangen, während sie den Maßstab absoluter Sicherheit bei keiner anderen Frage von großer Bedeutung anlegen. Der Atheist kann nicht einmal in seinem Glauben „Es gibt keinen Gott" hundertprozentig sicher sein.

Die Existenz Gottes zu leugnen macht es notwendig, die Möglichkeit seiner Existenz einzuräumen. Die Menschen hören nicht auf, Entscheidungen zu treffen, weil sie keine absolute Sicherheit erreichen können. Ein hohes Maß an Beweiskraft ist notwendig, aber kein unvernünftiges, wie die Forderung nach hundertprozentiger Sicherheit.

Genau wie der Mann, der die Straße überquerte, keine hundertprozentige Sicherheit brauchte, um hinüberzugehen, so braucht auch niemand hundertprozentige Sicherheit, um die Entscheidung für den Glauben an das Christentum, an Jesus Christus zu treffen.

Das Christentum beansprucht eine vernunftsgemäße Sicherheit für jeden, der bereit ist, die Beweise zu nehmen, zu erwägen und zu beurteilen. Das Christentum beansprucht äußere Bestätigung durch Beweise, ebenso wie inneres Zeugnis durch Gott.

Denjenigen außerhalb des christlichen Glaubens kann gezeigt werden, daß das Christentum auf starken Beweisen beruht und ein hohes Maß an Wahrscheinlichkeit für die Wahrheit seiner Behauptungen für sich hat. Aber wenn ein Mensch Christ wird, dann wird die ‚Versicherung' oder ‚Sicherheit' zur Realität. Das Christentum wird vom ‚vernunftsgemäß sicheren' Standpunkt so unleugbar wie die eigene Existenz.

Gemeinsam haben wir beide zu Millionen von Studenten, Professoren, Geschäftsleuten und Laien über die Beweise für die Bibel und Jesus Christus gesprochen. Wir haben kaum mehr als ein halbes Dutzend Menschen getroffen, die, nachdem sie die Tatsachen gehört hatten, immer noch behaupteten, mit der Annahme des Christentums als wahr ein intellektuelles Problem zu haben.

Das Problem lautet nicht: „Ich kann nicht glauben, weil die Tatsachen es nicht zulassen", sondern vielmehr: „Gleichgültig, welche Beweise, ich glaube nicht." Wenn jemand wirklich interessiert ist, die Belege für den Nachweis der Wahrheit des Christentums zu überprüfen, dann treffen die Worte Jesu auf ihn zu: „Wer bereit ist, den Willen Gottes zu tun, wird erkennen, ob diese Lehre von Gott stammt oder ob ich in meinem eigenen Namen spreche" (Joh. 7,17).

Machen sich die Christen des Zirkelschlusses schuldig?

Einer der Vorwürfe, die häufig gegen die Bibel erhoben werden, lautet, daß die Christen im Kreis argumentieren. Die Anklage besagt, daß die Christen die Bibel als inspiriertes Wort Gottes beanspruchen und als Beweis für diese Behauptung eine Passage aus der Bibel zitieren, die das ausdrückt.

Diese Art der Argumentation ist als Circulus vitiosus oder Zirkelschluß bekannt. Nichts ist durch diese Art der Argumentation zu beweisen. Sie beruht darauf, daß man etwas als wahr annimmt und diese Annahme als Tatsache verwendet, um eine weitere Annahme zu beweisen und dann diese ‚bewiesene' Annahme verwendet, um die ursprüngliche Annahme zu beweisen!

Manche Christen (und viele Nichtchristen) argumentieren im Kreis, aber hinsichtlich der Bibel haben sie das sicher nicht nötig.

Statt anzunehmen, daß die Bibel das Wort Gottes ist, können wir damit beginnen zu zeigen, daß die Schrift grundsätzlich ein zuverlässiges und vertrauenswürdiges historisches Dokument ist. Das bestätigt sich, wenn man die übliche Prüfung historischer Kritik auf die Schrift anwendet.

Ist einmal nachgewiesen, daß die Bibel einen gültigen historischen Bericht darstellt, besteht der nächste Punkt darin, zu erkennen, daß Jesus Christus behauptet, der eingeborene Sohn Gottes zu sein, und daß er diese Behauptung auf seine kommende Auferstehung von den Toten gründet.

Als nächstes untersuchen wir die Beweise für die Auferstehung, die in diesem historischen Dokument enthalten sind und stellen fest, daß die Aussagen in überwältigender Weise die Behauptung stützen, Christus sei von den Toten auferstanden. Wenn dies wahr ist, dann ist er der eingeborene Sohn Gottes, wie er behauptet hat. Wenn er wirklich Gott ist, dann spricht er in allen Angelegenheiten mit Autorität.

Da Jesus das Alte Testament als das Wort Gottes betrachtete (Matth. 15, 1-4; 5,17.18) und seinen Jüngern, die die Bücher des Neuen Testaments entweder schrieben oder Einfluß darauf hatten, versprach, der Heilige Geist werde alle Dinge in ihre Erinnerung zurückbringen (Joh.

14,26), können wir mit begründeter und fehlerfreier Logik darauf bestehen, daß die Bibel Gottes Wort ist. Das ist kein Zirkelschluß. Es handelt sich um die Feststellung bestimmter Tatsachen und Gründung von Rückschlüssen auf den begründeten logischen Ergebnissen dieser Tatsachen.

Ist es wirklich von Bedeutung, was ich glaube?

Eine Frage, die wir oft hören, lautet: „Kommt es wirklich darauf an, was ich glaube, solange ich nur an irgend etwas glaube?“ Oder: „Solange dein Glaube dir hilft, ist das nicht alles, worauf es ankommt?“

Die Vorstellung hinter solchen Aussagen ist, daß es keine absolute Wahrheit gibt, an die man glauben kann und daß daher der Akt des Glaubens alles ist. Wir alle glauben an etwas, wie Edgar Sheffield Brightman feststellt: „Ein denkender Mensch kann nicht realen Überzeugungen entsagen, und es ist sinnlos zu tun, als habe man keine“ (E. S. Brightman in H. N. Wieman, B. E. Meland, Hrsg., *American Philosophies of Religion*, New York, Harper & Brothers, 1936).

Die Idee, irgendeine Wahrheit oder Sinn im Leben zu finden, ist dem modernen Menschen verlorengegangen. Diese Aussage reflektiert die Unfähigkeit, etwas außerhalb des eigenen Selbst zu erfassen: „Es gibt keine Regeln, mit Hilfe derer wir ein Ziel oder einen Sinn im Universum entdecken könnten“ (Hans Reichenbach, *The Rise of Scientific Philosophy*, S.301).

Obwohl wir in einer Zeit leben, in der wir alle einen bestimmten Glauben an Dinge haben, scheint das Klima eher auf dem Akt des Glaubens zu beruhen, als auf irgendeinem realen Gegenstand des Glaubens. „Fürchte dich nicht vor dem Leben. Glaube, daß das Leben lebenswert ist, und dein Glaube wird helfen, die Tatsache zu schaffen“, sagt der Pragmatiker William James.

Leider ist das nicht der Fall. Glauben schafft keine Tatsachen. Die Wahrheit ist unabhängig vom Glauben. Wie sehr ich es auch versuchen mag, etwas zu glauben macht es noch nicht wahr. Zum Beispiel kann ich von ganzem Herzen glauben, daß es morgen schneien wird, aber das garantiert mir keinen Schnee. Oder ich kann glauben, mein altes heruntergekommenes Auto sei ein Rolls Royce, aber mein Glaube ändert die Tatsachen nicht.

Glaube ist nur so gut, wie der Gegenstand, auf den wir unser Vertrauen setzen. Jemand mag zu mir kommen und sagen: „He, laß uns einen Flug mit meinem neuen Flugzeug machen!“ Wenn ich herausfinde, daß sein Flugzeug kaum noch funkioniert und daß er nicht einmal eine Fluglizenz besitzt, dann ist mein Glaube, gleichgültig *wieviel* ich aufbringe, nicht gut gegründet.

Mein Glaube macht aus meinem Freund keinen großartigen Piloten, wenn wir einmal in der Luft sind! Wenn jedoch ein anderer Freund vorbeikommt und mir dasselbe Angebot macht, er aber ein geprüfter Pilot mit einem neuen Flugzeug ist, dann hat mein Vertrauen eine wesentlich solidere Grundlage. So ist es von Bedeutung, was ich glaube, denn mein Glaube macht es noch nicht wahr.

Auch die Bibel betont die Tatsache, daß es lebenswichtig ist, was man glaubt. Jesus sagte: ,,Denn wenn ihr nicht glaubt, daß Ich es bin, werdet ihr in euren Sünden sterben" (Joh. 8,24). Uns wird auch gesagt: ,,Wer an den Sohn glaubt, hat das ewige Leben; wer aber dem Sohn nicht gehorcht, wird das Leben nicht sehen, sondern Gottes Zorn bleibt auf ihm" (Joh. 3,36).

So liegt die Betonung in der Schrift weniger auf dem *Akt* des Glaubens, als vielmehr auf dem *Gegenstand* des Glaubens. Herausgehoben wird nicht so sehr derjenige, der vertraut, sondern derjenige, dem vertraut wird. Jesus sagte: ,,Ich bin der Weg und die Wahrheit und das Leben; niemand kommt zum Vater außer durch mich" (Joh. 14,6).

Die Menschen heute glauben, was immer sie zu glauben wünschen, aber das wird am Ende zu ihrer Zerstörung führen. Die berühmte Hörsaalgeschichte von dem Philosophen Georg Hegel illustriert die Art von Glauben, den die Leute zeigen und der vollkommen unbiblisch ist. Hegel erläuterte, wie man erzählt, seine Geschichtsphilosophie in Bezug auf eine bestimmte Reihe von Ereignissen, als einer seiner Studenten Hegels Ansicht widersprach und sagte: ,,Aber Herr Professor, die Tatsachen sind anders."

,,Umso schlimmer für die Tatsachen", war Hegels Antwort.

Eine der dunkelsten Perioden in der Geschichte Israels lag in der Zeit der Könige. Während dieser Zeit gab es einen Wettstreit zwischen Gott dem Herrn und Baal, einer hochverehrten Kultgottheit.

Ein Altar aus Holz wurde errichtet, und Teile eines Stiers wurden als Opfer darauf gelegt. Der Gott, der mit Feuer antworten und das Opfer verzehren würde, sollte als der wahre Gott in Israel anerkannt werden. Baal kam zuerst an die Reihe.

Wenn einer Feuer aus dem Himmel schleudern konnte, dann war es Baal — der große Naturgott, der das Wetter kontrollierte (z.B. Regen, Gewitter und Blitz). Die Priester des Baal zogen den ganzen Morgen bis zum späten Nachmittag um den Altar und flehten Baal an, sie zu erhören.

Diese falschen Priester sprangen um den Altar herum, schnitten sich selbst mit Schwertern, tanzten bis zur Raserei, wüteten und flehten den ganzen Tag. Doch nichts geschah. Niemand kann sagen, sie seien nicht aufrichtig gewesen oder hätten nicht geglaubt.

Als sie fertig waren und der Altar wieder hergestellt war, antwortete Gott der Herr mit Feuer vom Himmel und verzehrte Altar und Opfer. Die falschen Propheten des Baals wurden erschlagen (1. Kön. 18).

Bedeuteten Aufrichtigkeit und Glaube Rettung, so wären diese Propheten verschont worden. So ist es aber nicht. Diese Propheten vertrauten auf den falschen Gegenstand. Sie hatten sich niemals entschieden, die Wahrheit zu untersuchen. Gott verlangt von den Menschen, ihren Glauben auf Jesus Christus zu setzen; nichts Geringeres wird sie oder ihn zufriedenstellen.

Warum erlaubt ein guter Gott, daß das Böse existiert?

Eine der quälendsten Fragen, denen wir uns gegenüber sehen, betrifft das Problem des Bösen. Warum gibt es Böses in der Welt, wenn es einen Gott gibt? Viele denken, daß die Existenz des Bösen die Existenz Gottes widerlegt.

Manchmal wird das Problem des Bösen dem Christen in Form einer komplexen Frage vorgelegt: „Wenn Gott gut ist, dann wird er wohl nicht mächtig genug sein, um mit all dem Bösen und der Ungerechtigkeit in der Welt fertig zu werden, da dies fortbesteht. Wenn er mächtig genug ist, Übeltaten zu stoppen, dann muß er selbst ein böser Gott sein, da er nichts dagegen tut, obwohl er die Fähigkeit hat. Was ist er also? Ist er ein schlechter Gott oder ein nicht allmächtiger Gott?" Selbst die Verfasser der Bibel klagten über das Leid und das Böse. „Denn Leiden ohne Zahl haben mich umgeben" (Psalm 40,13). „Warum ward mein Schmerz denn ewig, ward meine Wunde unheilbar und will nicht gesunden?" (Jer. 15,18). „Denn wir wissen, daß die gesamte Schöpfung bis zum heutigen Tag seufzt und in Geburtswehen liegt" (Röm. 8,22). Wir geben also bereitwillig zu, daß das Böse ein Problem ist, und wir geben auch zu, hätte Gott die Welt erschaffen, wie sie heute ist, dann wäre er kein Gott der Liebe, sondern vielmehr ein böser Gott.

Doch die Schrift macht deutlich, daß Gott die Welt nicht in dem Zustand geschaffen hat, in dem sie sich heute befindet, sondern daß das Böse in Folge der Selbstsucht des Menschen kam. Die Bibel sagt, daß Gott ein Gott der Liebe ist und daß er wünschte, eine Person und schließlich eine Rasse zu erschaffen, die ihn lieben sollte. Aber wirkliche Liebe kann nicht existieren, wenn sie nicht frei gegeben wird, durch freie Wahl und Willen, und so wurde dem Menschen die Wahl gelassen, Gottes Liebe anzunehmen oder sie zurückzuweisen. Diese Wahl machte die Möglichkeit des Bösen real. Gott ist weder Böse noch schuf er das Böse. Der Mensch brachte das Böse über sich, indem er selbstsüchtig seinen eigenen Weg, getrennt von Gottes Weg, wählte.

Wegen des Sündenfalls ist die Welt jetzt abnorm. Die Dinge sind nicht, wie sie sein sollten. Der Mensch ist, als Folge des Sündenfalls, von Gott getrennt worden. Die Natur ist nicht immer freundlich zum

Menschen, und die Tierwelt kann auch sein Feind sein. Es gibt Streit zwischen dem Menschen und seinem Mitmenschen. Keiner dieser Zustände existierte vor dem Sündenfall. Jede mögliche Lösung für die Probleme, denen die Menschheit gegenübersteht, muß berücksichtigen, daß die Welt, in ihrem heutigen Zustand, nicht normal ist.

Wenn das Böse auch heute real ist, so ist es doch vorübergehend. Das Böse wird am Ende vernichtet werden. Das ist die Hoffnung, die der Gläubige hat. Eine neue Welt wird kommen, in der es keine Tränen und kein Leid mehr gibt, weil alle Dinge neu gemacht werden (Off. 21,5). Das verlorene Paradies wird wiedergewonnen werden. Gott wird zu seiner Zeit alles Falsche zurechtrücken und alles Böse ein für allemal beseitigen.

Die Christen haben eine Rechtfertigung, das Böse, die Unmoral und Verderbtheit zu bekämpfen. Die Welt ist nicht mit einem Platz für das Böse geplant worden, und der Gläubige besitzt eine reale Grundlage, um die sozialen Krankheiten zu bekämpfen. Er glaubt nicht, daß alles, was ist, richtig sei. Der Christ entschuldigt Übeltaten nicht, indem er sagt, es sei Gottes Welt, noch setzt er voraus, daß alles, was geschieht, von Gott gut geheißen wird. Gott wünscht das Böse nicht, noch entschuldigt er es jemals. Er haßt das Böse, und auch der Christ soll das Böse nicht nur verabscheuen, sondern er ist auch verpflichtet, etwas dagegen zu tun. Wenn die Sünde auch real ist, so akzeptiert der Gläubige sie doch nicht als die Art, wie die Dinge sein sollten. Indem er sich mit Jesus identifiziert, hat der Gläubige die Pflicht, Dinge, die schlecht sind, auch schlecht zu nennen, und darauf hinzuweisen, wenn das Böse das Gute überwältigt. Der Christ kämpft nicht gegen Gott, wenn er soziale Probleme bekämpft. Naturkatastrophen, Verbrechen und Geisteskrankheit sollten nicht die akzeptierte Ordnung der Dinge sein, weil sie nie so geplant waren und weil sie es in Gottes künftigem Königreich nicht sein werden.

Doch manche Menschen sind immer noch verwirrt darüber, daß Gott das Böse überhaupt zuläßt. Sie fragen, ob es weise von ihm war, dem Menschen die Wahl zu lassen. Dorothy Sayers rückte das Problem des Bösen in die richtige Perspektive: „Aus welchem Grund auch immer Gott beschlossen hat, den Menschen so zu machen, wie er ist — begrenzt und leidend, Trauer und Tod unterworfen —, er besaß die Ehrlichkeit und den Mut, seine eigene Medizin zu schlucken. Welches Spiel er auch mit seiner Schöpfung spielen mag, er hat seine eigenen Regeln eingehalten und fair gespielt. Er kann vom Menschen nichts fordern, das er nicht von sich selbst gefordert hat. Er ist selbst durch die ganze menschliche Erfahrung gegangen, von den alltäglichen Ärgernissen des Familienlebens und den beengenden Einschränkungen harter Arbeit und dem Mangel an Geld, bis zu den schlimmsten Schrecken von Schmerz und Demütigung, Niederlage, Verzweiflung und Tod. Als er ein Mensch war, spielte er den Menschen. Er wurde in Armut geboren und starb in Unehre, und fand, das war es wert" (Dorothy Sayers, *Creed or Chaos*? New York: Harcourt, Brace and Col, 1949, S.4).

Die Bibel sagt uns, daß Gottes Ziele manchmal jenseits unseres Verständnisses liegen. „Denn meine Gedanken sind nicht eure Gedanken, und eure Wege sind nicht meine Wege, spricht der Herr, sondern so hoch der Himmel über der Erde ist, so viel sind meine Wege höher als eure Wege und meine Gedanken höher als eure Gedanken" (Jes. 55,8.9). Paulus schrieb in ähnlicher Weise an die Kirche in Rom: „O Tiefe des Reichtums, der Weisheit und der Erkenntnis Gottes! Wie unergründlich sind seine Entscheidungen, wie unerforschlich seine Wege" (Röm. 11,33).

Obwohl die Bibel uns informiert, wie und warum das Böse entstand, sagt sie uns nicht, warum Gott das geschehen ließ. Wir wissen jedoch, daß Gott allweise und allwissend ist und daß er Gründe dafür hat, Dinge geschehen zu lassen, die weit über unser Verständnis hinausgehen.

Ist das Grabtuch von Turin das authentische Grabtuch Christi?

Das Grabtuch von Turin, ein altes Leinentuch, 4,36m mal 1,10 m groß, ist auf der ganzen Welt als das echte Grabtuch Jesu gefeiert worden. Viele Menschen haben seine Authentizität verteidigt. Papst Paul VI. verkündete, das Tuch sei „die wichtigste Reliquie in der Geschichte der Christenheit“ (*U.S. Catholic*, Mai 1978, S.48).

Das Bild auf dem Stoff soll das Abbild Jesu Christi sein und den greifbaren Beweis für Tod, Begräbnis und Auferstehung Christi darstellen. Viele haben es als das größte Geheimnis der Welt bezeichnet. Die Verfechter des Tuches behaupten, das Bild halte den Analysen des 20. Jahrhunderts stand, es sei menschenunmöglich, es zu ‚fälschen‘ oder zu ‚kopieren‘.

Nach sehr intensiven Nachforschungen sind wir dazu gekommen, das Tuch mit großem Skeptizismus zu betrachten. Es scheint, daß viele Untersuchungen des Tuches im Licht vorgefaßter Meinungen über die Authentizität des Tuches durchgeführt worden sind.

Es gibt viele schwerwiegende Probleme mit der Ansicht, das Tuch sei authentisch. Vor 1350 gibt es keinen historischen Beweis, um die Authentizität oder auch nur die Existenz des Tuches zu belegen. A. J. Otterbein schreibt in *The New Catholic Encyclopedia*:

Die unvollständige Dokumentation des Tuches läßt manche zögern, seine Authentizität zu akzeptieren. Solche Bedenken sind gerechtfertigt, wenn man nur die historischen Beweise berücksichtigt.“

Fälschung

Um 1900 wurde in einer Sammlung von Dokumenten, die Ulysses Chevalier gehörte, ein Brief gefunden. Der Brief wurde 1389 von dem Bischof von Troyes an den Gegenpapst von Avignon, Clemens VII. geschrieben.

Der Brief erklärte, eine Untersuchung habe den Künsler entlarvt, der das Tuch bemalt habe, und dieser habe gestanden. Viele seien beunruhigt, weil das Tuch zur finanziellen Bereicherung verwendet werde. Der

Brief lautete weiter:

„Denn viele Theologen und andere weise Menschen haben erklärt, daß dies nicht das wirkliche Grabtuch unseres Herrn sein könne, mit dem eingeprägten Abbild des Erlösers, weil das heilige Evangelium keinen solchen Abdruck erwähnt hat; während, wenn es wahr wäre, unwahrscheinlich ist, daß der heilige Evangelist unterlassen hätte, dies zu berichten, oder daß die Tatsache bis zur heutigen Zeit verborgen geblieben wäre."

Der Brief fügte hinzu, der Fälscher sei entlarvt und verweist darauf, daß „die Wahrheit bezeugt ist durch den Künstler, der es bemalt hatte, nämlich, daß es ein Werk menschlicher Geschicklichkeit sei und nicht wunderbar bewirkt oder bewahrt."

Seine Geschichte

Geoffrey de Charney erwarb das Tuch irgendwann vor 1357. Es wurde 1357 in einer Stiftskirche zu Lirey in Frankreich, die Geoffrey gegründet hatte, zur Verehrung ausgestellt. Doch Geoffrey starb 1356, ehe er enthüllt hatte, wie er das Tuch bekommen hatte.

Das Tuch wurde eingeschlossen, als eine Untersuchung es als Fälschung erwies. Dann reiste um 1449 Margaret de Charney, Geoffreys Enkelin, mit dem Tuch umher und nahm Eintrittsgeld dafür. Im Jahre 1452 gab sie das Tuch dem Herzog von Savoyen im Tausch gegen zwei Schlösser.

Es wurde in der Sainte Chapelle von Chambéry untergebracht, wo ein Feuer es am 3. Dezember 1532 beschädigte.

Emmanuel Philibert von Savoyen brachte das Tuch 1578 von Frankreich nach Turin. Ein Fotograf namens Secondo Pia fotografierte das Bild auf dem Tuch im Jahre 1898. Zu jedermanns Überraschung stellte sich der Abdruck auf dem Tuch als Negativ heraus.

Entstehung des Bildes

Die Übertragung des Bildes auf das Tuch ist ein wichtiger Schritt in der Erklärung, ob das Tuch das Ergebnis eines Wunders ist oder nicht und ob es tatsächlich das Grabtuch Jesu ist. Stünde es jenseits allen Zweifels fest, daß das Tuch über natürliche Mittel hinausgeht, so hätten wir ein

Wunder und daher das Tuch Christi vor uns. Beide Seiten in dieser Auseinandersetzung stimmen überein, daß das Bild nach der Kreuzigung Christi entstanden sein muß.

Die Methoden, die für die Übertragung des Bildes auf das Tuch vorgeschlagen wurden, sind (1) Vaporographie; (2) Brennen und Strahlung; (3) Thermographie.

Vaporographie ist ein Prozess, in dem die Mischung von Spezereien, Aloe und Öl mit dem Ammoniak (Harnstoff) im menschlichen Schweiß reagiert, in Form von Dämpfen und so ein Abbild auf dem Stoff hinterläßt. Die einzige Bedingung der Physik ist, daß die Dämpfe sich in geraden Linien bewegen müssen, um das Bild zu formen.

Das Problem mit dieser Theorie besteht darin, daß nicht alle Chemiker glauben, daß die Dämpfe sich in genauer linearer Beziehung zu ihren Ursprungspunkten aus bewegen. O'Gorman schrieb 1931, eine Möglichkeit, daß ein Vapograph stattfinde sei gegeben durch die Hinzufügung einer radioaktiven Substanz zu den Spezereien oder zum Körper Christi selbst! Aber man muß dies als eine Spekulation höchsten Maßes erkennen.

Eine andere Methode, die Popularität gewonnen hat und in den „Proceedings" behandelt wird, ist das „Brennen" oder der Prozeß, der stattfindet, wenn ein Körper genügend Strahlung freisetzt, um das Bild in den Stoff einzubrennen. Diese Theorie wurde durch das Zeugnis zweier Wissenschaftler, Wade Patterson und Dave D. Myers vom Lawrence Livermore Laboratory, zu Grabe getragen.

Sie sahen keine Möglichkeit, wie die Bilder des Tuches auf natürliche Weise durch Ionisierung oder nukleare oder andere Hochenergiestrahlung entstanden sein könnten. Röntgenstrahlen und Gammastrahlen gehören zu den wichtigsten ionisierenden Strahlen, und die Bilder können durch keine der beiden Arten hervorgerufen worden sein, weil Hochspannungsgeräte notwendig sind, um Röntgenstrahlen zu produzieren, und die einzigen natürlichen Quellen für Gammastrahlen sind radioaktive Substanzen wie Uran; außerdem wirken Röntgen- und Gammastrahlen nicht auf die Weise auf Material ein, wie das Tuch es zeigt.

Röntgen- und Gammastrahlen, so fuhren sie fort, gehören zu den durchdringendsten Strahlungen; sie wären glatt durch das Tuch hindurchgegangen, statt es zu markieren. Eine sehr intensive Quelle ionisierender Strahlung, räumen sie ein, wäre in der Lage gewesen, auf den Stoff einzuwirken, aber, angesichts der gegebenen Faktoren — ein

Leichnam, das Verstreichen von Jahrhunderten, usw. — sahen sie nicht, wie das möglich gewesen sein sollte.

Selbst wenn durch irgendeinen unwahrscheinlichen Zufall der Leichnam radioaktiv gemacht worden wäre und daher Röntgen- oder Gammastrahlen abgegeben hätte, stünden die Bilder auf dem Tuch immer noch nicht in Übereinstimmung mit der Art von Bildern, die unter diesen Umständen hätten entstehen sollen. Röntgen- oder Gammastrahlen werden, nach Patterson, von den Knochen stärker absorbiert und so wären die Knochen und nicht die Haut die am besten erkennbaren Stellen des Bildes.

Selbst wenn man eine radioaktive Substanz wie Uran — das Gammastrahlen und Alpha- und Betapartikel abgibt, die alle zu den ionisierenden Strahlungen gehören — auf den Körper geschmiert hätte, wären nach Meinung der Wissenschaftler nicht die Bilder des Tuches erschienen, sondern bestenfalls eine Silhouette.

Wäre eine radioaktive Substanz in der Weise aufgebracht worden, daß nur die Oberfläche betont wurde, so sei ihnen, wie sie hinzufügten, noch keine Technik bekannt, um den Stoff so zu präparieren, daß er Hochenergiestrahlung registrieren könne. Röntgenstrahlen sind ein Beispiel dafür, was sie meinen; um das Vorhandensein von Röntgenstrahlen festzustellen, ist Film notwendig.

Wenn zur Zeit des Begräbnisses über Jerusalem eine Atomexplosion stattgefunden hätte, so wäre genügend Strahlung vorhanden gewesen, um die Bilder in das Tuch zu ätzen, aber sie hätte mit ihrer Intensität das Tuch selbst zerstört. Und selbst wenn sie das Tuch nicht zerstört hätte, so wäre doch das Leinen des Tuches auf ganz andere Weise angegriffen worden" (aus *The Shroud*, von Wilcox, S.154,155).

Eine dritte Methode zur Übertragung des Bildes wäre eine schwächere Art der Strahlung, in Form von Hitze. Diesen Prozeß nennt man Thermographie, und er wird zum Nachweis von Brustkrebs angewendet. Dr. Jackson und Dr. Jumper favorisieren die Methode als die wahrscheinlichste für die Übertragung der Bilder.

„Sie hatten Computer eingesetzt, um die Daten der Fotos zu analysieren und so die Idee überprüft, daß das Gesicht proportional zum Abstand zwischen Körper und Tuch einheitlich heller und dunkler war. Tatsächlich waren die Abweichungen so einheitlich, ...daß es für sie keinen Zweifel daran gab, daß die Bilder durch irgendeinen ‚physikalischen Prozeß' — offensichtlich nicht durch menschliche Kunst — entstanden waren, und sie neigten dazu, ein ‚Thermogramm', ein durch

Hitze entstandenes Bild, zu favorisieren“ (aus *The Shroud*, von Wilcox, S.175).

Doon Dr. Ernest Wood vom Neurologischen Institut in New York setzt diesen Prozeß in Beziehung zum Tuch und meldet als Ergebnis beträchtliche Zweifel hinsichtlich dieses Prozesses an.

Die Thermographie, erläutert Dr. Wood, entstand aus der Infrarotfotografie, die während des 2. Weltkriegs entwickelt wurde; heute wendet man sie hauptsächlich zum Nachweis von Brustkrebs an. Das dahinter stehende Prinzip ist einfach: die Wärme, die der Körper ausstrahlt, wird benutzt, um diagnostische Bilder zu machen, und die Bilder sind Negative.

Aber es gibt, wie Dr. Wood feststellte, bedeutsame Unterschiede zwischen den thermographischen Bildern und den ‚Bildern‘ auf dem Tuch. Zum einen waren ausgeklügelte Geräte notwendig, um die Körperwärme so zu verstärken, daß ein Bild registriert werden konnte: Die Vervielfachung liegt im Bereich von einer Million. Zum anderen wurden die thermographischen Bilder auf Polaroidfilm, nicht auf Stoff, festgehalten (aus *The Shroud*, von Wilcox, S.171,172).

Das Ausmaß der millionenfach verstärkten Hitzestrahlung würde mit seiner Intensität den Stoff aller Wahrscheinlichkeit nach zerstört haben.

Diejenigen, die behaupten, schwache Strahlung habe das Bild hervorgerufen, müssen der Brechung des sichtbaren Lichts Rechnung tragen. Sie erklären dies mit der angenommenen Schweißschicht auf dem Körper, die als Brechungslinse gedient haben soll, indem sie die Strahlung in die notwendigen linearen Säulen bündelte, um das Bild hervorzurufen (also ein wichtiger Grund dafür, daß der Körper angewachsen sein muß).

Wenn man den Schweiß entfernt, entfernt man den Mechanismus für die Scharfeinstellung. Dr. Mueller nannte diese ganze Theorie lächerlich, da Hunderte von Linsen, ähnlich einem Fliegenauge, über den ganzen Körper verteilt, notwendig gewesen wären, um die Strahlung einzustellen. Schweiß würde einfach nicht funktionieren.

Es ist auch wichtig, daß die diskutierte sichtbare schwache Strahlung Bilder in einem Abstand von weniger als 5 cm vom Körper produziert. Bei größerem Abstand sinkt die Strahlungsintensität auf Null und würde kein Bild hinterlassen.

Der durchschnittliche Abstand auf dem Tuch beträgt 3 cm, was die bildformenden Eigenschaften der Strahlung bedeutend schwächt, und es sind auf dem Tuch noch größere Abstände zu überbrücken, die kein Bild ergeben sollten, wenn Wärmestrahlung die Ursache war.

Man muß sich auch erinnern, daß der Mechanismus für Wärmestrahlung, den die Verfechter anführen, auf reiner Spekulation beruht; es gibt keinen Beweis dafür. Bestenfalls handelt es sich um wilde Vermutungen.

Dr. Marvin Mueller ist seit 20 Jahren Mitarbeiter des Los Alamos Scientific Laboratory in New Mexico und hat auf verschiedenen Gebieten der Physik experimentelle und theoretische Forschung betrieben. In den letzten acht Jahren arbeitete er am Laser Fusion Energy Project und ist auf diesem Gebiet für seine theoretischen Beiträge und streitbaren Bestrebungen international bekannt.

In einem Brief schreibt Dr. Mueller: „Manche Wissenschaftler, die Mitglieder des Shroud of Turin Research Project (STURP) sind, haben behauptet, das experimentelle Ergebnis ihrer Untersuchung zeige, daß das Tuch tatsächlich den gekreuzigten Leichnam Jesu Christi eingehüllt habe.

Ihr Hauptgrund für die Erklärung der Authentizität des Tuches beruht auf der Behauptung, das Bild des Tuches könne nur durch einen ‚kurzen Ausbruch von Strahlung' hervorgerufen worden sein, die von dem Leichnam ausging und das Bild in den Stoff einbrannte, von dem er bedeckt war.

Ein solches Ereignis wäre natürlich wunderbar, aber genau das ist es, was sie brauchen, um die Authentizität nachzuweisen; denn kein natürlicher Prozeß der Bildentstehung könnte zu dem Schluß führen, der Körper, der das Bild hervorrief, sei der von Jesus Christus gewesen.

Doch ihre Behauptungen halten näherer Untersuchung nicht stand und scheinen größtenteils auf Wunschdenken zu beruhen. Zum einen haben sie *nicht* bewiesen, daß das Bild des Tuches eingebrannt ist, obwohl es einige der entsprechenden Eigenschaften, wie Farbe und Hitzebeständigkeit besitzt.

Andere Substanzen, die hätten verwendet werden können, um das Bild mit künstlichen Mitteln hervorzurufen, besitzen ebenfalls diese Eigenschaften und sind tatsächlich auf dem Bild gefunden worden. Diese Tatsache allein läßt jeden Anspruch auf Authentizität ziemlich töricht erscheinen.

Außerdem hat STURP *nicht* bewiesen, daß das Bild mit Hilfe von Strahlung oder einem anderen Mittel durch den Zwischenraum vom Körper auf den Stoff übertragen wurde. Während die Details zu kompliziert sind, um hier erklärt zu werden, so kann man doch sagen, daß STURP nichts weiter getan hat, als eine Beziehung zwischen der Dichte (Dunkelheit) des Bildes auf dem Tuch und den Abständen zwischen Stoff und Körper herzustellen, die mit Hilfe eines Freiwilligen gemessen wurde, über den man ein Tuch legte.

Aber eine Beziehung impliziert noch keine Kausalität. Zum Beispiel könnte man, zumindest prinzipiell, die Prozedur, die STURP anwendet, um eine Statue von dem ‚Mann des Tuches' zu konstruieren, ebenfalls verwenden, um aus einem Abreibebild nach der Methode von Joe Nickell ein Vollrelief (oder eine Statue) zu rekonstruieren.

Die Tatsache, daß man unter Anwendung der oben beschriebenen Methode eine Statue nach dem Bild des Tuches hergestellt hat, besagt fast nichts über die Methode, durch die das Bild entstanden ist. Besonders die Abreibemethode kann, da sie sehr variabel und anpassungsfähig ist, in großem Umfang Farbabstufungen für ein gegebenes Flachrelief erbringen und kann dabei die ‚dreidimensionalen' Merkmale des Bildes beinahe beliebig variieren.

Folglich sind die beiden Behauptungen, auf denen die Hypothese vom ‚kurzen Ausbruch von Strahlung' beruht, nicht aufrechtzuerhalten. Jeder Anspruch des Grabtuches von Turin auf Authentizität ist so voreilig, daß er lächerlich wird."

3-D-Bild

Eine Behauptung der Verfechter des Tuches besagt, daß das Bild auf dem Stoff mit Hilfe eines YP-8 Bildanalysegerätes als 3-D-Bild reproduziert werden kann. Dieses Gerät soll Farbwerte in ein dreidimensionales Relief oder Bild mit sehr geringer Verzerrung umwandeln.

Dr. Jackson und Dr. Jumper stellen fest: „Ein wohlbekanntes Argument war, daß ein Künstler, der vor dem 14. Jahrhundert gelebt haben muß, kein einheitliches negatives Bild hätte herstellen können, ohne die Möglichkeit, seine Arbeit durch fotografische Inversion zu überprüfen.

Ähnlich unterstellen wir, daß ein Künstler oder Fälscher, der damals lebte, nicht in der Lage gewesen wäre, dreidimensionale Informationen zu verschlüsseln, indem er die Intensitätsstufen seiner Arbeit so einstellte, daß sie überall den tatsächlichen Abständen zwischen Stoff und Körper entsprachen.

Um diesen Punkt zu beweisen, führten wir ein Experiment durch. Wir besorgten uns Fotos von den Arbeiten zweier fähiger Maler, die beauftragt worden waren, das Tuch so genau wie möglich zu kopieren.

Dann übertrugen wir diese Bilder in Reliefbilder, um zu sehen, wie gut jeder der Künstler die Dreidimensionalität des Tuches in seinem Gemälde eingefangen hatte. Zu dieser Zeit waren beide Künstler sich der dreidimensionalen Eigenschaft nicht bewußt.

In dieser Situation half es nicht, die Relieftiefe zu variieren, da die Verzerrungen dieser Bilder nur proportional verändert, aber nicht eliminiert wurden. Da zwei fähige Künstler, die das Tuch selbst als Kopiervorlage hatten, nicht in der Lage waren, ein fehlerfreies dreidimensionales Bild nach dem Tuch zu produzieren, scheint es abwegig, daß ein mittelalterlicher Künstler eine solche Leistung vollbracht haben sollte, ohne daß das Tuch als Vorlage verfügbar war.

Tatsächlich betrachten wir es als eine Herausforderung für die Technologie vor dem 20. Jahrhundert, das deutliche dreidimensionale Bild eines menschlichen Körpers entweder durch Kunstfertigkeit oder durch irgendwelche anderen verfügbaren Mittel auf ein Tuch zu bringen." (aus *The 1977 Research Proceedings on the Shroud of Turin*, S.85).

John German, ein Kollege von Dr. Jackson und Dr. Jumper, weist darauf hin, daß die Qualität des Bildes von der Einstellung des Gerätes abhängig sei:

„Die Natur dieser Beziehung enthüllte eine wichtige Fehlerquelle in der Konstruktion des dreidimensionalen Bildes auf dem Tuch. Das Bild auf dem Tuch entstand durch einen Prozeß, der eine nichtlineare Beziehung zwischen der Bildintensität und dem Abstand zwischen Stoff und Körper verursachte.

Das Bildanalysegerät stellt jedoch ein dreidimensionales Bild her, in dem das Relief (analog zum Abstand Stoff-Körper) linear zur Intensität variiert. Das praktische Ergebnis dieser linearen Beziehung ist eine Verzerrung des Bildes. Wenn die Relieftiefe so reduziert wird, daß ein Bild mit realistischer Nase und Stirn entsteht, besitzen die flacheren Stellen des Bildes, entsprechend dem großen Abstand zwischen Stoff und Körper, wenig oder kein Relief.

Wird andererseits die Relieftiefe verstärkt, um die flachen Stellen des Bildes besser herauszubringen, verlieren Nase und Stirn ihre Proportionen" (aus *Proceedings*, S.235).

Die Frage betrifft hier die Linsen, die verwendet werden, um die farblichen Verzerrungen zu korrigieren und ein Gerät, das weitgehend von Simulation abhängt: Ist das 3-D-Bild des Grabtuches so vollkommen, daß es als wunderbar betrachtet werden kann?

Es muß auch berücksichtigt werden, daß ein dem Bild des Tuches ähnliches menschliches Modell notwendig ist, um den Abstand zwischen Stoff und Körperoberfläche in Verbindung zu bringen und so das nötige Bild zu erhalten.

Danach muß der Stoff auf dem Modell geglättet werden (was Verzerrungen verursacht), und die Kamerabilder müssen auf die Stoffabstände eingestellt werden. Die Frage ist hier: Woher können Sie wissen, ob Sie ein 3-D-Bild des Grabtuches hergestellt haben oder einfach das Bild des Grabtuches über einem lebenden Mann?

Dr. Mueller stellt fest: ,,Die relative Dunkelheit des Bildes wird bestimmt, indem man eine Fotografie des Bildes auf dem Tuch optisch abtastet. Als nächstes wird die Beziehung zwischen den Dunkelwerten des Bildes und dem Abstand Stoff-Körper berechnet. Um die Wechselbeziehung zu maximieren, werden zahlreiche Korrekturen am Faltenwurf des Stoffes vorgenommen.

Die letzte korrigierte Korrelation ist ziemlich gut, und eine leicht abfallende Funktion, die sich dem Exponenten nähert, wird gezogen. Doch abgesehen von Meßfehlern und den Glättungen, die durch das Ziehen einer Funktion aus vereinzelten Daten entstehen, erhält man genau das 3-D-Bild des menschlichen Modells, das man für das Experiment ausgewählt hat!

Die Ironie besteht darin, daß der Glättungsprozeß selbst eine Verzerrung des Reliefs verursacht, aber er bietet auch die Möglichkeit, einige der Charakteristika des Bildes auf dem Tuch auf das Relief des menschlichen Modells zu übertragen.

Daher stellt die so entstandene ‚Statue' eine Mischung aus den Merkmalen des menschlichen Modells und des Bildes auf dem Tuch dar — nicht, wie behauptet wurde, eine Statue des Mannes auf dem Tuch.

Was STURP gezeigt hat, ist, daß man eine recht gute Korrelation erhalten kann zwischen den Dunkelwerten des Bildes auf dem Tuch und dem Stoff-Körper Abstand, den man erhält, wenn ein bestimmter menschlicher Körper der richtigen Größe mit einem bestimmten Stoff bedeckt wird, der in einer bestimmten Weise drapiert ist. Aber da Korrelation nicht gleich Kausalität ist, ist das alles, was STURP erreicht hat" (aus *The Los Alamos Monitor*, 16. Dezember 1979, S.B-6).

Blutflecke

Angebliche Blutflecke auf zwei kleinen Partikeln und 12 Fasern des Grabtuches wurden auf ihre Authentizität hin untersucht. Vor den letzten Prüfungen des Grabtuches waren die Wissenschaftler der Meinung, es gebe keine schlüssigen Beweise dafür, daß die Flecken im Stoff menschlisches Blut seien. (Thomas Humber, *The Sacred Shroud*, S.178). Neuere Tests aus dem Jahr 1978 führten die Verfechter zu der Ansicht, daß „die mit Blut befleckten Stellen die spektralen Merkmale von menschlichem Hämoglobin aufweisen." (S. F. Pellicori, „Spectral Properties of the Shroud of Turin", *Applied Optics*, 15. Juni 1980, Vol.19, Nr.12, S.1913-1920). Das Problem bleibt jedoch bestehen, daß ein Fälscher mit der richtigen Methode logischerweise auch menschliches Blut verwenden würde, um das Bild so realistisch wie möglich zu machen. Das Vorhandensein von Blut und Hämoglobin auf dem Tuch ist kein gültiger Beweis, um den Anspruch auf Authentizität zu rechtfertigen.

Duplikat

Die Verteidiger des Grabtuches führen verschiedene Beweise an, um ihre Behauptung der Authentizität zu stützen. Solche Beweise waren (1) keine Pinselspuren; (2) kein Eindringen des Bildes in die Fasern (es ist ein rein oberflächliches Phänomen); (3) Vorhandensein eines Pulvers, das angeblich aus Aloe besteht; (4) die „Pollenfossilien", die auf dem Stoff gefunden wurden und angeblich aus der Zeit Christi stammen sollen.

Das meiste davon beantwortete ein Flachrelief, das von Joe Nickell geschaffen wurde. Eine Reproduktion des Bildes findet man auf der Ausgabe des *The Humanist* vom Nov.-Dez. 1978 und auf der Ausgabe von *Popular Photography* vom Nov. 1979.

Nickell verwendet nur Materialien und Methoden aus dem 14. Jahrhundert, um ein negatives Abbild wie das auf dem Tuch nachzubilden oder zu duplizieren. Diese Technik bringt ein Negativ hervor.

Er malte dieses Bild nicht, sondern benutzte ein Flachrelief, legte ein feuchtes Tuch darauf, und als es getrocknet war, verwendete er einen Schmierer, um pulverförmigen „Farbstoff" einzureiben. Nickell benutzte eine Mischung von Myrrhe und Aloe. Sie hinterließ keine Pinselspuren.

Nickell schreibt: „Meine Reibungen wirken, selbst bei genauer Untersuchung, als seien sie ohne ‚Farbstoff' geschaffen worden. Ich verwendete eine Mischung von Begräbnisspezereien — Myrrhe und Aloe — was die ‚wie eingebrannte' Farbe und zahlreiche andere Merkmale dupliziert.

Es ist interessant festzustellen, daß (laut *Encyclopedia Americana*, 1978) Aloe tatsächlich ‚als Färb- und Farbstoff gedient hat'.

Ein wichtiger Punkt ist, daß dieser ‚Farbstoff' nicht in die Fasern eindringt und ein (wie es von der Färbung des Grabtuchs gesagt wird) reines ‚Oberflächenphänomen' bleibt — was sich durch Querschnitte und mikroskopische Untersuchungen nachweisen läßt...

Zwei Mitglieder der geheimen (und später bekanntgegebenen) offiziellen Grabtuchkommission, die im Jahre 1969 damit beauftragt wurde, das Tuch zu untersuchen, äußerten die Vermutung, das Bildwerk sei das Ergebnis einer *künstlerischen* Drucktechnik, die ein Model oder Matritzen verwendet habe. Das ist eine recht genaue Beschreibung der Technik, die ich für erfolgreich gefunden habe.

Enthusiasten des Grabtuchs bleiben dabei, daß sie ‚keine Hinweise auf Farbstoff' an dem Stoff gefunden haben, obwohl es, wie berichtet wird, Beweise für ein ‚Pulver' gibt, das Aloe sein soll. Sie weisen darauf hin, daß es keine Pinselstriche gibt; daß es rund um die Brandlöcher (von einem Brand der Kapelle im Jahre 1532) keine Nachdunkelung von bedruckten Stellen gibt; und daß das Bildwerk keine ‚Direktionalität' (wie von Pinsel- oder Fingergebrauch) aufweist. Das sind jedoch alles Merkmale meiner Technik!

Der Bericht erwähnte nicht die Entdeckung verschiedener gelbroter bis organgefarbener ‚Kristalle' (oder ‚Körnchen') und bestimmter ‚Kügelchen', die zu dem Vorhandensein von Myrrhe und Aloe passen. Diese Spezereien (dem Fälscher auf der zweimal im Jahr stattfindenden Champagne-Messe oder bei seinem örtlichen Apotheker verfügbar) enthielten wahrscheinlich die ‚Pollenfossilien' aus dem Nahen Osten, die sich auf dem Stoff befunden haben sollen" (The Shroud, *Christian Life*, Februar 1980, Vol.4, Nr.10).

Das Negativ eines Fotografen zeigte ein positives Bild von „lebensähnlicher" Qualität. Dr. Mueller sagt von Nickells Bild:

„Joe Nickell beschreibt seine Abreibmethode zur Herstellung grabtuchähnlicher Negativbilder von Flachreliefs. Zumindest qualitativ ist die Ähnlichkeit verblüffend und geht bis zur mikroskopischen Tiefe der Farbdurchdringung der Fasern.

Die Abreibmethode kann, selbst bei gleichbleibendem Flachrelief, durch Veränderung von Schmierergröße, Druck und Modellierung des Stoffes leicht variiert werden, um Bilder von ganz unterschiedlichem Charakter herzustellen. So können die 3-D-Merkmale von Abreibungen beinahe beliebig variiert werden" („Shroud: Real McCoy or Hoax?" *Los Alamos Monitor*, 16.Dezember 1979).

Christi Grabkleider

Der wohl vernichtendste Beweis gegen die Authentizität des Grabtuches ist der Widerspruch zwischen dem Begräbnisvorgang, wie das Tuch ihn nahelegt und den Berichten über das Begräbnis Christi im Neuen Testament.

„In alter Zeit wurde das Haar geschnitten (T.B., Moed. Kat., 8b), aber heute wird es nur gewaschen und neun Maß kaltes Wasser werden anschließend über den Leichnam gegossen (dabei richtet man an manchen Orten den Toten auf), und dies stellt die eigentliche religiöse Reinigung dar...

Der Leichnam wird natürlich sorgfältig abgetrocknet, wobei man darauf achtet, ihn nicht unbedeckt zu lassen. Frauen werden durch Angehörige ihres eigenen Geschlechts demselben Reinigungsprozeß unterzogen. In Apostelgeschichte 9,37 finden wir das Beispiel einer Frau in neutestamentlicher Zeit, die vor dem Begräbnis gewaschen wird.

Früher war es Brauch, den Leichnam nach der Reinigung mit verschiedenen Arten aromatischer Spezereien zu salben. ...Man wird sich erinnern, daß Jesus, als Maria unnötige Verschwendung von Salböl vorgeworfen wurde, ausrief: ‚Laß sie, damit sie es für den Tag meines Begräbnisses tue' (Joh. 12,7). Und wir sehen, daß später eine Mischung von Myrrhe und Aloe von ungefähr 100 Pfund Gewicht für den Leichnam Jesu gebracht wurde (Joh. 19,39).

Nachdem der Reinigungsritus gemäß dem Brauch durchgeführt worden ist, wird der Leichnam in Grabkleider gehüllt (Misch. Sanhed. 6.5). ...Sie sind identisch mit den *sindon* des Neuen Testaments (vgl, Matth. 27,59 usw.) und bestehen aus weißem Leinen, ohne die geringste Verzierung, und müssen makellos sein.

Sie sind gewöhnlich das Werk der Frauen und werden einfach aneinandergesetzt. Knoten sind nicht erlaubt, nach einigen als Symbol dafür, daß der Geist des Toten losgelöst ist von den Sorgen des Lebens, aber nach der Meinung anderer als Ausdruk des Wunsches, daß die Knochen des Toten schnell in den ursprünglichen Staub aufgelöst werden mögen (Rokeach, 316). Kein Leichnam, männlich oder weiblich, darf in weniger als drei Gewänder gehüllt werden" (aus *The Jewish Quarterly Review*, Vol.7, 1895, S.260,261).

Mehrere Probleme entstehen, wenn die Verfechter des Grabtuches das Neue Testament studieren. Das erste besteht aus einem Widerspruch hinsichtlich des Grabgewandes. Durch die jüdischen Bestattungsgebräuche und das Neue Testament wird deutlich, daß mehrere Stoffstücke bei dem Begräbnis Christi vorhanden waren, nicht ein einziges Stück Material, wie das Tuch.

Johannes 20, 5-7 zeigt eindeutig, daß ein besonderes Tuch um den Kopf Christi gelegt wurde. Man fand es getrennt von den Körperhüllen. Doch der Stoff von Turin zeigt das Gesicht auf demselben Tuch, wie den Rest des Körpers.

Der Text weist nicht nur auf mehrere Stücke Stoff, die für den Körper Christi gebraucht wurden, sondern sagt auch, daß es sich um „Binden", „Hüllen" oder „Leinenbinden" handelte, wie sie für Mumien verwendet wurden.

Noch bezeichnender als die Worte, die gebraucht wurden, um die Bestattung Christi mit Leinenbinden zu beschreiben, sind *kalytto* (1. Kön. 19,13) und *periballo* (1. Mose 38,34), die Worte, die in der Septuaginta speziell für Gewänder wie das Grabtuch verwendet werden, die sich aber im Text des Neuen Testaments nicht finden. Ihr Fehlen ist sehr bedeutsam.

Zweitens gebraucht der Begräbnisbericht im Johannesevangelium (19,40) eine Pluralform: *Leinenbinden*. Tatsächlich stimmen alle Erzählungen der Evangelien überein, daß der Körper Christi ‚umwickelt' oder ‚eingehüllt' wurde.

„Josef nahm ihn und hüllte ihn in ein reines Leinentuch" (Matth. 27,59).

„Josef kaufte ein Leinentuch, nahm Jesus vom Kreuz und wickelte ihn in das Tuch" (Mark. 15,46).

„Und er nahm ihn vom Kreuz, hüllte ihn in ein Leinentuch" (Luk. 23,53).

„Sie nahmen den Leichnam Jesu und umwickelten ihn mit Leinenbinden, zusammen mit den wohlriechenden Salben, wie es beim jüdischen Begräbnis Sitte ist" (Joh. 19,40).

Das Verb *entylisso*, das von Matthäus und Lukas verwendet wird, bedeutet einwickeln, einhüllen. Markus gebraucht *eneileo*, was einwickeln, einkeilen bedeutet. Johannes, der ein Augenzeuge war, sagte eindeutig, daß der Körper Christi umwickelt wurde. Das Verb *deo* bedeutet ‚binden' oder ‚anbinden' im Sinne von fesseln.

So ist im Licht der Textzeugnisse durch Wortwahl und -stellung der Schluß wohlbegründet, daß Jesus, wie Johannes ausdrücklich beschrieb, mit Leinenbinden *umwickelt* und nicht in ein Tuch eingehüllt wurde. Die Worte über den Stoff zeigen das deutlich. Die verwendeten Verben bestätigen es, und die spezielle Wortwahl macht es unausweichlich.

Ein drittes Problem mit dem Tuch von Turin besteht darin, daß die Verfechter des Grabtuches zugeben, seine Authentizität hänge davon ab, daß der Körper nicht gewaschen wurde. Das ist aus mehreren Gründen von Bedeutung: (1) das angebliche Vorhandensein von getrocknetem Blut an dem Körper, der nicht gewaschen war und (2) die Notwendigkeit für Todesschweiß als Brechungslinie für die Strahlung, um das Bild festzuhalten.

Ian Wilson vertritt die Ansicht, daß der Körper Christi nicht gewaschen wurde. Er schreibt:

„Manche haben behauptet, das Waschen sei ein vorgeschriebenes Ritual gewesen, das ohne Rücksicht auf den Sabbat habe durchgeführt werden dürfen. Einige hervorragende Kenner des Neuen Testaments teilen diese Meinung nicht. Selbst unter den besten Exegeten scheint es kaum größeren Widerspruch gegen die Auffassung zu geben, daß einfach nicht genug Zeit war, um den Körper Jesu vor dem Sabbat zu waschen besonders im Hinblick auf die verschiedenen jüdischen Vorschriften, die mit diesem Ritus verbunden sind.

Wenn es, wie die Ereignisse zeigen, ebenfalls unmöglich war, diesen Ritus nach dem Sabbat auszuführen, so kann man eine gewisse Zurückhaltung seitens der Evangelisten verstehen, dies direkt zuzugeben. *Nur unter der Voraussetzung, daß Jesus nicht gewaschen wurde, kann die Authentizität des Grabtuches aufrechterhalten werden*" (aus *The Shroud of Turin*, von Ian Wilson, S.56).

Die obigen Schlußfolgerungen sind bestenfalls falsch. Die Vorstellung, es sei wegen des nahenden Sabbat keine Zeit mehr gewesen, den Körper reinzuwaschen, ist ebenso schwach, da die Schrift sagt, daß man noch genügend Zeit hatte, den Körper mit 100 Pfund Spezereien zu salben. Dies wird ebenfalls deutlich durch die Tatsache, daß ein Leichnam tatsächlich auch am Sabbat gewaschen und gesalbt werden konnte.

„Der Leichnam kann jedoch am Sabbat gewaschen und gesalbt werden, vorausgesetzt, daß die Glieder nicht aus den Gelenken gezogen werden; das Kissen mag unter dem Kopf fortgenommen und der Körper mag auf Sand gelegt werden, um ihn länger vor Verwesung zu bewahren; der Kiefer mag auch festgebunden werden, nicht um ihn weiter zu schließen, sondern um zu verhindern, daß er sich weiter öffnet (Misch. Schab. 33,5, aus *The Jewish Quarterly Review*, 1895, Vol.7, S.118).

Johannes könnte und würde nicht gesagt haben, die jüdischen Begräbnissitten seien befolgt worden, hätte man den Leichnam nicht gewaschen.

Die Spezereien

Ein viertes Problem für die Harmonisierung des Grabtuches mit dem Begräbnisbericht des Neuen Testaments betrifft die Spezereien. Der Körper hätte gewaschen werden müssen. Ian Wilson stellt fest:

„Johannes sagt uns, daß Nikodemus, der Josef von Arimathäa half, eine Mischung von Myrrhe und Aloe brachte, die ungefähr 100 Pfund wog. Er sagt uns auch, daß diese zusammen mit dem Körper in das Grableinen eingewickelt wurde (Joh. 19,39.40).

Wären solche Spezereien zum Salben verwendet worden, so wäre es nach dem jüdischen Ritual und nach dem jeder anderen Kultur, notwendig gewesen, den Körper zuerst zu waschen.

Da das Grabtuch deutlich zeigt, daß der Körper nicht gewaschen wurde und da das genannte Gewicht der Spezereien selbst für die verschwenderischste Salbung weit übertrieben wäre, scheint die wahrscheinlichste Erklärung zu sein, daß es sich um trockene Bündel von Aromastoffen handelte, die als Mittel gegen die Verwesung um den Körper gepackt wurden“ (aus *The Shroud of Turin*, von Wilson, S.56,57).

Selbst wenn die Spezereien auf den Körper aufgebracht wurden, wie die Evangelien ausdrücklich bestätigen, hätte das Bild nicht durch Strahlung auf den Stoff übertragen werden können, wie die Verteidiger des Grabtuchs behaupten.

Andere Grabtücher

Viele Menschen sind mit der Tatsache nicht vertraut, daß nach den Kreuzzügen gleichzeitig mit dem Turiner Tuch viele verschiedene Grabtücher im mittelalterlichen Europa zirkulierten. Man schätzt, daß mehr als vierzig ‚echte Grabtücher' im Umlauf waren. Viele werden heute noch gezeigt.

Münzen

Es werden Berichte verbreitet über eine Münze auf dem rechten Auge, die aus den Jahren 29-32 n.Chr. stammt. Der Reverend Francis L. Philas, Professor für Theologie an der Loyola Universität in Chicago, berichtet, daß vier griechische Buchstaben, YCAI, auf der Münze Teil der Inschrift ‚von Tiberius Cäsar' seien.

Es ist die Auffassung der Autors, daß die völlig unverständlichen Buchstaben YKAI lauten müssen und daß der Münzpräger entweder betrunken oder unwissend gewesen sein muß, um sie so zu schlagen. Die Münztheorie wirft viele Fragen hinsichtlich des Grabtuches auf. Die Theorie zur Erklärung der Übertragung des Bildes auf den Stoff erfordert, daß der Körper nicht gewaschen war, da der getrocknete Schweiß notwendig war, um die Strahlung zu verstärken. Die Münze würde jedoch jede Verstärkung der Strahlen gebrochen haben. Außerdem besagen die verschiedenen Theorien zur Übertragung des Bildes, daß der Körper nicht für das Begräbnis vorbereitet und daher nicht gewaschen worden sei. Es ist schwer vorstellbar, daß man einem Leichnam, der nicht gewaschen oder für das Begräbnis vorbereitet worden war, Münzen auf die Augen (in diesem Fall auf das rechte Auge) legen würde.

Kein Zeugnis des Neuen Testaments

Es ist völlig undenkbar, daß die Apostel und Christen in den ersten Jahren des Christentums ein Tuch nicht erwähnt hätten, das das eingebrannte Bild des gekreuzigten und auferstandenen Christus trüge. Angesichts des Todes verkündeten alle, daß Christus lebe. Sie legten ständig in den feindseligsten Situationen persönliches Zeugnis ab von dem

Erscheinen des auferstandenen Christus. Ist es vorstellbar, daß niemand, besonders unter den Verfassern des Neuen Testaments und den Kirchenvätern, jemals das Grabtuch in Verbindung mit Christus und seiner Auferstehung erwähnt hätte?

Schlußfolgerung

Die Beweise stützen bisher in keiner Weise die Authentizität des Tuches als Grabtuch Christi.

Enthält 1. Mose 1 und 2 nicht zwei widersprüchliche Berichte von der Schöpfung?

Die ganze Geschichte der Kirchen hindurch sind verschiedene Teile der Heiligen Schrift sowohl von Theologen als auch von anderen interpretiert, analysiert, in Frage gestellt, zerlegt und angegriffen — und manchmal abgelehnt worden.

Sobald eine Passage der Schrift auf den ersten Blick schwer zu erklären oder zu verstehen ist oder irgendeiner ‚wissenschaftlichen Tatsache' zu widersprechen scheint oder auf irgendeine andere Art dem westlichen modernen Intellekt augenscheinliche Schwierigkeiten bereitet, so stellt irgend jemand irgendwo eine Theorie auf, um diese scheinbare Schwierigkeit zu beseitigen.

Genau diese Situation besteht im Hinblick auf das erste und zweite Kapitel des ersten Buches Mose, die laut vielen Kommentatoren zwei widersprüchliche Berichte von der Schöpfung enthalten.(40/)*

Die Begründung der radikalen Kritiker

Nach ihrer Theorie kannte der Verfasser des zweiten Berichts (1. Mose 2,4-5) den ersten Bericht in 1. Mose 1,1-2.4 nicht, und als beide zusammengestellt wurden, enthielten sie hoffnungslose Widersprüche.

James faßt die Position der kritischen Schule sehr scharf zusammen:

„Wenn man erkennt, daß es im 1. Buch Mose zwei verschiedene Schöpfungsberichte gibt, die zu zwei unterschiedlichen Perioden gehören und aus zwei unterschiedlichen Quellen stammen, wird der Widerspruch verständlich. Daß er überhaupt existiert, reicht jedoch aus, um

---

*Hinter jedem Zitat befinden sich zwei Zahlengruppen, die durch einen Schrägstrich voneinander getrennt sind (z.B. 47/21-23). Die Zahl links vom Strich verweist auf die Quelle in der Bibliographie am Ende dieses Buches. Die Zahl rechts verweist auf die Seite(n) innerhalb der zitierten Quelle.

die Theorie von der göttlichen Inspiration zweifelhaft erscheinen zu lassen, da sie offensichtlich mit den Tatsachen nicht übereinstimmt." (16/31)

Die Kritiker selbst sind sich über die Natur dieses Beweises uneinig. Die relative Bedeutung dieser Differenzen faßt Kitchen zusammen: „Nur zwei Beweislinien sind zugunsten einer doppelten Erzählung vorgebracht worden: Unterschiede in Stil und theologischer Konzeption in 1. Mose 1 und 2 und angeblich unterschiedliche Reihenfolge der Schöpfung in beiden Erzählungen." (20/118) Eine Auswahl von Aussagen der Kritiker wird zeigen, daß dies den Hauptteil ihrer Beweisführung ausmacht:

„Die ersten beiden Kapitel der Bibel enthalten zwei unvereinbare Berichte von der Schöpfung. Nach dem ersten Bericht wurden Mann und Frau gemeinsam als Krone und Höhepunkt der Schöpfung erschaffen, nach den Vögeln und Tieren, während nach dem zweiten Bericht die Erschaffung des Mannes der Erschaffung der Tiere und Vögel vorausging und die Erschaffung der Frau erst darauf folgte." (31/18)

Rowley sieht also einen Widerspruch in der Reihenfolge der Schöpfung, einen Unterschied im Gebrauch des göttlichen Namens, eine unterschiedliche Auffassung von Gott und einen Unterschied im Stil.

Driver, der einen der letzten ausführlichen Berichte über die Unterschiede schrieb, hat folgendes zu sagen:

„Kapitel 2,4b unterscheidet sich also erstens in Stil und Form von Kapitel eins. Der Stil von Kapitel eins ist stereotyp, gemessen und präzise, der ab 2,4bff ist abwechslungsreich und bildhaft; es gibt keine wiederkehrenden Formeln, wie sie in Kapitel eins so kennzeichnend sind; die charakteristischen Ausdrücke von Kapitel eins fehlen hier (z.B. erschaffen); und wo Gemeinsamkeiten auftreten (wie im Bericht über die Schaffung des Menschen), wird die Geschichte ganz anders erzählt und ohne auch nur auf die Darstellung in Kapitel eins (z.B. ‚Ebenbild Gottes') anzuspielen.

Kapitel eins zeigt darüber hinaus deutliche Anzeichen von Studium und bewußter Systematisierung: 2,4bff ist frisch, spontan und, zumindest in relativem Sinne, ursprünglich... Die vorliegende Erzählung unterscheidet sich zweitens in der Darstellung von Kapitel eins. Sowohl die Einzelheiten, als auch die Reihenfolge des Schöpfungsgeschehens (soweit sie erwähnt sind, denn der Erzähler handelt alles kurz ab, was sich nicht unmittelbar auf den Menschen bezieht) weichen von den

Aussagen des ersten Kapitels ab.

Die Erde wird, statt aus dem Wasser aufzutauchen (wie in 1,9) als ursprünglich trocken dargestellt, zu trocken sogar, um Vegetation zu tragen; der erste Schritt in dem Prozeß, sie mit Lebensformen zu füllen, ist die Erschaffung des Mannes (2,7), dann folgt die der Tiere und Vögel (Vers 19) und zuletzt die der Frau (Vers 21ff); offensichtlich eine andere Reihenfolge als in Kapitel eins." (7/35)

Auch Theodor Gaster, der in jüngster Zeit schrieb, stellte fest: „Aufmerksame Leser der Bibel können kaum versäumen, eine auffällige Diskrepanz zwischen den beiden Berichten über die Erschaffung des Menschen zu bemerken, wie sie im ersten und zweiten Kapitel des ersten Buches Mose wiedergegeben werden." (12/8)

Wenn man auch mit den Schlußfolgerungen, die die Kritiker ziehen, nicht übereinstimmen mag, so ist es doch unmöglich, die folgende Aussage von James zu leugnen: „Ein Vergleich zwischen den beiden Schöpfungsgeschichten ist sehr interessant, vor allem wegen der auffallenden Unterschiede zwischen ihnen, die zwar im Hebräischen offensichtlicher sein mögen, aber auch in der englischen Übersetzung noch erkennbar sind." (16/37-38)

Sowohl Harmoniker, als auch Kritiker stimmen überein, daß die beiden Berichte Unterschiede enthalten. Die Kritiker nehmen an, daß diese Unterschiede das Ergebnis einer mechanischen Aneinanderreihung durch einen späteren Herausgeber sind, der zwei Abschnitte aus verschiedenen Dokumenten zusammenstellte.

Die Harmoniker behaupten, daß die Unterschiede auf unterschiedlichen Themen und Blickwinkeln beruhen, wie Cassuto schreibt:

„Es steht fest, daß die beiden Abschnitte in ihrem Charakter beträchtlich von einander abweichen. Darüber kann kein Zweifel bestehen. Diese Abweichung ist offensichtlich, wenn wir vorurteilslos an den Text herangehen.

Im ersten Abschnitt wird uns eine erhabene Vision von der Gesamtheit der Schöpfung gewährt, dargestellt mit großer künstlerischer Kraft, die all die sich endlos verändernden Kategorien der Existenz zu einer klaren und verständlichen Ordnung vereinigt; wir nehmen dort, hoch erhaben, die Idee wahr, die sich über das Zufällige, Vorübergehende und Endliche erhebt und uns in vollkommener Einfachheit des Ausdrucks die riesige Ausdehnung des Universums bis an seine äußersten Grenzen beschreibt.

Gott offenbart sich... als ein transzendentes Wesen, das in seinem erhabenen Wohnsitz weilt, ohne unmittelbaren Kontakt mit den Geschöpfen.

Dagegen enthält der zweite Abschnitt eine anschauliche und dramatische Erzählung, die mit ihren Details das Herz ergreift, erfüllt von dem magischen Kolorit der orientalischen Vorstellungskraft und die versucht, im Gewand tatsächlicher Ereignisse religiöse und ethische Lehren einzuprägen, indem sie mehr die Gefühle als den Intellekt des Lesers anspricht.

JHWH erscheint dort, wie wir schon festgestellt haben, in direkter Berührung mit seinem Geschöpf Mensch und mit den anderen erschaffenen Lebewesen seiner Welt. Der Unterschied ist daher in mehrfacher Hinsicht tiefgreifend, und nur jemand, der seine Augen vor dem Offensichtlichen verschließt, könnte dies leugnen.“ (6/70-71)

Methode

Die Argumente und Beweise, die den Widerspruch zeigen sollen, werden zuerst diskutiert. Die Beweisführung für die Harmonie und die Antworten auf die Behauptungen der Kritiker folgen darauf.

Die jeweiligen Vorzüge und Nachteile der gegensätzlichen Ansichten werden auf die Logik ihrer Beweisführung, innere Folgerichtigkeit, gesunden Menschenverstand, Übereinstimmung mit der Kenntnis der hebräischen Grammatik und antiken literarischen Stilen und Bräuchen untersucht.

Mit anderen Worten, erklärt die Harmonie von Kapitel eins und zwei — oder aber der Widerspruch — am besten das Problem der offenbaren Unterschiede zwischen den beiden Kapiteln und bietet dem Leser ein festes Fundament, um auf irgendeine der Schriften zu vertrauen? Das soll der Prüfstein sein.

Allgemeine Unterschiede

Es kann nicht geleugnet werden, daß die beiden Kapitel sich allgemein voneinander unterscheiden und, zumindest oberflächlich gesehen, einander in bestimmten Einzelheiten zu widersprechen scheinen. Der erste allgemeine Unterschied, den die Kritiker feststellen, ist der abweichende Gebrauch der göttlichen Namen.

Tatsächlich verwendet das erste Kapitel ausschließlich Elohim, während Kapitel zwei Jehova-Elohim gebraucht. (Dies wird, zusammen mit der Diskussion von Astrucs Lesung von 2. Mose 6,3 ausführlicher behandelt bei der Erörterung der Vor- und Nachteile in der Beweisführung der Kritiker.)

Der zweite große Unterschied, auf den die Kritiker verweisen, ist die verschiedenartige Auffassung von Gott. Der erste Bericht sieht Gott majestätisch und erhaben, fern von der Schöpfung, während der zweite Bericht Gott mit menschenähnlichen Zügen versieht, indem er geht, spricht und handelt wie ein Mensch. Der letztere Bericht wird daher durch Anthopomorphismus charakterisiert.

Der dritte allgemeine Unterschied, der festgestellt worden ist und der sich kaum von den ersten beiden trennen läßt, stellt eigentlich eine Verbindung von unterschiedlichem Vokabular, Stil und Grammatik dar. Elohim, im ersten Bericht, ist der Name des universalen Gottes. Er ist erhaben, fern. Der Stil des ersten Berichts ist gemessen und präzise. Das Vokabular ist deutlich; Elohim erschafft, ruft ins Leben, ruht, hört auf zu schaffen.

Im zweiten Bericht steht Jehova, ein persönlicher Gott, der nationalistische Gott, in unmittelbarer Berührung mit seiner Schöpfung. Er formt, atmet, pflanzt, macht. Der Stil ist persönlicher, erzählender, mit seinem eigenen Vokabular.

Besondere Unterschiede

Zusätzlich zu den allgemeinen Unterschieden stellen die Kritiker besondere Unterschiede in Details fest. Der erste Bericht läßt die Schöpfung aus den Urwassern entstehen:

„Die Erde war aber wüst und öde, und Finsternis lag auf der Urflut, und der Geist Gottes schwebte über den Wassern“ (1. Mose 1,2).

„Und Gott sprach: Das Wasser unter dem Himmel sammle sich an einen Ort, daß das Trockene sichtbar werde“ (1. Mose 1,9).

Der zweite Bericht läßt die Schöpfung aus trockenem Grund entstehen:

„Denn Gott der Herr hatte noch nicht regnen lassen auf die Erde“ (1. Mose 2,5).

Der zweite und dritte große Unterschied in Details sind die Erschaffung des Menschen und die Reihenfolge der Schöpfung. Im ersten

Kapitel werden Mann und Frau gleichzeitig geschaffen, nach den Pflanzen und den Tieren.

„Und Gott sprach: Die Erde lasse sprossen junges Grün: Kraut, das Samen trägt, und Fruchtbäume, die nach ihrer Art Früchte tragen auf der Erde, in denen ihr Same ist! Und es geschah also" (1. Mose 1,11).

„Gott schuf die großen Seetiere und alles, was da lebt und webt, wovon das Wasser wimmelt, und alle geflügelten Tiere, ein jegliches nach seiner Art. Und Gott sah, daß es gut war" (1. Mose 1,21).

„Und Gott sprach: Die Erde bringe hervor lebende Wesen: Vieh, kriechende Tiere und Wild des Feldes, ein jegliches nach seiner Art! Und es geschah also" (1. Mose 1,24).

„Und Gott schuf den Menschen nach seinem Bilde,... als Mann und Weib schuf er sie" (1. Mose 1,27).

Im zweiten Kapitel wird zuerst der Mann geschaffen, dann später, nach der Erschaffung der Pflanzen und Tiere, formt Gott die Frau aus der Rippe des Mannes.

„Da bildete Gott der Herr den Menschen aus Erde vom Ackerboden und hauchte ihm Lebensodem in die Nase; so ward der Mensch ein lebendes Wesen" (1. Mose 2,7).

„Dann pflanzte Gott der Herr einen Garten in Eden gegen Osten und setzte den Menschen darein, den er gebildet hatte" (1. Mose 2,8).

„Und Gott der Herr ließ allerlei Bäume aus der Erde wachsen, lieblich anzusehen und gut zu essen..." (1. Mose 2,9).

„Da bildete Gott der Herr aus Erde alle Tiere des Feldes, und alle Vögel des Himmels und brachte sie zum Menschen..." (1. Mose 2,19).

„Da ließ Gott der Herr einen Tiefschlaf auf den Menschen fallen, so daß er einschlief. Und er nahm eine von seinen Rippen heraus und schloß die Stelle zu mit Fleisch" (1. Mose 2,21).

Driver faßt die Haltung der Kritiker zusammen: „...daß der Erzähler ein anderer ist, wird so offensichtlich, daß es keines ausführlichen Beweises bedarf." (7/35)

Einheit des Plans

Allis stellt richtig fest: „Das Wort ‚Nachkommen (*toledoth*)' erscheint elfmal in Überschriften des 1. Buches Mose (gewöhnlich in der Form: ‚dies sind die Nachkommen von'). Folglich sollten wir erwarten, daß dieses Wort in jeder Analyse des Buches an hervorragender Stelle erscheint." (1/49)

Die Kritiker erkennen im allgemeinen diese Einheitlichkeit, z.B. Driver, oben zitiert. Die meisten von ihnen schreiben diesen verbindenden Ausdruck: ‚Dies sind die Nachkommen von' dem Werk eines letzten Bearbeiters zu oder eines Priesterschreibers (P). Allis führt dieses aus: „Wenn natürlich Ähnlichkeit oder Identität der Sprache auch Identität der Quelle beweist, dann sollten all diese Überschriften zum selben Dokument gehören. Das wurde 1798 von Ilgen behauptet, als er 2,4 in zwei Teile trennte, den ersten Teil als die an falscher Stelle stehende ursprüngliche Überschrift des ersten elohistischen Abschnitts behandelte und alle anderen Überschriften demselben Elohisten zuschrieb.

Dieser drastische aber konsequente Vorschlag wurde 1869 von Noeldeke wieder aufgenommen und war bald die allgemein akzeptierte Ansicht der Kritiker; und sie haben seither mit wachsender Gewißheit behauptet, das ‚Gerüst' des 1. Buches Mose, wie es durch diese Überschriften festgelegt sei, gehöre zu P, der spätesten der Quellen für das erste Buch Mose."(1/49-50)

Die meisten der Kritiker stimmen zu, daß der Ausdruck als Titel verbreitet ist, aber sie machen mit dem Ausdruck in Kapitel 2,4 eine Ausnahme. Von Rad drückt die allgemeine Auffassung der Kritiker von diesem Gebrauch aus: „Die Aussage in Kapitel 2,4a ist schwierig. Die Formel ist im ersten Buch Mose als Titel gebräuchlich.... Hier jedoch kann die Passage kein Titel sein, da die Formel ausschließlich priesterlich ist. Eine weitere Schwierigkeit entsteht durch den Gebrauch des Wortes *toledot* in diesem Vers, da das Wort ‚Stammbaum', ‚Genealogie', wörtlich ‚Nachkommen' bedeutet.

Wir nehmen an, daß die Formel, die im priesterlichen Dokument eine Art Kapitelteiler darstellt, wegen des Bedürfnisses nach einem System nachträglich dem Kapitel über die Schöpfung hinzugefügt wurde. Sie wurde dann in dieser Geschichte mit der übersteigerten Bedeutung ‚Ursprungsgeschichte' verwendet. Da aber der Anfang des Kapitels kanonisch festgelegt war, mußte der Interpolator sich damit zufriedengeben, die Aussage als Schlußwort anzuhängen." (29/61)

Obwohl nicht alle Kritiker allem zustimmen würden, was von Rad oben sagte, so nehmen sie doch allgemein an, daß die beabsichtigte Einheitlichkeit, die sie erkennen, eine Einheitlichkeit ist, die über verschiedene Dokumente aus unterschiedlichen Quellen gelegt wurde, um all die zahlreichen Legenden und Traditionen einzubeziehen, wobei Widersprüche und Ungereimtheiten in den Erzählungen bestehen blieben.

Mythologischer Ursprung

Den oben genannten inneren Unterschieden fügen die Kritiker die Behauptung hinzu, daß die Schöpfungserzählungen aus mythologischen Quellen stammen. In einer Haltung, die keinen Widerspruch duldet, stellt James fest: „Ursprünglich waren die Schöpfungserzählungen echte Mythen, und der Schluß ist unausweichlich, daß sie ein starkes fremdes Element enthalten. Die Entdeckung der babylonischen Schöpfungsgeschichten hat dies jenseits allen Zweifels bestätigt." (16/27-28)

Die kritische Schule behauptet, daß die Anfänge der menschlichen Rasse viel weiter zurückreichen, als alle schriftlichen Erinnerungen, die wir besitzen. Der Zeitraum zwischen den Ereignissen und ihrer Aufzeichnung war so groß, daß man keine vertrauenswürdigen Informationen erwarten kann.

Sie behaupten, es gebe keinen hinreichenden Grund anzunehmen, daß die Hebräer zuverlässigere Informationen über Leben und Verhältnisse der ersten Menschen besaßen, als andere Völker der alten Welt.

Nach ihrer Ansicht bieten die hebräischen Schreiber ein Bild uralter Zeiten, das aus der Folklore anderer Völker stammt. Daher sei es kaum glaubwürdig, auf historische Details zu drängen, da es sich nicht um aufgezeichnete Geschichte handele. (7/53)

James beschließt die Beweisführung für den Widerspruch mit einer endgültigen Bemerkung, wenn er schreibt: „Jeder künstliche Versuch, diese eindeutigen Unterschiede in Stil, Betrachtungsweise und Thema zu vereinbaren, ist zum Scheitern verurteilt. Die Erkenntnis, daß sie zu verschiedenen Perioden gehören, wobei die zweite Geschichte offensichtlich älter ist und auf frühere Zeiten zurückblickt, ist eine ausreichende und natürliche Erklärung für die Unvereinbarkeit." (16/38)

Die traditionelle Position der Kirche ist in Frage gestellt und insgesamt fallen gelassen worden.

Die Harmoniker: Beweisführung und Antworten

Die Kritiker haben die traditionelle Lehre in Hinblick auf die Schöpfungserzählungen abgelehnt und, wie man zugeben muß, in manchen Fällen mit Recht, die Versuche der Harmoniker von sich gewiesen, die Erzählung mit der wissenschaftlichen Kenntnis der Zeit zu vereinbaren.

Viele der Harmoniker schienen zu Beginn dieser Debatte eingeschüchtert durch wissenschaftliche Behauptungen und die überwältigende Gelehrtheit, die von den Kritikern z(r Schau gestellt wurde, und waren, um die schon früher zitierten Worte von James zu wiederholen, „zu den verzweifeltsten Ausflüchten gezwungen", um auf die Kritik antworten zu können.

Wie Taylor Lewis in seiner Bemerkung zu Langes Kommentar freundlich feststellt: „Der Versuch Langes und anderer Zitierter jedoch, die scheinbaren Unterschiede in Einklang zu bringen, kann kaum als zufriedenstellend betrachtet werden." (22/201)

Später sagt er (auf die vorbereitende kurze Zusammenfassung Bezug nehmend) über die Versuche der Harmonisierung: „Wir räumen die Richtigkeit und Schönheit der Gedanken ein, finden es aber schwierig, mit der Auslegung zufrieden zu sein." (22/201)

Um den Kritikern gegenüber vollkommen fair zu sein, die Harmoniker hatten einige der offensichtlichen Schwierigkeiten ignoriert. Aber obwohl die Kritiker sich bewußt sind, daß die Frage jetzt jenseits der Diskussion steht, scheint es, mit den Worten Kidners, „wert darauf hinzuweisen, daß für vieles davon jeglicher Beweis fehlt." (19/18)

Nach Meinung der Harmoniker haben die Kritiker die Natur und den Zweck des Berichts mißverstanden. Wie Harrison nüchtern feststellt:

„Es ist ein Fehler anzunehmen, daß die beiden Erzählungen des ersten Buches Mose Duplikate darstellen; denn tatsächlich ergänzen sie einander. Die erste umriß grob den Vorgang der Schöpfung und zeigte, wie alle Dinge aus der schöpferischen Kraft Gottes entstanden, während die zweite ihre Aufmerksamkeit mehr der Erschaffung des Mannes zuwandte und ihn mit seiner Gefährtin in eine spezifische geographische Umgebung setzte." (33/1022)

Um die Schöpfung und ihre theologische Lehre richtig zu verstehen, sollte man das Material in den ersten beiden Kapiteln des 1. Buches Mose, das sich mit der Schöpfung befaßt, als Einheit behandeln. Der zweite Bericht ergänzt den ersten, indem er die Erschaffung unserer ersten Vorfahren ausführlicher behandelt, während der anfängliche eine Beschreibung der Welt gibt, wie sie gestaltet wurde, um von Adam und Eva in Besitz genommen zu werden.

In Hinblick auf das Problem der Unterschiede zwischen beiden Berichten sehen die Harmoniker Ergänzung statt Widerspruch. Kitchen bemerkt: „Der streng komplementäre Charakter der ‚beiden Berichte' ist deutlich genug: 1. Mose 1 erwähnt die Erschaffung des Menschen als letzte einer Serie und ohne Einzelheiten, während in 1. Mose 2 der Mensch im Mittelpunkt des Interesses steht und weitere Einzelheiten über ihn und seine Umgebung angegeben werden.

Es gibt hier überhaupt keine unvereinbare Duplizierung. Die Unfähigkeit, den komplementären Charakter der unterschiedlichen Themen zu erkennen, der skelettartigen Umreißung der gesamten Schöpfung einerseits und der detailbetonten Konzentration auf den Menschen und seine unmittelbare Umgebung andererseits, grenzt an Obskurantismus.“ (20/116-117)

Es gibt auch unmißverständliche Beweise für eine enge Verbindung zwischen den beiden Kapiteln, die offenbar werden, wenn man das Problem des Bösen berücksichtigt. Wie ist es möglich, daß ein guter und mildtätiger Gott eine Welt erschuf, die angefüllt ist mit Übeln aller Art?

Die Lösung dieser Frage besteht darin, beide Abschnitte als Einheit zu behandeln. Der erste Bericht offenbart, daß die Welt ursprünglich durch die Hand des Schöpfers sehr gut erschaffen wurde (1. Mose 1,31).

Der zweite Bericht erzählt, daß die Vergehen des Menschen Ursache aller Arten von Übeln sind (1. Mose 3,6-19). Wenn man die beiden Kapitel als kontinuierliches Ganzes betrachtet, ist die Antwort klar, aber sobald man die Erzählungen voneinander trennt, erfährt man nur die halbe Antwort. (6/78)

Dies Fehlen einer Kosmologie im angeblichen zweiten Bericht schwächt die Beweisführung für den Widerspruch. Der zweite Bericht, der von der Hand des J im 9. Jahrhunderts stammen soll, erhebt nicht den Anspruch, ein Bericht über die Erschaffung der Welt zu sein, er handelt nur von der Erschaffung des Adams und der Umgebung, in die er gesetzt wurde.

Gleason Archer stellt fest: „Man sollte die offenkundige Tatsache festhalten, daß kein echter Schöpfungsbericht die Erschaffung von Sonne, Mond, Sternen, Erde und Meer auslassen würde, wie 1. Mose 2 es tut.“ (4/119)

Außerdem gibt es von Seiten zweier führender Verfechter dieser Theorie das stillschweigende Eingeständnis, daß die beiden Kapitel nicht unbedingt widersprüchlich sind.

Von Dillman stammt das Geständnis, daß die zweite Geschichte (Kap. 2,4ff) *zumindest in ihrer gegenwärtigen Fassung* (Hervorhebung hinzugefügt) nur Fragmente einer Schöpfungsgeschichte, im wesentlichen aber etwas völlig anderes enthält.

Auch Driver erkennt diese Tatsache, etwas unwillig, an, wenn er schreibt: „Die getrennte Erschaffung von Mann und Frau könnte, wenn sie allein stünde, tatsächlich zufriedenstellend erklärt werden mit der Annahme, daß 2,4ff von derselben Hand stammt und einfach gemeint war als detaillierterer Bericht zu dem, was in 1,26-39 summarisch beschrieben wurde.“ (7/p35N)

Die Kritiker, die sich dieser Schwierigkeit ihrer Argumentation bewußt sind, versuchen diese durch die Einschaltung eines Bearbeiters R zu lösen. Wie Dillman feststellt:

„Man würde erwarten, daß im Folgenden, entweder vor oder nach Vers sieben, die Erschaffung der Pflanzenwelt erwähnt wird und die Vollendung der Welt selbst.

Aber da ist nichts dergleichen. Eine solche Lücke kann ursprünglich kaum bestanden haben; vielmehr scheint R etwas ausgelassen zu haben, entweder, weil es als unnötige Wiederholung nach Kapitel eins erschien, oder weil es Kapitel eins widersprach.“ (14/23)

James bringt mit noch größerer Gewißheit vor: „Es ist mit Sicherheit anzunehmen, daß seine gegenwärtige Form, nachdem er nicht einmal, sondern vielleicht viele Male bearbeitet wurde, beträchtlich vom Original abweicht.“ (16/37)

Doch diese Argumentation macht die Beweisführung der Kritiker sehr suspekt. Das erste Kapitel betont das göttliche Wohlgefallen. Diese Betonung bereitet den Weg für den Sündenfall des Menschen, von dem in Kapitel drei berichtet wird.

Kapitel eins sollte daher als Einleitung und Grundlage für das richtige Verständnis von Kapitel zwei betrachtet werden. Das zweite Kapitel setzt die Erschaffung von Himmel und Erde, Sonne, Mond und Sternen voraus. Kapitel zwei ist in Wirklichkeit ohne Kapitel eins nicht zu verstehen. (38/55)

Bei genauer Untersuchung zeigt sich, daß die inneren Beweise mit der literarischen Praxis des alten Vorderen Orients in Übereinstimmung stehen.

„Die Technik der Wiederholung war in der alten semitischen Literatur weit verbreitet. Der Autor führte zunächst mit einer kurzen Zusammenfassung der gesamten Handlung in seine Erzählung ein und fuhr dann mit einem detaillierteren und eingehenderen Bericht fort, wenn er Angelegenheiten von besonderer Bedeutung behandelte.

Für den Verfasser von 1. Mose 1,2 war die menschliche Rasse offensichtlich das krönende und höchste Produkte der Schöpfung, und es war nur zu erwarten, daß er Adam eine ausführlichere Behandlung widmen würde, nachdem er ihn in seine historische Umgebung gesetzt hatte (den 6. Schöpfungstag).“ (4/118)

Die beiden Schöpfungsgeschichten sind typisch für die Praxis antiker Schreiber, aber sie sind keine Duplikate, wie viele kritische Wissenschaftler gemeint haben. Tatsächlich wiederholen sie einander nicht einmal im engeren Sinne.

Die erste bietet eine allgemeine Beschreibung der Schöpfungssituation als Ganzes, während der zweite Bericht einen besonderen Aspekt davon, nämlich den Menschen in seiner physischen Umgebung, behandelt und ihn dann zu einigen bestimmten geographischen Betrachtungen in Beziehung setzt. (15/554-555)

Dies weiter verfolgend schreibt Young, daß „Kapitel zwei, um den Weg für den Bericht vom Sündenfall zu bereiten, bestimmte zusätzliche Einzelheiten über den ursprünglichen Zustand des Menschen angibt, die im großartigen, erklärenden Gang von Kapitel eins unpassend und fehl am Platz wären.“ (38/55)

Allis stimmt mit dieser Analyse überein: „Wir finden oft, daß der Bibelverfasser bei der Beschreibung eines Ereignisses eine kurze und umfassende Aussage macht und dann mit mehr oder weniger ausführlichen Details fortfährt... Der Bericht, der hier über die Erschaffung des Menschen gegeben wird, der Gattung Mensch, männlich und weiblich, wird in Kapitel zwei fortgesetzt und erweitert durch einen Bericht über die Erschaffung von Adam (2,7) und Eva (21-25), der zum Bericht über den Sündenfall weiterführt.“ (2/82)

Die einfachste Erklärung ist fast immer die beste, und was die beste Erklärung für die Unterschiede in den beiden Kapiteln zu sein scheint, ist auch die einfachste.

Wie Taylor Lewis deutlich erklärt, zeigen „die inneren Beweise, daß dieser zweite Bericht den ersten anerkennt und darauf aufbaut, wodurch die Wahrscheinlichkeit beabsichtigter oder unbemerkter Widersprüchlichkeit widerlegt wird.“

Er fährt fort, die Erklärung zu erläutern, die seiner Meinung nach „diejenige ist, die sich als die einleuchtendste dem gewöhnlichen Leser empfiehlt, der an die absolute Vertrauenswürdigkeit des Berichts glaubt und nichts von irgendeiner Dokumentationstheorie weiß.“ (22/201)

Der zweite Bericht bezieht sich auf all das, was vorher ausgesagt wurde, als Grundlage dessen, was nun ausführlicher über den Menschen hinzugefügt wird, den man als den eigentlichen Gegenstand des zweiten Teils bezeichnen kann. (22/201)

Der anfängliche Schöpfungsbericht ist kosmisch und umfassend. Er beginnt mit formloser Materie und endet mit dem Menschen, der als Ebenbild des unendlichen persönlichen Gottes erschaffen wurde. Der Mensch erscheint als Gattung, männlich und weiblich, und erhält vom Schöpfer den Befehl, fruchtbar zu sein und sich zu vermehren und über alle Geschöpfe zu herrschen. Er stellt einen zusammenfassenden Bericht göttlicher Befehle dar.

Der zweite Bericht ist eine Erweiterung der abschließenden Verse des ersten. Er ist eine ‚Nahaufnahme'. Er spricht nicht von der Menschheit im allgemeinen, sondern von der Erschaffung eines einzelnen Paares. Der Mann wird aus dem Staub der Erde geformt, während die erste Frau aus der Rippe des Mannes entsteht. Die Vereinigung dieses Paares, welche die Grundlage für den Befehl, fruchtbar zu sein und sich zu vermehren, darstellt, beschließt den ersten Bericht.

Der zweite Bericht bietet die Einzelheiten, die der erste ausgelassen hat. Dies führt uns zur Geschichte von der Versuchung und dem Sündenfall des ersten Menschenpaares, das zu Stammeltern der gesamten Menschheit werden sollte. Der zweite Bericht erweitert also den ersten, indem er wichtige Einzelheiten liefert, die ausgelassen worden waren. (2/119)

Allgemeine Unterschiede

Als Antwort auf den ersten allgemeinen Unterschied, den die Kritiker feststellen, den Gebrauch göttlicher Namen, untersuchen die Harmoniker den Zweck, den dies hat:

„Elohim ist einfach der angemessene Name für Gott in diesem gesamten Abschnitt, der den Allerhöchsten in der Natur und der Welt als Ganzes am Werk zeigt. Es stimmt, der Schöpfungsbericht mag Jehova zugeschrieben werden (2. Mose 20,11), wenn es darum geht, den Gedanken zu vermitteln, daß der Gott Israels, der es aus dem Land Ägypten herausgeführt hat, der Schöpfer der Welt war; aber wenn die Botschaft einfach lauten soll, daß die Welt einen göttlichen Schöpfer hat, dann ist Elohim der angemessene Ausdruck, der folgerichtig im gesamten Schöpfungsbericht verwendet wird." (14/6)

Der Name Gottes ist, im ersten Abschnitt, unveränderlich Elohim, während er im zweiten Bericht beinahe ebenso konstant Jahwe-Elohim lautet. Diese Kombination scheint zu beinhalten, daß Jahwe der Elohim ist, der die Welt erschuf, und daß beide Worte dasselbe Wesen bezeichnen.

Obwohl beide Bezeichnungen unterschiedliche Attribute seiner Natur ausdrücken, ist er einer und der einzige Schöpfer des Universums. Daher besagt der zusammengesetzte Begriff Jahwe-Elohim nichts, was dem Geist des ersten Kapitels widerspräche, sondern im Gegenteil bestärkt und bestätigt er ihn.

Dies beseitigt jedes mögliche Mißverständnis, daß Jahwe nicht als der Gott Israels (2. Mose 6,3), sondern als der universale Herr, Elohim, die Welt erschaffen hat. Der zweite Bericht macht, indem er den Namen Jahwe verwendet, einen bedeutenden Schritt vorwärts in Richtung auf den theokratischen Charakter des Pentateuch und erinnert uns, wenn er ihn mit dem Namen Elohim verbindet, daß er der allmächtige Schöpfer ist. (17/72)

Oft weisen liberale Wissenschaftler auf die Tatsache hin, daß das zusammengesetzte Jahwe-Elohim nirgends sonst in der Schrift wiederholt werde und so unterschiedliche Autorschaft verrate. Dies läßt sich jedoch durch das richtige Verständnis der Absicht dieser Erzählungen erklären.

Im ersten Bericht wurde der bloße äußere Akt der Erschaffung des Menschen erzählt und so war es angemessen, Gott als das allmächtige Wesen, den Gott der Götter oder Elohim zu bezeichnen.

Im folgenden Abschnitt findet mit dem Eintritt der Sünde in die Welt eine innere Veränderung im Herzen des Menschen statt. Sünde ersetzt nun die Unschuld, und Not tritt an die Stelle des Glücks. Daher wird es wünschenswert, Gott mit einem Namen einzuführen, der Heiligkeit beinhaltet, und so wurde Jahwe-Elohim verwendet.

Daß der Verfasser diese Vorstellung im Sinn hatte, wird durch die erstaunliche Tatsache deutlich, daß in dem gesamten Gespräch mit der Schlange nicht Jahwe-Elohim, sondern einfach Elohim gebraucht wird (1. Mose 3,1-5).

Es wäre lästerlich gewesen, den göttlichen Namen dem Versucher in den Mund zu legen. Nachdem so die Identität von Elohim und Jahwe einmal zum Ausdruck gebracht wurde, war es nicht notwendig, dies später zu wiederholen, außer bei besonderen Gelegenheiten. So bestimmt der Zusammenhang die angemessene Verwendung des Namens Gottes. (17/72)

Bezüglich der Frage unterschiedlicher Auffassungen von Gott weist Kitchen darauf hin, daß „der angebliche Gegensatz zwischen einem transzendenten Gott in 1. Mose 1 und naivem Anthropomorphismus in 1. Mose 2 stark übertrieben und, offen gesagt, täuschend ist." (20/118)

Leupold ist derselben Meinung und stellt fest: „Man sollte jedoch nicht vergessen, daß Kapitel eins ... einige sehr ins Auge fallende Anthropomorphismen aufweist, die sehr wohl dafür sprechen könnten, daß die Vorstellung von Gott nicht von derjenigen der beiden nächsten Kapitel abweicht." (23/107)

Zum Schluß bietet Young Einzelheiten über den Anthropomorphismus in Kapitel 1: „In Kapitel zwei soll eine anthropomorphe Vorstellung von Gott auftauchen. Gott bildet, haucht, pflanzt, nimmt, setzt, bringt, schließt, baut, geht, usw. Aber dieser Einwand ist oberflächlich. Eine anthropomorphe Vorstellung von Gott erscheint auch in Kapitel eins.

Tatsächlich ist es dem endlichen Geist unmöglich, von Gott zu sprechen, ohne anthropomorphe Sprache zu gebrauchen. Kapitel eins besagt, daß Gott sprach, sah, segnete, überlegte (Vers 26: ‚Lasset uns...machen'). Gott verteilte sein Werk über eine Periode von sechs Tagen. Er ruhte." (38/56)

Der dritte allgemeine Unterschied vom kritischen Standpunkt aus betrachtet, betrifft Stil, Vokabular und Grammatik. Bei genauer Nachforschung lassen diese ‚Unterschiede' jedoch manches zu wünschen übrig. Kitchen geht über diesen Unterschied summarisch hinweg, wenn er schreibt: „Die stilistischen Unterschiede sind bedeutungslos und reflektieren die Unterschiede im einzelnen Gegenstand." (20/118)

Und wie Young feststellt: „Das spezifische Vokabular weist nicht auf einen bestimmten Verfasser, sondern wird wegen des besonderen Inhalts des Kapitels gewählt. Es wäre schwierig, in Hebräisch über diese Themen zu schreiben, ohne dieses spezielle Vokabular zu verwenden." (38/53-54)

Wiener weist darauf hin, daß die Kritiker eine Entschuldigung für ihre Annahme haben, daß Verschiedenheit im Stil auch unterschiedliche Autorschaft beweist:

„Der hebräische Text oder die traditionelle Auslegung des Gesetzes scheinen tatsächlich eine reale Schwierigkeit zu bieten oder zumindest eine Rechtfertigung für die Kritiker, die keine besondere Ausbildung und keine Qualifikation für literarische Kritik besaßen." (36/92)

Einfache Logik bringt Wiener zu dem glänzenden Schluß: „Wäre es nicht einfacher anzunehmen, daß P seine Sprache variieren konnte, wenn die Gelegenheit es verlangte, als diese ungewöhnliche Maschinerie von Listen und Komplikatoren zu postulieren?" (36/89)

Die stilistischen Unterschiede sind mehr scheinbar als real, und die oben angewandte Logik demonstriert wirkungsvoll, daß Stil, einschließlich Vokabular und Grammatik, einen Widerspruch nicht überzeugend nachweisen kann. C. S. Lewis, ein berufener Kritiker aus eigenem Recht, stellte fest, daß die kritische Analyse am Ende der Überlieferung steht und schreibt:

„Die Vorstellung, daß ein Mann oder Schreiber denen unverständlich sein sollte, die in derselben Kultur lebten, dieselbe Sprache sprachen, dieselben Bilder und unbewußten Voraussetzungen teilten, und doch denen verständlich sein sollte, die keinen dieser Vorteile für sich haben, ist, meiner Meinung nach, unsinnig. Sie enthält eine Unwahrscheinlichkeit a priori, die beinahe kein Argument und kein Beweis aufwiegen könnte." (39/158)

Besondere Unterschiede

Ein Einwand gegen die Aufeinanderfolge lautet, daß der anfängliche Bericht die Schöpfung mit dem Wasser beginnen läßt, während der zweite Bericht die Schöpfung vom trockenen Land ausgehen läßt. Cassuto stellt in Hinblick auf diese Behauptung überzeugend fest: „Dieser Einwand ist jedoch nur dann gültig, wenn wir die Einheit des Textes stören und die beiden Erzählungen als unabhängige Berichte betrachten; mit anderen Worten, wenn wir schon als bewiesen ansehen, was noch zu beweisen ist.

Wenn wirklich die kombinierten Abschnitte ein kontinuierliches Ganzes bilden, dann ist es klar, daß auch vom Standpunkt des zweiten Abschnitts aus die Schöpfung mit den Wassern der Tiefe begann, die am Anfang erwähnt werden." (6/73-74)

Die folgenden Unterschiede hinsichtlich der Erschaffung vom Mann und Frau stellen ebenfalls einen wichtigen Streitpunkt dar, wenn man es aber richtig versteht, verschwindet das Problem.

In der ersten Schöpfungserzählung wird vom Menschen als einem Geschöpf unter vielen gesprochen, und er wird nur als Glied in der großen Kette der Schöpfungsereignisse erwähnt. Die Art und Weise seiner Erschaffung wird nur in allgemeinen Worten beschrieben.

Durch den einfachen Satz: „Als Mann und Weib schuf er sie“, erfahren wir nicht, wie sie gemacht oder ob sie gleichzeitig erschaffen wurden. Da ist nur die formale Aussage, daß sie erschaffen wurden.

Im zweiten Bericht, in dem der Verfasser die Geschichte vom Ursprung der Menschheit ausführt, wird im Detail erklärt, wie Mann und Frau jeweils geformt wurden. Das ist keine Frage der Widersprüchlichkeit, sondern einer allgemeinen Aussage, gefolgt von einem detaillierten Bericht, ein verbreitetes literarisches Mittel in antiken semitischen Schriften. (6/74)

Die kritische Behauptung, die Vegetation erscheine im zweiten Bericht erst nach der Erschaffung des Menschen, im Gegensatz zum ersten Bericht, wo sie dem Menschen vorausgeht, ist ein anderes angebliches Problem, für das es eine naheliegende Lösung gibt.

Pieters bemerkt: „Der Verfasser kann nicht angenommen haben, daß das Fehlen von Bauern das Wachstum von wildem Gras und Pflanzen verhinderte; denn jeder weiß, daß das Gegenteil der Fall ist. Das Fehlen von Bauern ist nur für das Fehlen von Kulturpflanzen verantwortlich.“ (26/78)

Cassuto betrachtet das Problem von einem allgemeinen Standpunkt aus und bietet eine sehr einleuchtende Erklärung dafür, warum die Vegetation im zweiten Bericht dem Mensch zu folgen scheint: „Hier wird erklärt, warum sie gepflanzt wurden — eine allgemeine Aussage, gefolgt von einer detaillierten Beschreibung. Was tut der Gärtner, wenn er einen neuen Garten anpflanzt? Wenn er auch neue Bäume aus dem Boden hervorbringt, so schafft er doch keine neuen Arten. Genauso macht es Gott der Herr: Um den Garten zu schaffen, ließ er gute Bäume aus seinem Boden wachsen, von der Art, die er schon am dritten Tag erschaffen hatte.“ (6/76-77)

Es sollte auch festgehalten werden, daß zwar das Wachstum der Sträucher und das Sprießen der Kräuter als abhängig vom Regen und der Kultivierung des Bodens durch den Menschen dargestellt wird, daß diese Worte aber nicht bedeuten, es habe vor der Erschaffung des Menschen weder Sträucher noch Kräuter gegeben. Die Sträucher und Kräuter des Feldes umfassen nicht die gesamte pflanzliche Produktion der Erde.“ (18/77)

Eine interessante botanische Tatsache ist, daß die Pflanzen, die am dritten Tag erschaffen wurden, solche sind, die sich mit Hilfe von Samen selbst reproduzieren können. Das würde also diejenigen ausschließen, für die Samen allein nicht genügen, weil sie zusätzlich etwas anderes brauchen, etwas, das noch nicht auf die Welt gekommen war.

Es gab keine Dornen oder Disteln auf dem Feld, weil Jahwe-Elohim noch nicht auf die Erde hatte regnen lassen. Die Kornfelder waren noch nicht entstanden, weil es niemand gab, der den Boden bestellte. Jeden Sommer sieht man, daß die Samen von Dornen und Disteln zwar in großer Zahl auf der Erde verstreut liegen, daß aber keiner von ihnen aufgeht.

Sobald jedoch der Regen fällt, ist die Erde mit Dornen und Disteln bedeckt. Was die Kornfelder betrifft, obwohl einzelne Arten von Gerste und Weizen in natürlichem Zustand existieren, findet man sie nirgends in großen Mengen. Kornfelder werden nur durch den Menschen hervorgebracht. (6/76)

Wieder verschwindet der angebliche Widerspruch unter der Anwendung von Logik und Tatsachen. Die Erschaffung der Tiere nach dem Menschen im zweiten Bericht erweist sich als ein etwas schwerer zu lösendes Problem. Doch dieses Problem ist, trotz der Behauptung des Gegenteils durch die Kritiker, nicht unüberwindlich.

Ein großer Teil des Problems entsteht durch die Annahme der Kritiker, daß die Abfolge in Kapitel zwei chronologisch sei, während sie niemals so gemeint war, oder, wie Young es ausdrückt: „Auf einer chronologischen Ordnung in Kapitel zwei zu bestehen, bedeutet, den Worten des Verfassers eine Konstruktion zu unterstellen, die niemals beabsichtigt war.“ (38/56)

Taylor Lewis stellt dasselbe fest, wenn er sagt: „Die Schwierigkeit entsteht durch die Annahme einer Chronologie und das Bestreben, sie zu finden, während das wichtigste Merkmal dieser zweiten Erzählung ...ihr vollkommen unchronologischer Charakter ist.“ (22/20)

Wenn man also das Problem der Abfolge in der Erschaffung von Mensch und Tieren aus diesem Blickwinkel betrachtet, so verschwindet es.

Kitchen schrieb als Antwort auf Drivers Behauptung, das erste Verb in 2,19 mit „hatte gebildet“ wiederzugeben verstoße „gegen die Wortbedeutung“: „1. Mose 2,19 bietet keine ausdrückliche Befugnis anzunehmen, daß die Erschaffung der Tiere hier unmittelbar vor ihrer Namensgebung stattfand (d.h. nach der Erschaffung des Menschen); das ist Eisegese, nicht Exegese. Das richtige Äquivalent für die erste Verbform in 1. Mose 2,19 ist das Plusquamperfekt (‚hatte gebildet‘). So verschwindet die künstliche Schwierigkeit hinsichtlich der Reihenfolge der Ereignisse.“ (20/118)

Der zweite Bericht lehrt nicht die Erschaffung des Menschen vor den Tieren. Auf die chronologische Reihenfolge wird kein Gewicht gelegt. Kapitel zwei beschreibt die Gestaltung von Eden und die Versetzung Adams in den Garten. Es spricht nun vom Zustand des Menschen, von seinem Bedürfnis nach einer Gefährtin, und daß eine solche Gefährtin unter den Tieren nicht gefunden werden konnte.

Die Reihenfolge ist nicht chronologisch, da es keine Rechtfertigung dafür gibt, die Vorstellung von der Zeit in das zweite Kapitel einzuführen. Der anfängliche Schöpfungsbericht hatte uns schon über die chronologische Abfolge informiert; daher könnte man Vers 19 richtig paraphrasieren: „Und nachdem Gott der Herr alle Tiere des Feldes und alle Vögel des Himmels gebildet hatte, brachte er sie zum Menschen." (38/56)

Kitchen entwickelt das Argument weiter und rechtfertigt die Übersetzung mit „gebildet hatte": „Da die Bedeutung des Plusquamperfekt im Perfekt mit eingeschlossen ist, können wir nicht a priori leugnen, daß er vom Zusammenhang abhängige Äquivalente mit dem Perfekt besitzt. Hebraisten und andere sollten sich auch erinnern, daß in den alten semitischen Sprachen (oder im Ägyptischen) kein spezieller Plusquamperfekt existiert und daß diese Nuance durch Perfektformen oder deren Äquivalente abgedeckt wird, die man, wie hier im Hebräischen, nach dem Zusammenhang interpretiert." (20/119)

Er fügt Beispiele aus der Schrift an, um dieses Argument zu stützen: „Die Bedeutung jedes Waw-Konsekutiv-Imperfekt muß nach dem Zusammenhang bestimmt werden, nicht durch Berufung auf abstrakte Prinzipien... Für hebräische Waw-Konsekutiv-Imperfekte, die im Englischen einen Plusquamperfekt verlangen, vgl. 2. Mose 4,19 (4,12 wird aufgenommen, nicht Vers 18); 2. Mose 19,2 (‚sie brachen... auf... und kamen... sie lagerten...' nimmt 17,1 auf, nicht 19,1; diese Beispiele verdanken wir Dr. W. J. Martin.).

Vielleicht noch treffender, Josua 2,22 (‚Die Verfolger nämlich suchten... nach ihm...') setzt nicht unmittelbar die vorhergehenden Verben fort. 1. Kön. 13,12 (‚Seine Söhne zeigten ihm' setzt ‚...sprach ihr Vater zu ihnen' weder fort, noch folgt es darauf). Driver, Treatise... S.87 kann nur 1. Könige 13,12 verwenden, um sich auf die Fassungen zu berufen." (20/118-119 N.19)

Doch selbst wenn Drivers Behauptung, daß die Plusquamperfektübersetzung dem Idom widerspricht, absolut richtig wäre, was die obigen Beispiele aus der Schrift verneinen, bleibt immer noch die Erklärung von Cassuto und Archer, die einen einleuchtenden Grund für den scheinbaren Widerspruch in der Abfolge der Erschaffung von Mensch und Tieren angibt.

Archer kommt zu dem Schluß, daß die Kritiker falsche Überlegungen anstellen, wenn sie den Bericht als chronologisch betrachten und weist auf den Sinn der Anordnung hin: „Es ist ein Fehler anzunehmen, 1. Mose 2 zeige die Erschaffung der Tiere nach der Entstehung des Menschen. Es besagt nur, daß die bestimmten Einzelwesen, die vor Adam gebracht wurden, um ihren Namen zu bekommen, von Gott speziell zu diesem Zweck geschaffen worden waren. (Das heißt nicht, daß es nicht vor dieser Zeit irgendwo auf der Welt schon Tiere gab.)" (4/118)

Diesen Gedankengang weiter verfolgend überträgt Cassuto seine Erklärung für die Plazierung der Vegetation in der Schöpfungsordnung auf die Plazierung der Tiere in der Reihenfolge der Schöpfung und bemerkt: „Wir finden im zweiten Abschnitt, daß Gott der Herr aus Erde die Tiere und fliegenden Geschöpfe bildete (Vers 19); wohingegen der erste Abschnitt uns informiert, daß die Tiere und fliegenden Geschöpfe vor dem Menschen erschaffen wurden. Aber auch in diesem Fall müssen wir vorsichtig sein, die Worte der Bibel nicht zu betrachten, als stünden sie isoliert und ohne Verbindung mit ihrem Kontext.

Nach der Fortsetzung des Abschittes war es die Absicht des Herrn, vor dem Menschen alle Arten von Tieren passieren zu lassen, damit er ihnen Namen geben und versuchen sollte, unter ihnen eine passende Gefährtin zu finden.

Das Vieh, das in diesem Zusammenhang zuerst in Betracht gezogen werden sollte, wird unter den Tierarten, die Gott damals machte, überhaupt nicht erwähnt. Später wird uns jedoch ausdrücklich gesagt, daß Adam dem Vieh, den wilden Tieren und den Vögeln Namen gab (Vers 20).

Dies bedeutet, daß das Vieh, seiner Natur gemäß, schon mit den Menschen im Garten zu finden war, in Übereinstimmung mit dem ersten Abschnitt. Damit aber all die verschiedenen Arten von Tieren und Vögeln, die über die Länge und Breite der Erde verteilt waren, in Adams Umgebung vorhanden waren, bildete Gott der Herr aus der Erde des Gartens wilde Tiere und Vögel aller Arten, die er vorher erschaffen hatte, und brachte sie zum Menschen." (6/77)

Wieder finden sich für die scheinbaren Probleme zwischen den beiden Kapiteln bessere Lösungen, als die von den Kritikern vorgeschlagenen.

Einheit des Plans

Die Einheit des Plans im ersten Buch Mose ist kein Streitpunkt, wohl aber, wann und wie der Plan entstand. Wie schon früher in Kapitel zwei dieser Diskussion festgehalten wurde, erkennen die Kritiker diese Einheitlichkeit, schreiben sie aber P zu und postulieren dann, daß der einigende Ausdruck ursprünglich vor Kapitel eins des ersten Buches Mose stand und von einem Bearbeiter umgestellt wurde.

Doch die Formel „Dies sind die Nachkommen" erscheint zehnmal im ersten Buch Mose und in jedem Fall, außer in 2,4 stellt sie unbestreitbar den Titel des Abschnitts dar, dem sie vorgeschaltet ist. (14/9)

Die Kritiker erkennen, daß Vers 2,4 in seiner gegenwärtigen Position ihre Theorie widerlegt, daher die Unterteilung des Verses. Sie erkennen, daß der Vers, so wie er dasteht, das zweite Kapitel auf mehr als eine Art mit dem ersten verknüpft. Leider kann er niemals der Titel von Kapitel eins gewesen sein, denn Himmel und Erde mußten erst geschaffen sein, bevor von Nachkommen die Rede sein konnte.

Der Ausdruck in 1. Mose 2,4 leitet nicht den Bericht über die Erschaffung von Himmel und Erde ein. Also zeigt uns dieser Schlüsselsatz, daß 2,4ff nicht den Anspruch erhebt, einen Schöpfungsbericht darzustellen. Statt ein Duplikat des Schöpfungsberichts zu sein stellen die Verse 4-26 vielmehr das große Thema von der Erschaffung des Menschen und dem ersten Stadium menschlicher Geschichte vor. (38/54-55)

Wäre die Analyse der Kritiker korrekt, daß der Ausdruck in Kapitel zwei vor Kapitel eins gehört, dann stünde der Titel dort in keiner Beziehung zu den folgenden Titeln des Buches. Gras und Bäume und Tiere bieten keine Grundlage für den nächsten Titel: „Dies ist das Verzeichnis der Nachkommen Adams."

Adam wird nicht vor 1,26 eingeführt und er wird nur in der allgemeinen Übersicht über die Dinge erwähnt. Es gibt keine Nachricht darüber, was aus ihm und seiner Familie wurde, wie man erwarten würde; daher ist 2,5 - 4,26 notwendig. Die Formel verbindet die ersten beiden Kapitel miteinander und kann durch kein kritisches Mittel entfernt werden.

Es ist daher in diesem Fall ganz klar, daß die Formel: ‚Dies sind die Nachkommen' sich nicht auf den vorhergehenden Abschnitt bezieht, sondern auf den folgenden und daß sie einen neuen Gegenstand einführt. Da diese Überschrift an jeder anderen Stelle, an der sie verwendet wird, einem Abschnitt vorangeht, sollte dasselbe auch mit 7,4 der Fall sein.

Toledoth drückt nirgends sonst die Idee der Schöpfung aus; vielmehr leitet er immer einen nachfolgenden Bericht über die Nachkommen eines Vorfahren ein, mit den Generationen, die von ihm abstammten. Es wird daher offensichtlich, daß wir in 1. Mose 2 einen Bericht über die Nachkommen von Himmel und Erde vor uns haben, nämlich Adam und Eva.

Dies geschah, nachdem die ursprüngliche Schöpfung stattgefunden hatte. (28/24) So erweist das innere Zeugnis für die Einheit des Plans die Analyse der Kritiker in dieser Hinsicht, wie auch in vielen anderen, als falsch. Es gab ein offenbares Streben nach Harmonie, das die von den Kritikern angenommene Widersprüchlichkeit ausschließt.

Es gibt bezüglich des Ausdrucks: „Dies sind die Nachkommen" die Ansicht einer Minderheit, die besagt, daß die Formel einen abschließenden Satz darstelle. „Um auf die Ursprünge der Familiengeschichte zurückzuverweisen." (37/50)

Wiseman kam nach seiner Untersuchung neuen archäologischen Materials zu dem Schluß:

„Das erste Buch Mose wurde ursprünglich in der alten Schrift der Zeit auf Tontafeln geschrieben, von den Patriarchen, die mit den berichteten Ereignissen eng verbunden waren und deren Namen klar genannt werden. Außerdem lenkt Mose, der Kompilator und Herausgeber des Buches, wie wir es heute besitzen, die Aufmerksamkeit offen auf die Quelle seiner Information." (37/8)

Henry Morris (*The Book of Beginnings*, S.27) stimmt mit Wisemans Analyse überein und weist darauf hin, daß die vor der Formel berichteten Ereignisse „alle *vor*, nicht nach dem Tod der so benannten Individuen stattfanden und ihnen also in jedem Fall zugänglich gewesen sein können". Diese Auffassung kompilierter Dokumente bildet eine einleuchtende Alternative für die Komposition des ersten Buches Mose.

Wie Pieters feststellte: „Der Verfasser des ersten Buches Mose mag, wie alle Historiker, frühere Dokumente benutzt haben oder ...er mag das gesamte erste Kapitel schon, von anderer Hand geschrieben, vorgefunden und in sein Buch aufgenommen haben. Dies stünde nicht in Widerspruch zur göttlichen Inspiration seines Werkes..." (26/73-74)

Wenn es wahr ist, daß das erste Buch Mose zu einem guten Teil nach Dokumenten entstanden ist, die zu einem einzigen Buch kompiliert wurden, dessen Schlußsatz: „Dies sind die Nachkommen von", die Ursprünge bezeichnet und damit auf das eben geschriebene zurückverweist, statt eine verbindende Formel darzustellen, die als Folgendes einleitet und „Abkömmlinge“ bedeutet, dann würde dies die Probleme eliminieren, daß das erste Kapitel keine Titelformel besitzt und den Widerspruch, daß das erste Kapitel durch die Formel beschlossen wird, während alle anderen Abschnitte mit ihr beginnen. Jede der Erklärungen ist jedoch vernünftiger und natürlicher, als die von den Kritikern behauptete Widersprüchlichkeit.

Mythologischer Ursprung

Gegen die letzte große Behauptung der kritischen Schule, die Schöpfungsberichte stammten aus mythologischen Quellen, führen die Harmoniker sowohl logische Kriterien, als auch neue Entdeckungen an. Harrison stellt die Einzigartigkeit des Berichtes fest und schreibt: „Der erste dieser Berichte ist einzigartig in seinem erhabenen Monotheismus und seiner nichtmythischen Natur.“ (33/1022)

Kitchen verweist auf die methodische Schwäche dieser Behauptung: „Die verbreitete Annahme, der hebräische Bericht sei einfach eine gereinigte und vereinfachte Fassung der babylonischen Legende... ist aus methodologischen Gründen irreführend. Im Alten Orient war es die Regel, daß einfache Erzählungen oder Traditionen (durch Hinzufügen und Ausschmückungen) zu komplizierten Legenden werden konnte, aber nicht umgekehrt.

Im Alten Orient wurden Legenden nicht vereinfacht oder in Pseudo-Geschichte umgearbeitet (historisiert), wie man es für das frühe erste Buch Mose angenommen hat.“ (20/89)

Die folgenden Ähnlichkeiten zwischen dem Enuma Elisch und Kapitel eins des ersten Buches Mose haben zu der Behauptung geführt, daß sie aus derselben mythologischen Quelle stammen. In den beiden Geschichten finden die folgenden Ereignisse in derselben Reihenfolge statt: die Erschaffung des Firmaments, die Erschaffung des trockenen Landes, die Erschaffung der Himmelskörper und die Erschaffung des Menschen. Sowohl der Bericht des ersten Buches Mose, als auch das Enuma Elisch beginnen mit dem Chaos des Wassers und enden mit der Ruhe des Herrn oder der Götter. (9/53)

Doch Jack Finegan bemerkt: „Man muß erkennen, daß die Unterschiede zwischen dem Enuma Elisch und dem Alten Testament weit bedeutender sind, als die Ähnlichkeiten.“ (9/53)

Harrison stellt die Situation ausführlicher dar: „Seit der Zeit, als Georg Smith dem englischen Leser zum erstenmal das Gilgamesch Epos vorstellte, wurde allgemein angenommen, das ursprüngliche Material für das gesamte erste Kapitel des ersten Buches Mose sei das als Enuma Elisch bekannte babylonische Schöpfungsepos, obwohl Wellhausen selbst, außer dem Chaos in 1. Mose 1, keine mythologischen Zutaten feststellen konnte, eine Ansicht, die seine Anhänger entweder leugneten oder ignorierten.

Eine sorgfältigere Untersuchung der Ähnlichkeiten und Unterschiede hat jedoch deutlich gemacht, daß die Ähnlichkeiten zwischen der babylonischen und der israelitischen Weltentstehung nicht so eng sind, wie man vorher angenommen hatte." (15/555)

Kitchen führt diesen Gedankengang viel weiter fort und weist auf die große Verschiedenheit in der zugrundeliegenden Absicht für die beiden Berichte hin:

„Die Absichten von 1. Mose 1 und 2 und der sogenannten ‚Babylonischen Schöpfung' (Enuma Elisch) sind sehr unterschiedlich. 1. Mose will den einzigen Gott als souveränen Schöpfer darstellen, während das Hauptziel des Enuma Elisch darin besteht, den obersten Gott des babylonischen Pantheon zu erhöhen...

Der Gegensatz zwischen dem Monotheismus und der Schlichtheit des hebräischen Berichts und dem Polytheismus und der Kompliziertheit des mesopotamischen Epos wird jedem Leser deutlich." (20/88-89)

Der mythologische Ursprung war eine voreilige Behauptung, geboren aus unzulänglichen Belegen und einem Mangel an Betrachtung des Textes. Sorgfältigere Untersuchung zeigt, daß sie tatsächlich ohne Grundlage ist; und die Logik zeigt, daß es wahrscheinlicher ist, ein Mythos habe sich aus dem ersten Buch Mose entwickelt, als umgekehrt. Auch diese Behauptung der kritischen Schule hat nichts für sich, um den Widerspruch zu beweisen.

Analyse und Schlußfolgerung

Nachdem wir bestimmte Widersprüche behandelt haben und feststellen konnten, daß die Widersprüche zum großen Teil trügerisch sind und, wo sie mehr Realität besitzen, wie in 1. Mose 2,19 besser erklärt werden können, ohne in einem angeblichen Widerspruch Zuflucht zu suchen, ist es notwendig, nun die angenommene Grundlage für die Beweisführung der Kritiker und ihre Methode zu untersuchen.

Es gibt gewisse Grundzüge historischer Nachforschungen, die die kritische Schule besser hätte im Sinn behalten sollen. Der erste besagt: „Wenn man einen alten Text übersetzt, ist die erste Annahme die, daß der Verfasser ihr einen Sinn geben wollte; eine Übersetzung oder Exegese, die einen Widerspruch mit sich bringt, ist unbefriedigend." (20/118 N.19)

Coleridge bietet ein hervorragendes Kriterium für die Annäherung an ein Dokument: „Wenn wir bei einem guten Autor auf einen offensichtlichen Fehler treffen, müssen wir annehmen, daß wir sein Verständnis nicht kennen, bis wir sicher sind, daß wir seine Unkenntnis verstehen." (1/125)

Vor langer Zeit legte Aristoteles eine Grundlage zur Bewertung von Dokumenten, die berücksichtigt werden muß. Er sagte, daß „das Vorrecht des Zweifels dem Dokument zugestanden werden muß, der Kritiker es nicht für sich selbst beanspruchen darf." (25/47)

Diese grundlegenden Kriterien, wie sie von Aristoteles, Coleridge und Kitchen aufgestellt wurden, liegen jeder gründlichen historischen Erforschung alter Dokumente zugrunde. Nähere Untersuchung wird jedoch das Versagen der Beweisführung der Kritiker in ihrer Annäherung und ihrer Grundvoraussetzung erweisen.

Man muß sich erinnern, daß die radikale Ansicht der Kritik auf der subjektiven Laune der Interpreten beruht, nicht auf objektiven äußeren Beweisen. Dies wird deutlich, wenn Piers die methodologischen Voraussetzungen der kritischen Schule erläutert:

„Diese Hypothese... läuft darauf hinaus, daß es... zwei verschiedene Bücher gab, die jetzt verloren sind und welche die alte Geschichte jenes Volkes enthielten. Die Theorie besagt, daß jemand diese beiden Geschichten nahm und, ohne sich viel um ihre Unterschiede oder gar Widersprüche zu kümmern, ein neues Buch schrieb, indem er beide miteinander verwob und einmal einen Abschnitt aus der einen, dann aus der anderen übernahm.

Natürlich hat niemals jemand eine Kopie eines dieser beiden Werke, die angeblich existiert haben sollen, gesehen, noch gibt es in der alten Literatur irgendeinen Hinweis auf sie, noch hatten die gelehrten Juden auch nur den Verdacht, sie könnten jemals existiert haben; aber moderne jüdische Gelehrte behaupten, sie durch Analyse in dem Text entdeckt zu haben, den wir heute besitzen.

Sie glauben, bis ins kleinste Detail sagen zu können, welche einzelnen

Verse in jedem Kapitel vom ‚Elohisten' und welche vom ‚Jehovisten' geschrieben wurden. (Er bezeichnet das Ergebnis als ‚literarischen Wahnsinn'.)" (26/72-73)

Statt zu sagen: „Hier ist ein natürlicher und vernünftiger Bericht, der offensichtlich eine Einheit darstellt", teilt die kritische Schule ihn oft unter Quellen auf und behauptet, daß die Teile, die in der einen fehlten, genau dieselben Informationen enthielten, wie die entsprechenden Teile einer anderen. Gleichgültig, wie unwahrscheinlich dies erscheinen mag, scheint es kaum möglich zu sein, ein Argument vorzubringen, das die Kritiker überzeugt. Doch eine unvoreingenommene Person wird keinen Zweifel haben, wenn sie die Tatsachen überprüft. (36/114)

Die Kritiker tun dem Text Gewalt an, damit er ihrer subjektiven Ansicht entspricht. Statt ihre Theorien den Beweisen anzupassen, wie sie der Text liefert, bestehen sie darauf, den Text in Übereinstimmung mit ihrer eigenen Theorie zu rekonstruieren. Der Vorteil einer solchen Methode besteht darin, daß jeder triumphierend das nachweisen kann, was er zu beweisen wünscht. (14/36)

Es ist eine sehr einfache Sache, zwei Erzählungen oder zwei Teile derselben Erzählung, die verschiedene Punkte gemeinsam haben, aber unterschiedliche Geschehnisse beschreiben, zu nehmen, sie nebeneinander zu legen und ihren Mangel an Übereinstimmung nachzuweisen. Die Arbeit der Kritiker besteht darin, unterschiedliche Dinge in den Berichten zu identifizieren, die, wie sie behaupten, unterschiedliche Traditionen zeigen.

Diese abweichenden Berichte können, so sagen sie, nicht vom selben Autor verfaßt worden sein, sondern müssen aus verschiedenen Dokumenten stammen. Die einfache Tatsache ist jedoch, daß es keinen Grund oder Anlaß gibt, zu einer so ungewöhnlichen Schlußfolgerung zu kommen.

Es ist viel sinnvoller anzunehmen, daß der Verfasser einen Teil seiner Geschichte beendete, dann mit einem anderen fortfuhr und dabei, wie zu erwarten, nicht im einzelnen ausführte, was er unmittelbar vorher bereits ausgeführt hatte. (14/78)

Kitchen stimmte mit dieser Analyse der Methode überein: „Innere Übereinstimmung von umgeordnetem literarischem Material erreicht man leicht, indem man widersprüchliche Elemente korrigiert, und Übereinstimmung mit der ‚Geschichte' findet man ebenso leicht, wenn die Daten in den Geschichtsbüchern ebenfalls ordnungsgemäß ‚berichtigt' wurden, um zu der Ansicht darüber zu passen, wie die Geschichte

Israels hätte sein sollen. So besitzt diese Art allgemeiner Annäherung keine wissenschaftliche Grundlage und ist aus diesem Grund inakzeptabel.“ (20/116)

Die beiden Schöpfungsberichte, die diese ganz gelehrte Reise in Gang gesetzt haben, werden jetzt als Textbeweise für die Theorie verwendet, die aus der Theorie entstanden ist, welche die Unterschiede zwischen den beiden Berichten erklären sollte.

Einfach ausgedrückt, die Kritiker sagen, daß erstens die ersten beiden Kapitel des ersten Buches Mose widersprüchlich sind, weil sie aus unterschiedlichen Quellen stammen, und zweitens wird die dokumentarische Hypothese durch die Existenz doppelter Erzählungen und Widersprüche bewiesen; zum Beispiel die ersten beiden Kapitel des ersten Buches Mose.

Doch trotz der verwandten Elemente können die beiden fraglichen Abschnitte nicht als doppelte Berichte oder auch nur echte Parallelen im allgemeinen akzeptierten Sinne betrachtet werden, da der erste Bericht in ganz allgemeinen Worten spricht, während die zweite Erzählung von einem anderen Standpunkt aus ein bestimmtes Paar von Individuen behandelt, das an einem bestimmten Ort lebt. (15/555)

Die Arbeit der Kritiker hat im Laufe der Jahre einen destruktiven Einfluß ausgeübt. Viele ihrer Theorien bestehen aus echten Luftschlössern, die jeder soliden Grundlage entbehren.

Jede Stütze für die Beweisführung der Kritiker kann nachgewiesen werden, daß sie überhaupt keine Stütze ist und, um mit Kravitz‘ Worten zu sprechen, „könnte mit Recht als Scheinantwort auf eine Scheinfrage beschrieben werden, zur eingebildeten Erklärung eines nicht existierenden Textes.“ (21/49-50) (Er bezog sich speziell auf die Spitzfindigkeiten der Kritiker über 1. Mose 2,4). Ihrer Beweisführung fehlen die Voraussetzungen, die Beweise und die Methode, und es ist bemerkenswert, daß die Kritiker, wenn sie an diesem Punkt angelangt sind und alles andere versagt, den Bearbeiter anführen.

Manchmal wischen die Kritiker Schwierigkeiten beiseite, indem sie behaupten, der Bearbeiter habe den Namen Gottes verändert. In anderen Fällen bestehen sie darauf, daß der Text offensichtlich korrupt sei. Doch keine dieser Vermutungen besitzt eine Grundlage außerhalb der Köpfe der Theoretiker.

Ihre Hypothese solle durch die Phänomene innerhalb des vorhandenen Textes entstanden sein; wenn diese Phänomene aber nicht in ihre Hypothese passen, werden sie als wertlos verworfen. Wenn der Text korrupt ist, wie kann man dann einer Hypothese vertrauen, die darauf aufbaut? (30/120)

Allis macht in diesem Sinne eine glänzende Beobachtung, die von der kritischen Schule bequemerweise übersehen wird: „Man muß daher festhalten, daß jede Berufung auf den Bearbeiter ein stillschweigendes Eingeständnis der Kritiker darstellt, daß ihre Theorie an diesem Punkt zusammenbricht.“ (2/39)

Das Eingeständnis eines Schlußbearbeiters ist daher vernichtend für die Behauptung der Kritiker, es gebe völlig unvereinbare Widersprüche. Ein Mann von solch ungeheuren Fähigkeiten, wie sie der Bearbeiter besessen haben muß, hätte sicherlich die Widersprüche gesehen, wären sie so auffällig, wie die Kritiker behaupten, und würde sie beseitigt haben. (30/127)

Es war schwierig, die Beweisführung der Kritiker entlang logischer und folgerichtiger Linien zu ordnen und zu beantworten, was in sich einen Beweis dafür bildet, daß ihre Argumente unlogisch und folgewidrig sind. Wie gezeigt wurde, gibt es zur Unterstützung der Beweisführung der Kritiker keine äußeren Beweise durch archäologische Entdeckungen oder durch die daraus resultierende wachsende Kenntnis alter literarischer Stile des Nahen Ostens.

Wiseman bemerkte dies ganz richtig, als er feststellte: „Diese Vermutungen würden nie das Licht der Welt erblickt haben, wären die damaligen Gelehrten im Besitz moderner archäologischer Kenntnisse gewesen.“ (37/10)

Bibliographie

1. Allis, Oswald T., *The Five Books of Moses,* Philadelphia, The Presbyterian and Reformed Publishing Company, 1969, 355 pp.
2. ______________ , *The Old Testament, Its Claims and Its Critics,* New Jersey, The Presbyterian and Reformed Publishing Company, 1972, 509 pp,
3. Anderson, George W., *A Critical Indroduction to the Old Testament,* London, Gerald Duckworth & Co. Ltd., 1959, 260 pp.
4. Archer, Gleason Jr., *A Survey of Old Testament Introduction,* Chicago, Moody Press, 1964, 1974, 528 pp.
5. Carroll, B. H., *The Book of Genesis,* ed. J. B. Cranfill, New York, Fleming H. Revell Company, 1913, 451 pp.
6. Cassuto, Umberto, *The Documentary Hypothesis,* 1st Eng. ed., Jerusalem Magnes Press, 1961, 117 pp.
7. Driver, S. R., *The Book of Genisis,* 8th ed., London, Methuen & Co., 1911, 420 pp.
8. ________________ , *Indroduction to the Literature of the Old Testament,* New York, Charles Scribner's Sons, 1913, 577 pp. Ninth Edition Revised
9. Finegan, Jack, *Light form the Ancient Past,* Princeton University Press,1946, 500 pp.
10. Franzer, James Geroge, *Folklore in the Old Testament,* New York, MacMillain Company, 1923, 476 pp.
11. Fretheim, Terence E., *Creation, Fall and Flood,* Minneapolis, Augsburg Publishing House, 1969, 127 pp.
12. Gaster, Theodor H., *Myth, Legend and Custom in the Old Testament,* 2 Vols., New York, Harper and Row, 1975.
13. Grenn, William H., *The Higher Criticism of the Pentateuch,* New York, Chas. Scribner's Sons, 1895, 184 pp.
14. ______________ , *The Unity of the Book of Genesis,* New York, Scribner, 1895, 581 pp.
15. Harrison, R. K., *Introduction to the Old Testament,* Grand Rapids, Wm. B. Eerdmans Publishing Company, 1969.
16. James, A. Gordon, *Creation Stories of Genesis,* London, Student Christian Movement, 1927, 182 pp.

17. Kalisch, M. M., *Genesis,* London, Longman, Brown, Green, Longman and Roberts, 1858, 531 pp.
18. Keil, C. F., and Delitzsch, F., *Biblical Commentary on the Old Testament,* 25 vols., trans. James Martin, Grand Rapids, William B. Eerdmans Publishing Company, 1949.
19. Kidner, Derek, *Genesis; An Introduction and Commentary,* Chicago, Inter-Varsity Press, 1967, 224 pp.
20. Kitchen, K. A., *Ancient Orient and the Old Testament,* Chicago, Inter-Varsity Press, 1966, 191 pp.
21. Kravitz, Nathan, *Genesis: A New Interpretation of the First Three Chapters,* New York, Philosophical Library, 1967, 83 pp.
22. Lange, John Peter, *Commentary on the Holy Sciptures,* 25 vols., trans. and ed. Philip Schaff, Grand Rapids, Zondervan Publishing House.
23. Leupold, Herbert Carl, *Exposition of Genesis,* Grand Rapids, Baker Book House, 1958.
24. Martin, W. J., *Stylistic Criteria and the Analysis of the Pentateuch,* London, Tyndale Press, 1955, 23 pp.
25. McDowell, Josh, *More Evidence That Demands a Verdict,* Arrowhead Springs, Campus Crusade for Christ, 1975, 365 pp.
26. Pieters, Albertus, *Notes on Genesis,* Grand Rapids, William B. Eerdmans Publishing Company, 1943, 179 pp.
27. Plummer, A., Driver, S. R., Briggs, G. A., ed., *The International Critical Commentary,* Edinburgh, T & T Clark, 1912, 552 pp.
28. Pratt, H. B., *Studies in the Book of Genesis,* New York, American Tract Society, 1904, 530 pp.
29. Rad, Gerhard von, *Genesis,* Philadelphia, Westminster Press, 1972, 434 pp.
30. Raven, John Howard, *Old Testament Introduction,* rev., New York, Fleming H. Revell Company, 1910, 363 pp.
31. Rowley, H. H., *The Growth of the Old Testament,* London, Hutchinson & Co., 1950, 192 pp.
32. Schedl, Claus, *History of the Old Testament,* 5 vols., New York, Alba House, 1973.
33. Tenney, Merrill C., ed., *Zondervan Pictorial Encyclopedia of Bible, vol. I, Zondervan, 1975, Article „Creation" by R. K. Harrison.*
34. *Weill, Alexandre, Le Pentateuque Selon Moise,* Paris, Felix Alcan, 1886, 214 pp.

35. West, James King, *Introduction to the Old Testament,* New York, The Macmillan Company, 1971, 546 pp.
36. Wiener, Harold M., *The Origin of the Pentateuch,* Oberlin Bibliotheca Sacra Company, 1910, 152 pp.
37. Wiseman, P. J., *New Discoveries in Babylonia about Genesis,* 3rd ed., London, Marshall, Morgan & Scott, 150 pp.
38. Young, E. J., *An Introduction to the Old Testament,* Grand Rapids, Eerdmans Publishing Company, 1949, 434 pp.
39. Lewis, C. S. ,,Modern Theology and Biblical Criticism,“ *Christian Reflections,* Walter Hooper, ed. (Grand Rapids: William B. Eerdmans, 1967) p. 152-166.
40. Stewart, Donald, Adapted from Masters Dissertation, *The Unified Account of Creation,* Presented to the Department of Old Testament and Semetics, Talbot Theological Seminary, La Mirada, Kalifornien, 1979.